新编基础会计学

主编 吴玉林 王怀明 程晓陵

东南大学出版社
·南京·

图书在版编目(CIP)数据

新编基础会计学/吴玉林,王怀明,程晓陵主编. —南京:东南大学出版社,2012.3(2021.5重印)
ISBN 978-7-5641-3383-2

Ⅰ. ①新… Ⅱ. ①吴… Ⅲ. ①会计学－高等学校－教材 Ⅳ. ①F230

中国版本图书馆 CIP 数据核字(2012)第 039133 号

东南大学出版社出版发行
(南京市四牌楼2号　邮编210096)
出版人:江建中
江苏省新华书店经销　南京京新印刷厂
开本:787mm×1092mm　1/16　印张:17　字数:420千字
2012年3月第1版　2021年5月第5次印刷
ISBN 978-7-5641-3383-2
定价:39.00元

(凡因印装质量问题,可直接向读者服务部调换。电话:025-83792328)

出 版 前 言

高等教育自学考试制度在我省实施28年来,已先后开考了文、理、工、农、医、法、经济、教育等类234个本、专科专业,全省累计有1815万人次报名参加考试,已有61万余人取得毕业证书。这项制度的实施,不仅直接为我省经济建设和社会发展造就和选拔了众多的合格人才,而且对鼓励自学成才、促进社会风气的好转,提高劳动者的科学文化素质具有非常重要的意义。28年来的实践证明,自学考试既是一种国家考试制度,又是一种基本的教育制度,受到广大自学者和社会各界的欢迎,产生了巨大的社会效益,赢得了良好的社会声誉。

自学考试制度是建立在个人自学基础上的教育形式,而个人自学的基本条件是自学教材。一本好的自学教材不仅可以使自学者无师自通,还对保证自学考试质量具有重要作用。对自学者来说,由于缺少名师指点和自学者之间的相互交流,学习相当困难,除了要有一本高质量的自学教材外,还需要有与之配套的自学指导书,以便帮助自学者系统地掌握教材的内容,达到举一反三、触类旁通、提高自学效率的目的。因此,我们在教材建设中,将教材内容与自学指导有机地融合在一起,使自学者更加容易理解和掌握教材的内容;同时,打破常规教材编写追求系统性、完整性的戒律,针对我省当前经济发展的实际状况,使之成为自学者学习科学文化知识、提高自身素质的教科书。

今后,我们将有计划、有步骤地组织有关高等院校、成人高校、高等职业学校、中等专科学校以及行业主管部门中业务水平较高、教学经验丰富、熟悉自学考试特点和规律的专家、学者,编写一批适合自学特点和社会发展需要的自学教材,以满足自学者的需要。

编写适应经济建设和社会发展需要的自学教材,是一项探索性的工作,需要在实践中不断总结和提高,为使这项有意义的工作能取得事半功倍的效果,希望得到社会各方面更多的关心和支持。

江苏省教育考试院
二〇一二年二月

目　录

第一章　总论 ·· (1)
　　第一节　会计的意义 ··· (1)
　　第二节　会计的目标和对象 ·· (3)
　　第三节　会计的基本前提和会计信息质量要求 ················ (4)
　　第四节　会计的职能和方法 ·· (9)
　　自学指导 ··· (11)
　　复习思考题 ·· (12)

第二章　会计科目和账户 ·· (13)
　　第一节　会计科目 ··· (13)
　　第二节　会计账户 ··· (19)
　　自学指导 ··· (23)
　　复习思考题 ·· (24)

第三章　借贷记账法 ·· (25)
　　第一节　记账方法的意义和种类 ································· (25)
　　第二节　借贷记账法的理论基础 ································· (25)
　　第三节　借贷记账法的基本内容 ································· (31)
　　自学指导 ··· (37)
　　复习思考题 ·· (38)
　　练习题 ·· (38)

第四章　企业基本经济业务的核算 ···································· (39)
　　第一节　资金筹措业务的核算 ···································· (39)
　　第二节　采购业务的核算 ·· (41)
　　第三节　生产业务的核算 ·· (46)
　　第四节　销售业务的核算 ·· (52)
　　第五节　对外投资业务的核算 ···································· (56)
　　第六节　营业外收支的核算 ······································· (58)
　　第七节　利润及其分配的核算 ···································· (59)
　　自学指导 ··· (62)
　　复习思考题 ·· (68)
　　练习题 ·· (68)

第五章　成本计算 ……………………………………………………………（70）
 第一节　成本计算的意义和程序 ………………………………………（70）
 第二节　企业的成本计算 ………………………………………………（71）
 自学指导 …………………………………………………………………（73）
 复习思考题 ………………………………………………………………（74）
 练习题 ……………………………………………………………………（74）

第六章　财产清查 ……………………………………………………………（75）
 第一节　财产清查的意义和种类 ………………………………………（75）
 第二节　财产清查的方法 ………………………………………………（76）
 第三节　财产清查结果的处理 …………………………………………（84）
 自学指导 …………………………………………………………………（86）
 复习思考题 ………………………………………………………………（88）
 练习题 ……………………………………………………………………（88）

第七章　会计凭证 ……………………………………………………………（89）
 第一节　会计凭证意义和种类 …………………………………………（89）
 第二节　原始凭证 ………………………………………………………（90）
 第三节　记账凭证 ………………………………………………………（94）
 第四节　会计凭证的传递和保管 ………………………………………（98）
 自学指导 …………………………………………………………………（99）
 复习思考题 ………………………………………………………………（100）
 练习题 ……………………………………………………………………（100）

第八章　会计账簿 ……………………………………………………………（101）
 第一节　会计账簿的意义和种类 ………………………………………（101）
 第二节　会计账簿的设置和登记 ………………………………………（102）
 第三节　记账规则与查错 ………………………………………………（109）
 第四节　对账与结账 ……………………………………………………（114）
 自学指导 …………………………………………………………………（116）
 复习思考题 ………………………………………………………………（116）
 练习题 ……………………………………………………………………（117）

第九章　会计报表 ……………………………………………………………（119）
 第一节　会计报表的意义和种类 ………………………………………（119）
 第二节　资产负债表 ……………………………………………………（121）
 第三节　利润表 …………………………………………………………（127）
 第四节　现金流量表 ……………………………………………………（130）
 第五节　所有者权益变动表 ……………………………………………（133）
 自学指导 …………………………………………………………………（137）
 复习思考题 ………………………………………………………………（140）
 练习题 ……………………………………………………………………（141）

第十章　会计核算程序 ………………………………………………………（143）
 第一节　会计核算程序的意义和种类 …………………………………（143）

第二节　记账凭证核算程序 ································ (144)
　　第三节　科目汇总表核算程序 ································ (169)
　　第四节　汇总记账凭证核算程序 ································ (171)
　　第五节　多栏式日记账核算程序 ································ (173)
　　自学指导 ································ (175)
　　复习思考题 ································ (178)

第十一章　会计工作组织 ································ (179)
　　第一节　会计工作组织的意义和原则 ································ (179)
　　第二节　会计机构 ································ (180)
　　第三节　会计人员 ································ (182)
　　第四节　会计法规 ································ (184)
　　自学指导 ································ (185)
　　复习思考题 ································ (187)

第十二章　会计档案 ································ (188)
　　第一节　会计档案的意义和种类 ································ (188)
　　第二节　会计档案的整理和保管 ································ (189)
　　第三节　会计档案的鉴定和销毁 ································ (190)
　　自学指导 ································ (191)
　　复习思考题 ································ (191)

第十三章　会计电算化 ································ (192)
　　第一节　会计电算化概述 ································ (192)
　　第二节　电算化会计与手工会计的比较 ································ (195)
　　第三节　计算机系统的构成和会计软件的运用 ································ (197)
　　自学指导 ································ (200)
　　复习思考题 ································ (202)

综合模拟测试题 ································ (203)
各章节复习思考题及练习题答案 ································ (206)
综合模拟测试题答案及评分标准 ································ (238)
《基础会计学》自学考试大纲 ································ (241)
后记 ································ (262)

第一章 总论

第一节 会计的意义

一、会计的基本概念

会计是人类社会发展到一定阶段的产物,它随着生产的发展、经济管理水平的提高和科技的进步,经历了一个从低级到高级、从简单到复杂、从不完善到逐步完善的演进过程。

会计产生于社会生产活动,生产活动是人类最基本的实践活动,是人类社会赖以生存和发展的基础。从事生产活动,一方面要创造物质财富,获取劳动成果;另一方面又要耗费人力和物力,发生劳动消耗。而任何社会的生产活动,人们总是力求以较少的劳动耗费,取得尽可能多的劳动成果。为了达到这一目的,除了采用先进技术外,还必须加强对生产活动的管理,对生产过程的劳动消耗和劳动成果进行记录和计算,并进行比较和分析,以求所得大于所耗,不断提高经济效益。

在人类社会处于生产力极其低下、劳动产品只能维持人类生存的情况下,会计只是作为"生产职能的附带部分",完成简单的记录工作。只有当社会生产力发展到出现剩余产品以后,会计才逐渐从"生产职能中分离出来,成为特殊的、专门委托的当事人的独立职能"[①]。在古希腊、巴比伦曾有在树木、石头、黏土板上刻记符号的会计遗迹。我国在伏羲时期,则有"结绳记事"的记载。不过,这种处于萌芽状态的会计,没有统一的计量尺度和记账方法,只是人类的原始计量和记录行为,通常称为"史前会计"。

我国西周朝廷已设有官吏"司会",掌管财政,并下设"司书"、"职内"、"职岁"、"职币"等,分别掌管法规、簿籍、收入、支出及剩余资产,并对皇朝的财物赋税进行"月计岁会"。而我国古代文献中,最早把"会计"两字连缀使用,则见于《孟子·万章篇》的记载:"孔子尝为委吏矣,曰:'会计当而已矣'"。在我国奴隶社会和封建社会时期,各级官府为了记录、计算和管理财物赋税,逐步建立和完善了收付式会计,官厅会计就成为我国古代会计的中心。西汉时期采用的"计簿"和"簿书",一般认为是我国最早的会计账簿。唐朝随着工商业的繁荣和造纸业的发展,官厅会计已采用"入-出=余"的三柱结算法。宋朝总结并广泛采用的"四柱结算法"也是我国古代会计的一大杰出成就,使我国的收付记账法得到了进一步的完善。四柱是指"旧管"、"新收"、"开除"和"实在",分别相当于我们今天会计核算中的"期初结存"、"本期增加"、"本期减少"和"期末结存"。明朝山西商人傅山创建的"龙门账"及其设计的"该+进=存+缴"平衡公式,一般认为是我国最早的复式记账法。"该"、"进"、"存"、"缴"分别相当于我国今天会计核算中的"业主投资和债务"、"收入"、"财产物资和债权"、"支出"。我国从明朝开始采用了以货币作为统一量度,及至嘉靖年间(公元1529年)已采用"盘点表",并规定了年终盘存制度,这是会

[①] 《马克思恩格斯全集》第24卷,人民出版社,1972年版,第15页

计核算和管理上的一大进步。清朝民间采用的"三脚账"和"四脚账",反映了我国会计有从单式记账向复式记账发展的趋势。

商品经济的发展促进了会计的发展。13世纪到15世纪,意大利的地中海沿岸城市,海上贸易兴盛,促进了银行业的发展。广泛的信用交易,需要详细记录和反映债权、债务关系。为了满足这种需要,在佛罗伦萨、热那亚、威尼斯等城市先后出现了借贷记账法。1494年,意大利数学家卢卡·帕乔利所著的《算术、几何、比及比例概要》一书出版。书中"簿记论"联系威尼斯工商企业的经济业务,系统地介绍了借贷记账法的具体运用,并从理论上作了阐述。由于该书的出版和传播,对现代会计的发展作出了杰出贡献,卢卡·帕乔利被称为"现代会计之父"。

随着商品经济的进一步发展,新技术的广泛运用,生产日益社会化和企业组织的不断发展,会计的内容、目标、方法和技术也随之发生了较大的变化,现代会计逐步形成了以企业会计为中心的盈利组织会计。第二次世界大战以后,国际贸易和经济协作的进一步发展,企业集团、跨国公司的大量涌现,经营规模越来越大,会计已成为"国际通用的商业语言"。由于市场竞争的加剧,企业会计对内管理的职能有所扩大。加之数学、生产力经济学、计量经济学等科学成果的渗透和利用,事前核算的导入,致使会计从传统的事后记账、算账和报账扩大到事前预测、参与决策和加强事中控制。到20世纪40年代,形成了财务会计和管理会计两个相对独立的体系。会计技术也从手工操作、机械操作逐步向采用计算机处理数据的方向发展。一国乃至国际范围内的公认会计原则逐步形成体系,会计工作日益规范化,从而使会计的发展进程进入到一个比较完善的现代会计阶段。

新中国成立以后,为了适应社会主义建设的需要,曾建立了与高度集中的计划经济体制相适应的会计模式。随着经济体制改革的深化和对外开放的扩大,1992年财政部制定实施了《企业会计准则》,建立了反映市场经济发展客观规律的科学的会计体系,这是适应我国发展社会主义市场经济并与国际惯例接轨的一次重大改革,它标志着我国会计摆脱了传统会计模式的束缚,明确了会计发展的方向。随着经济的全球化、一体化的发展,会计的国际化已势在必行,2006年2月我国对会计准则进行全面的修订和补充完善,颁布39项会计准则,使我国会计从理论到实务进一步与国际接轨。

从会计发展的历史看,经济越发展,会计越重要。生产的发展不仅要求会计进行数量的核算,还要求会计根据数量的变化,加强对生产过程的管理。管理的内容和形式则由简单的计量、记录、计算发展为主要通过货币形式进行确认、计量、记录、计算和报告,据以对生产过程进行指挥和调节,进而又发展为对生产过程的监督和控制。从会计工作的实践可以说明,会计核算与管理是密切联系的,管理需要核算,核算是为了管理,在核算的基础上进行管理,在核算的过程中加强管理。

综上所述,会计是对核算单位发生的可以用货币计量的经济活动进行核算和监督的一种价值管理活动,是经营管理工作的重要组成部分。

二、会计的作用

(一)核算经济业务,提供财务信息

企业单位发生的能够以价值形式表现的一切经济活动,都要办理会计手续,通过会计核算连续、系统、全面地确认、计量、记录、计算和报告,向有关各方及时提供真实可靠的财务信息。

(二)实行会计监督,维护财经法纪

企业单位的经济活动必须在国家法律和有关财经纪律允许的范围内进行。通过会计工作,可以随时查明各项财产的结存情况;了解财产的保管和使用情况,以加强财产管理的责任制;对于不真实、不合法的收支,财会人员可以拒绝办理或向单位行政领导报告,从而有效地保护企业财产的安全,维护财经纪律。

（三）分析财务状况,考核经济效益

通过会计工作提供的会计信息,可以分析企业单位的财产构成、变现能力、偿债能力;可以考核企业资金、成本、利润等财务指标的升降原因;可以评价企业经济效益和社会效益的高低,并总结经营管理工作中的经验教训,提出改善企业经营管理的意见和措施,以不断提高经济效益。

（四）预测经济前景,参与经营决策

会计信息是企业单位进行经营决策的重要依据。会计机构和会计人员应根据会计提供的信息及其他有关资料,对经济前景进行分析,结合发展规划作出预测,提出方案,并参与企业单位的经营决策,以发挥会计工作在指导未来经济活动中的积极作用。

第二节 会计的目标和对象

一、会计的目标

会计目标是指通过会计工作所应达到的目的和要求。随着我国经济体制改革的深化,企业所有权和经营权的分离,企业资金来源渠道多样化,投资主体多元化,对会计工作提出了新的要求。企业作为独立的商品生产经营者,要在市场经济的激烈竞争中求生存、谋发展,同时又要维护债权人和投资者的合法利益。因此,通过会计工作进行加工、处理并提供的信息,既要满足企业不断改善经营管理的需要,又要满足债权人和投资者进行决策的需要。

对企业内部来说,会计的目标是:通过参与经营决策,协助企业管理当局制订长期计划,指导和控制当期的经营活动。其重点是管好、用好各项资金,确保资本保值增值,并不断提高获利能力和偿债能力。

对债权人和投资者来说,会计的目标是:正确反映权益关系,及时为债权人和投资者提供企业财务状况、收益及其分配情况的信息,以保证债权人和投资者能够全面分析、评价和预测企业的资产、权益结构、获利能力、偿债能力,并据以作出信贷和投资决策。

可以看出,通过会计工作为有关各方面提供的符合质量要求的会计信息,主要服务于经营决策。决策本身不是目的,正确的决策是为了提高经济效益。

二、会计的对象

会计的对象是指会计核算和监督的具体内容。正确掌握会计的对象,才能进一步理解会计的作用和所要达到的目标,才能正确理解和运用会计采用的专门方法。

概括地说,会计的对象是企业单位在生产经营过程中发生的能够以货币计量的经济活动。

我们知道,企业要进行正常的生产经营活动,必须拥有或控制一定数量的财产物资。作为物质基础,这些财产物资都是通过一定的来源和渠道取得的,包括投资者投入和向外单位或个人借入。企业的财产物资投入到生产经营过程中会发生耗费,表现为企业的生产费用、销售费用、管理费用和财务费用等费用支出。企业采购材料、生产产品并通过产品的销售获得收入,将收入同相应的销售成本、销售费用、营业税金及附加进行比较,从而确定企业的利润或亏损,并将实现的利润按有关政策和规定进行分配。可以看出,企业的生产经营过程一方面表现为实物形态的运动过程,另一方面表现为货币形态的价值运动过程。由于以货币作为统一的计量尺度是会计的基本特征,这就决定了会计的对象不是企业单位生产经营过程中的实物形态的运动,而是以货币形式表现的价值运动。其具体内容的组成项目,称为会计要素。

从企业生产经营过程来看,以货币形式表现的价值运动首先是生产经营资金的筹集。企业通过不同渠道,以不同方式筹集的资金,称为资金来源。资金来源按承担企业经营风险责任和享有企业经营收益的权利不同,分为负债和所有者权益。负债是借入资金来源,企业必须按时还本付息。所有者权益是企业投资者投入的供企业长期使用的资金,属于自有资金来源,投资者享有参与企业利润分配的权利,但当企业资不抵债或发生亏损时,投资者应承担风险。

企业筹集的资金总是以一定形态存在的,如货币形态的现金、银行存款等;实物形态的原材料、低值易耗品、固定资产等,会计上称为资产。随着生产经营过程的进行,企业拥有的各项资产不仅会发生数量上的增减变化,而且会发生形态上的变化。如以存款采购材料、购置设备是从货币形态的资产转化为实物形态的资产,销售产品获得现金、银行存款则是从实物形态的资产转化为货币形态的资产。

企业生产经营过程中以货币表现的经济活动,除了表现为一定数量的资产、负债、所有者权益的形成及其增减变化以外,还表现为费用、收入和利润的形成及其分配过程。费用是一种投入,是资产消耗的货币反映,费用的发生是为了获得收入。以产品销售收入补偿为取得收入而发生的各项成本费用后的差额,就是企业在一定时期内获得的利润。

可以看出,企业会计对象的具体内容,就是企业的资产、负债、所有者权益、费用、收入和利润等基本会计要素及其增减变化的结果。其中,资产、负债和所有者权益是企业财务状况的静态表现,也是"资产负债表"的基本要素;费用、收入和利润是企业生产经营过程的动态表现,也是"利润表"的基本要素。

第三节 会计的基本前提和会计信息质量要求

一、会计的基本前提

会计的基本前提是为了实现会计目标而假定的,所以又称为会计假设,它是对决定会计存在与发展的各种前提条件所作的暂且认定。由于在市场经济环境条件下,存在着诸多不确定的因素,如市场物价的波动、企业的倒闭等,都有可能影响会计工作的正常进行。因此,为向内部管理当局和外部有关各方提供对决策有用的会计信息,发挥会计的作用,有必要对某些不确定因素进行合乎逻辑和事物发展规律的判断,提出假设,从而为会计工作顺利开展提供必要的前提条件,否则,会计工作将无所适从,难以进行。

按照国际会计准则和惯例,公认的会计前提条件主要有会计主体、持续经营、会计期间和货币计量等。

(一)会计主体

会计主体亦称会计实体,是指独立于财产所有者之外的会计核算单位。明确了会计主体,就能解决为谁核算,核算什么会计事项等问题。因为会计主体假设为会计工作规定了活动的空间范围,即会计事项的处理和会计信息的提供,只限定在一个独立核算的经济实体之内。我国《企业会计准则》指出:"会计核算应当以企业发生的各项经济业务为对象,记录和反映企业本身的各项生产经营活动。"按照这一基本前提,会计核算只反映一个特定企业的生产经营活动,而不包括企业所有者本人或其他企业的经营活动。企业在主体范围内组织会计工作,可以正确计算企业所拥有的资产和承担的债务,正确计算和反映企业的经营成果和财务状况。

会计主体与法律主体(法人)有所不同。所有的企业法人都是会计主体,但会计主体不一定是企业法人。

(二) 持续经营

持续经营是指会计主体的生产经营活动会无限期地持续正常进行下去,即在可以预见的未来不会面临破产清算。持续经营假设是在会计主体假设的基础上,对会计工作时间范围所作的限定。

企业将持续经营作为前提,才能对资产、负债按流动性进行分类,并为历史成本计价提供可能;才能按权责发生制原则对费用进行分配和对收益进行确认,对所承担的债务才能在正常生产经营中清偿。

(三) 会计期间

会计期间也称会计分期,是指将会计主体持续不断的生产经营活动在时间上人为地划分为首尾衔接、等间距的期间。企业将会计期间作为前提,才能据以按期结账和编制会计报表,才能及时向企业内部和外部提供会计信息。在我国,会计期间按公历日期从每年的1月1日至12月31日作为一个会计年度,并在此基础上进一步分为季度和月份。

企业将会计期间作为前提,就要求企业对各项费用在各会计期间进行合理分配,对营业收入按期进行合理确认,同时要求各会计期间采用的会计处理方法保持一致,以便进行比较分析。

(四) 货币计量

货币计量是对生产经营过程和结果的计量尺度所作的假设,是指会计信息主要以货币作为统一的计量尺度,并假设币值稳定。企业将货币计量作为前提,才能对会计主体发生的经济活动按历史成本进行连续、系统的记录、计算和综合汇总,才能对不同会计期间的会计信息进行比较、分析和评价。在会计核算中也会涉及实物量度和劳动量度,但只是作为辅助量度使用。

在存在多种货币的情况下,会计主体应确定某一种货币作为记账本位币。我国一般以人民币作为记账本位币。业务收支以外币为主的企业也可以选择某种外币作为记账本位币,但编制会计报表时外币应折算为人民币。

二、会计信息质量要求

会计信息质量要求是在会计基本前提确定的基础上,对会计核算工作所提出的一般要求,是会计核算工作的规范,是进行会计处理和编制会计报表的基础。

(一) 可靠性

可靠性要求企业应当以实际发生的交易或者事项为依据进行确认、计量和报告,如实反映符合确认和计量要求的各项会计要素及其他相关信息,保证会计信息真实可靠、内容完整。

会计信息要有用,必须以可靠为基础,如果财务报告所提供的会计信息是不可靠的,就会给投资者等使用者的决策产生误导甚至损失。为了贯彻可靠性要求,企业应当做到:

1. 以实际发生的交易或者事项为依据进行确认、计量,将符合会计要素定义及其确认条件的资产、负债、所有者权益、收入、费用和利润等如实反映在财务报表中,不得根据虚构的、没有发生的或者尚未发生的交易或者事项进行确认、计量和报告。

2. 在符合重要性和成本效益原则的前提下,保证会计信息的完整性,其中包括应当编报的报表及其附注内容等应当保持完整,不能随意遗漏或者减少应予披露的信息,与使用者决策相关的有用信息都应当充分披露。

3. 包括在财务报告中的会计信息应当是中立的、无偏的。如果企业在财务报告中为了达到事先设定的结果或效果,通过选择或列示有关会计信息以影响决策和判断的,这样的财务报告信息就不是中立的。

(二) 相关性

相关性要求企业提供的会计信息应当与财务报告使用者的经济决策需要相关,有助于财务报告使用者对企业过去、现在或者未来的情况作出评价或者预测。

会计信息是否有用,是否具有价值,关键是看其与使用者的决策需要是否相关,是否有助于决策或者提高决策水平。相关的会计信息应当能够有助于使用者评价企业过去的决策,证实或者修正过去的有关预测,因而具有反馈价值。相关的会计信息还应当具有预测价值,有助于使用者根据财务报告所提供的会计信息预测企业未来的财务状况、经营成果和现金流量。例如区分收入和利得、费用和损失,区分流动资产和非流动资产、流动负债和非流动负债以及适度引入公允价值等,都可以提高会计信息的预测价值,进而提升会计信息的相关性。

会计信息质量的相关性要求,需要企业在确认、计量和报告会计信息的过程中,充分考虑使用者的决策模式和信息需要。但是,相关性是以可靠性为基础的,两者之间并不矛盾,不应将两者对立起来。也就是说,会计信息在可靠性前提下,尽可能做到相关性,以满足投资者等财务报告使用者的决策需要。

(三) 可理解性

可理解性要求企业提供的会计信息应当清晰明了,便于财务报告使用者理解和使用。

企业编制财务报告、提供会计信息的目的在于使用,而要让使用者有效使用会计信息,应当能让其了解会计信息的内涵,弄懂会计信息的内容,这就要求财务报告所提供的会计信息应当清晰明了,易于理解。只有这样,才能提高会计信息的有用性,实现财务报告的目标,满足向投资者等财务报告使用者提供决策有用信息的要求。

会计信息毕竟是一种专业性较强的信息产品,在强调会计信息的可理解性要求的同时,还应假定使用者具有一定的有关企业经营活动和会计方面的知识,并且愿意付出努力去研究这些信息。对于某些复杂的信息,如交易本身较为复杂或者会计处理较为复杂,但其对使用者的经济决策相关的信息,企业就应当在财务报告中予以充分披露。

(四) 可比性

可比性要求企业提供的会计信息应当具有可比性。具体包括下列要求:

1. 同一企业对于不同时期发生的相同或者相似的交易或者事项,应当采用一致的会计政策,不得随意变更。

为了便于投资者等财务报告使用者了解企业财务状况、经营成果和现金流量的变化趋势,比较企业在不同时期的财务报告信息,全面、客观地评价过去,预测未来,从而做出决策。但是,满足会计信息可比性要求,并非表明企业不能变更会计政策,如果按照规定或者在会计政策变更后可以提供更可靠、更相关的会计信息,可以变更会计政策。有关会计政策变更的情况,应当在附注中予以说明。

2. 不同企业发生的相同或者相似的交易或者事项,应当采用规定的会计政策,确保会计信息口径一致、相互可比,即对于相同或者相似的交易或者事项,不同企业应当采用一致的会计政策,以使不同企业按照一致的确认、计量和报告基础提供有关会计信息,以便于投资者等财务报告使用者评价不同企业的财务状况、经营成果和现金流量及其变动情况。

(五)实质重于形式

实质重于形式要求企业应当按照交易或者事项的经济实质进行会计确认、计量和报告,不应仅以交易或者事项的法律形式为依据。如果企业仅仅以交易或者事项的法律形式为依据进行会计确认、计量和报告,那么就容易导致会计信息失真,无法如实反映经济现实和实际情况。

企业发生的交易或事项在多数情况下,其经济实质和法律形式是一致的,但在有些情况下,会出现不一致。例如,以融资租赁方式租入的资产虽然从法律形式来讲企业并不拥有其所有权,但是由于租赁合同中规定的租赁期相当长,接近于该资产的使用寿命;租赁期结束时承租企业有优先购买该资产的选择权;在租赁期内承租企业有权支配资产并从中受益等,因此,从其经济实质来看,企业能够控制融资租入资产所创造的未来经济利益,在会计确认、计量和报告上就应当将以融资租赁方式租入的资产视为企业的资产,列入企业的资产负债表。

又如,企业按照销售合同销售商品但又签订了售后回购协议,虽然从法律形式上实现了收入,但如果企业没有将商品所有权上的主要风险和报酬转移给购货方,没有满足收入确认的各项条件,即使签订了商品销售合同或者已将商品交付给购货方,也不应当确认销售收入。

(六)重要性

重要性要求企业提供的会计信息应当反映与企业财务状况、经营成果和现金流量有关的所有重要交易或者事项。

在实务中,如果会计信息的省略或者错报会影响投资者等财务报告使用者据此作出决策的,该信息就具有重要性。重要性的应用需要依赖于职业判断,企业应当根据其所处环境和实际情况,从项目的性质和金额大小两方面加以判断。

(七)谨慎性

谨慎性要求企业对交易或者事项进行会计确认、计量和报告时应当保持应有的谨慎,不应高估资产或者收益、低估负债或者费用。

在市场经济环境下,企业的生产经营活动面临着许多风险和不确定性,如应收款项的可回收性、固定资产的使用寿命、无形资产的使用寿命、售出存货可能发生的退货或者返修等。会计信息质量的谨慎性要求,需要企业在面临不确定性因素的情况下作出职业判断时,应当保持应有的谨慎,充分估计到各种风险和损失,既不高估资产或者收益,也不低估负债或者费用。例如,要求企业对可能发生的资产减值损失计提资产减值准备、对售出商品可能发生的保修义务等确认预计负债等,这些就体现了会计信息质量的谨慎性要求。

但是,谨慎性的应用并不允许企业设置秘密准备,如果企业故意低估资产或者收益,或者故意高估负债或者费用,将不符合会计信息的可靠性和相关性要求,损害会计信息质量,扭曲企业实际的财务状况和经营成果,从而对使用者的决策产生误导,这是会计准则所不允许的。

(八)及时性

及时性要求企业对于已经发生的交易或者事项,应当及时进行确认、计量和报告,不得提前或者延后。

会计信息的价值在于帮助所有者或者其他方面作出经济决策,具有时效性。即使是可靠、相关的会计信息,如果不及时提供,就失去了时效性,对于使用者的效用就大大降低甚至不再具有实际意义。在会计确认、计量和报告过程中贯彻及时性,一是要求及时收集会计信息,即在经济交易或者事项发生后,及时收集整理各种原始单据或者凭证;二是要求及时处理会计信息,即按照会计准则的规定,及时对经济交易或者事项进行确认或者计量,并编制出财务报告;三是要求及时传递会计信息,即按照国家规定的有关时限,及时地将编制的财务报告传递给财务报告使用者,便于其及时使用和决策。

在实务中,为了及时提供会计信息,可能需要在有关交易或者事项的信息全部获得之前即进行会计处理,这样就满足了会计信息的及时性要求,但可能会影响会计信息的可靠性;反之,如果企业等到与交易或者事项有关的全部信息获得之后再进行会计处理,这样的信息披露可能会由于时效性问题,对投资者等财务报告使用者决策的有用性将大大降低。这就需要在及时性和可靠性之间作相应权衡,以最好地满足投资者等财务报告使用者的经济决策需要为判断标准。

三、会计核算基础

会计核算基础是指会计主体在进行会计业务处理时对会计要素的确认所采用的原则。会计核算基础可分为两种:一个是权责发生制,另一个是现金制。我国《企业会计准则——基本准则》规定,企业会计的确认、计量和报告应当以权责发生制为基础。

(一) 权责发生制

权责发生制原则亦称应计基础、应计制原则,是指以实质取得收到现金的权利或支付现金的责任权责的发生为标志来确认本期收入和费用及债权和债务。即收入按现金收入及未来现金收入——债权的发生来确认;费用按现金支出及未来现金支出——债务的发生进行确认,而不是以现金的收入与支付来确认收入费用。

权责发生制是依据持续经营和会计分期两个基本前提来正确划分不同会计期间资产、负债、收入、费用等会计要素的归属,并运用一些诸如应收、应付、预提、待摊等项目来记录由此形成的资产和负债等会计要素。企业经营不是一次而是多次,而其损益的记录又要分期进行,每期的损益计算理应反映所有属于本期的真实经营业绩,收付实现制显然不能完全做到这一点。因此,权责发生制能更加准确地反映特定会计期间实际的财务状况和经营业绩。

(二) 现金制

现金制又称收付实现制或实收实付制,是以现金收到或付出为标准来记录收入的实现和费用的发生。按照收付实现制,收入和费用的归属期间将与现金收支行为的发生与否紧密地联系在一起。换言之,现金收支行为在其发生的期间全部记作收入和费用,而不考虑与现金收支行为相联的经济业务实质上发生与否。

现金制是以款项的实际收付为标准来处理经济业务,确定本期收入和费用,计算本期盈亏的会计处理基础。在现金收付的基础上,凡在本期实际以现款付出的费用,不论其是否在本期收入中获得补偿均应作为本期应计费用处理;凡在本期实际收到的现款收入,不论其是否属于本期均应作为本期应计的收入处理;反之,凡本期还没有以现款收到的收入和没有用现款支付的费用,即使它归属于本期,也不作为本期的收入和费用处理。例如,恒大农业公司2011年6月份收到2010年应收销货款80 000元,存入银行,尽管该项收入不是2011年6月份创造的,但因为该项收入是在6月份收到的,所以在现金收付基础上也作为2011年6月份的收入。这种处理方法的好处在于计算方法比较简单,也符合人们的生活习惯,但按照这种方法计算的盈亏不合理、不准确,所以《企业会计准则》规定企业不予采用,它主要应用于行政事业单位和个体户等。

（三）两种会计核算基础的比较

权责发生制和现金制在处理收入和费用时的原则是不同的,所以同一会计事项按不同的会计处理基础进行处理,其结果可能是相同的,也可能是不同的。例如,本期销售一批价值5 000元的产品,货款已收存银行,这项经济业务不管采用应计基础或现金收付基础,5 000元货款均应作为本期收入,因为一方面它是本期获得的收入,应当作为本期收入;另一方面现款也已收到,亦应当列作本期收入,这时就表现为两者的一致性。但在另外的情况下两者则是不一致的。例如,本期收到上月销售产品的货款存入银行,在这种情况下,如果采用现金收付基础,这笔货款应当作为本期的收入。因为现款是本期收到的,如果采用应计基础,则此项收入不能作为本期收入,因为它不是本期获得的。

综上所述可知,采用应计基础和现金收付基础有以下不同:

1. 因为在应计基础上存在费用的待摊和预提问题等,而在现金收付基础上不存在这些问题,所以在进行核算时它们所设置的会计科目不完全相同。

2. 因为应计基础和现金收付基础确定收入和费用的原则不同,因此,它们即使是在同一时期对同一业务计算的收入和费用总额也可能相同。

3. 由于在应计基础上是以应收应付为标准来作收入和费用的归属、配比,因此,计算出来的盈亏较为准确,而在现金收付基础下是以款项的实际收付为标准来作收入和费用的归属、配比,因此,计算出来的盈亏不够准确。

4. 在应计基础上期末对账簿记录进行调整之后才能计算盈亏,所以手续比较麻烦,而在现金收付基础上期末不要对账簿记录进行调整即可计算盈亏,所以手续比较简单。

第四节　会计的职能和方法

一、会计的基本职能

会计的职能是指会计在经济管理活动中所具有的功能。会计的职能是随着社会生产力的发展和管理水平的提高而发展变化的。会计的基本职能是会计核算和会计监督。

（一）会计核算

会计核算是指以货币作为统一的计量尺度,对会计主体的经济活动进行确认、计量、记录、计算和报告。其基本程序是:经济业务发生后,取得或填制会计凭证,按审核无误的会计凭证登记账簿,根据账簿资料编制会计报表。通过会计核算,可以正确计算和及时提供资金、成本、利润等经济指标,从而为分析、研究和掌握生产经营过程及其资金运动过程的规律提供依据。长期以来,人们把会计核算只理解为对经济活动的事后核算。事实上,从核算的时间看,它既包括事后核算,又包括事前和事中核算;从核算的内容看,它既包括记账、算账和报账,又包括预测、控制、分析和考核。

（二）会计监督

会计监督是指对企业资金的组织、分配和使用的合法性、合理性和有效性所进行的指导、督促和检查。其基本程序是:确定和掌握标准、检查分析、结果处理。通过监督,可以促使企业自觉地按自然规律、经济规律和法规要求来组织和安排经济活动。

会计核算和会计监督是两个相互联系又相互独立的职能。会计核算职能是基础职能,离开了核算,监督就失去了对象;离开了监督,会计核算工作就会失去方向。只有通过监督,核算才能发挥应有的作用。在实际工作中,核算和监督又是交叉的,不可分割的。监督职能又寓于核算职能之中,贯穿于核算的全过程,充分发挥会计核算和监督的职能作用,是实现会计目标的保证。

二、会计的专门方法

会计的方法是指用以核算和监督会计的对象,实现会计目标的手段。会计的方法也是随着经济的发展、管理要求的提高以及科技的进步而不断改进和发展的。

会计是由会计核算、会计分析和会计检查三部分组成的。会计核算就是记账、算账和报账,是会计工作的基本环节,是会计分析和会计检查的基础;会计分析就是用账,是会计核算的继续和深化,是会计核算资料的具体运用;会计检查就是查账,是会计核算和会计分析的必要补充,是保证会计核算资料和会计分析客观、正确的必不可少的步骤。因此,会计的方法应包括会计核算的方法、会计分析的方法和会计检查的方法。会计分析的方法和会计检查的方法分别列入"管理会计"、"审计学"等有关课程中讲解,本书只介绍从事会计核算工作所运用的一系列手工数据处理的技术方法。

会计核算的专门方法是对已发生的经济活动连续、系统、全面、综合地进行核算和监督所运用的一系列确认、计量、记录、计算和报告的方法。对企业来说,主要包括:设置会计科目和账户、填制和审核会计凭证、复式记账、登记账簿、成本计算、财产清查和编制会计报表等专门方法。

1. 设置会计科目和账户

设置会计科目和账户是对会计核算的具体内容进行分类核算和监督的一种专门方法。由于会计对象的具体内容是复杂多样的,要对其进行系统的核算和经常性的监督,就必须对经济业务进行科学的分类,以便分门别类、连续地记录,据以取得多种不同性质、符合经营管理所需要的信息和指标。

2. 填制和审核会计凭证

会计凭证是记录经济业务,明确经济责任,作为记账依据的书面证明。正确填制和审核会计凭证,是核算和监督经济活动财务收支的基础,是做好会计工作的前提。

3. 复式记账

复式记账是指对所发生的每项经济业务,以相等的金额,同时在两个或两个以上相互联系的账户中进行登记的一种记账方法。采用复式记账方法,可以全面反映每一笔经济业务的来龙去脉,而且可以防止差错和便于检查账簿记录的正确性和完整性,是一种比较科学的记账方法。

4. 登记账簿

登记会计账簿简称记账,是以审核无误的会计凭证为依据在账簿中分类,连续地、完整地记录各项经济业务,以便为经济管理提供完整、系统的各项经济业务记录,从而为经济管理提供完整、系统的会计核算资料。账簿记录是重要的会计资料,是进行会计分析、会计检查的重要依据。

5. 成本计算

成本计算是按照一定对象归集和分配生产经营过程中发生的各种费用,以便确定各该对象的总成本和单位成本的一种专门方法。产品成本是综合反映企业生产经营活动的一项重要指标。正确地进行成本计算,可以考核生产经营过程的费用支出水平,同时又是确定企业盈亏和制定产品价格的基础,并为企业进行经营决策提供重要数据。

6. 财产清查

财产清查是指通过盘点实物,核对账目,以查明各项财产物资实有数额的一种专门方法。通过财产清查,可以提高会计记录的正确性,保证账实相符。同时,还可以查明各项财产物资的保管和使用情况以及各种结算款项的执行情况,以便对积压或损毁的物资和逾期未收到的款项,及时采取措施,并进行清理和加强对财产物资的管理。

7. 编制会计报表

编制会计报表是以特定表格的形式,定期并总括地反映企业、行政事业单位的经济活动情况和结果的一种专门方法。会计报表主要以账簿中的记录为依据,经过一定形式的加工整理而产生一套完整的核算指标,是用来考核、分析财务计划和预算执行情况以及编制下期财务报表和分析预算的重要依据。

联系实际工作可以知道,会计机构和会计人员应根据企业的具体情况,按照统一规定的会计科目开设账户;对日常发生的经济业务,要取得或填制会计凭证,并经审核无误后运用复式记账法在账簿的有关账户中登记;对生产经营过程中发生的各项费用分别进行成本计算;期末在财产清查和账目核对相符的基础上,根据账簿记录编制会计报表。可以看出,会计核算的专门方法是相互联系、密切配合的,构成了一个完整的会计核算方法体系。

自学指导

学习目的和要求

通过本章的学习,要求了解会计的基本概念和作用,联系企业的生产经营活动,了解会计的基本目标和对象,掌握会计核算的基本前提和会计核算的一般原则,明确会计的基本职能和会计核算的专门方法。

内容提要

一、会计的意义

会计是随着生产的发展、经济管理要求的提高和科技的进步,经历了从低级到高级、从简单到复杂、从不完善到逐步完善的演进过程。官厅会计是古代会计的中心,企业会计则是现代会计的中心。经济越发展,会计越重要。经济的发展,不仅要求会计进行数量的记录、计算和报告,而且要求根据数量的变化,加强对经济过程的监督和控制。以货币计量是会计的显著特点。会计的概念可表述为:是对企业、行政、事业单位发生的可以用货币计量的经济活动进行核算和监督的一种价值管理活动,是经营管理工作的重要组成部分。它在经济管理工作中所起的作用是:核算经济业务,提供财务信息;实行会计监督,维护财经法纪;分析财务状况,考核经济效益;预测经济前景,参与经营决策。

二、会计的目标和对象

会计的基本目标是:为内部管理当局和债权人、投资者等有关各方提供符合质量要求的会计信息,并服务于正确的经营决策。

会计的对象,概括地说,是核算单位在生产经营过程中发生的能以货币计量的经济活动。

就企业而言,会计对象的具体内容是资产、负债、所有者权益、费用、收入和利润等基本会计要素及其增减变化的结果。

三、会计的基本前提和会计信息质量要求

会计的基本前提有会计主体、持续经营、会计期间和货币计量。会计主体是为会计工作活动的空间范围所作的假设;持续经营是在会计主体假设的基础上对会计工作活动的时间所作的假设;会计期间则是在持续经营假设的基础上对提供会计信息的具体期限所作的规定;货币计量是对生产经营过程和结果的计量尺度所作的假设。

会计信息质量要求是指企业所提供的会计信息的质量标准,其表现为会计信息对于信息使用者决策有用的那些性质,也称"会计信息的质量特征"。会计信息质量要求包括:可靠性、相关性、可理解性、可比性、实质重于形式、重要性、谨慎性、及时性。

四、会计的职能和方法

会计的职能是指会计在经济管理活动中所具有的功能,其基本职能是:会计核算和会计监督。充分发挥会计核算和监督的职能作用是实现会计目标的保证。

会计是由会计核算、会计分析和会计检查三部分组成的,会计核算是基础,会计分析是会计核算的继续和深化,会计检查是会计核算和会计分析的必要补充。会计核算的方法主要包括:设置会计科目和账户、填制和审核会计凭证、复式记账、登记账簿、成本计算、财产清查和编制会计报表等,它们互相联系、密切配合,构成了一个完整的会计核算方法体系。

复习思考题

1. 会计的基本概念是什么?如何理解?
2. 会计的作用和基本目标是什么?
3. 简要说明企业会计对象的具体内容。
4. 会计核算的基本前提有哪些?简要说明其意义。
5. 会计信息质量要求有哪些?如何理解?
6. 会计的基本职能是什么?如何理解?
7. 企业会计核算的方法有哪些?它们之间的关系是什么?

第二章 会计科目和账户

第一节 会计科目

一、会计科目的概念

企业在生产经营过程中发生着各种各样的经济业务,使得各会计要素不断发生增减变化。为了系统地、分门别类地核算和监督企业的各项经济业务,记录和反映各会计要素的增减变化及其结果,及时提供企业财务状况和经营成果方面的信息资料,就必须对企业会计核算的基本内容(即六大会计要素)进行进一步的分类。会计科目就是对会计核算的基本内容按其不同的特点和经营管理的要求,进行科学分类的项目。例如,企业的货币资金主要包括存放在银行的存款和企业保险柜中的现金,这两部分货币资金不仅存放的地点不同,而且按照现金管理制度的规定,其使用的范围和经营管理的要求也不相同,为了分别反映这两部分资金的增减变化情况,就必须设置"库存现金"和"银行存款"这两个会计科目;再如,企业在生产经营过程中将发生各种债务,有欠银行的流动资金借款、欠职工的工资或奖金、欠供应商的货款、欠国家的税金等,必须相应地设置"短期借款"、"应付职工薪酬"、"应付账款"、"应交税费"等科目,并分别由债权人进行核算和监督。通过设置会计科目,可以分门别类地反映各项资产、负债、所有者权益、收入、费用的增减变化情况及企业生产经营过程和结果。

二、会计科目的分类

会计科目按照不同的标准,可作不同的分类。下面以企业为例来说明会计科目的分类。

(一)按会计科目所反映的经济内容不同,可以分为资产类、负债类、所有者权益类、成本类、损益类等五大类。资产类、负债类、所有者权益类、成本类会计科目所反映的经济内容与资产负债表有关,损益类会计科目所反映的经济内容与损益表有关

1. 资产类科目

资产是指企业拥有或控制的能以货币计量的经济资源。资产按流动性大小分为流动资产和非流动资产。

(1)核算流动资产的科目

流动资产是指可以在一年或超过一年的一个营业周期内变现或者耗用的资产。核算流动资产的科目有:

"库存现金"科目,用于核算存放在企业保险柜中的那部分货币资金;

"银行存款"科目,用于核算存放在银行或其他金融机构的那部分货币资金;

"其他货币资金"科目,用于核算除了现金和银行存款以外的其他货币资金,包括银行汇票存款、银行本票存款、在途资金、信用证存款、外埠存款等;

"交易性金融资产"科目,用于核算企业持有的以公允价值计量且其变动计入当期损益的金融资产,包括为交易目的所持有的债券投资、股票投资、基金投资、权证投资等和直接指定为

以公允价值计量且其变动计入当期损益的金融资产。企业持有的直接指定为以公允价值计量且其变动计入当期损益的金融资产,也在本科目核算。

"应收账款"科目,用于核算企业因销售产品、商品或材料,提供劳务以及办理工程结算等业务,应向购货单位或接受劳务的单位收取的款项;

"坏账准备"科目,用于核算企业提取的坏账准备;

"预付账款"科目,用于核算企业按合同规定预付给供货单位的货款;

"其他应收款"科目,用于核算企业除应收票据、应收账款、内部往来以外的其他各种应收或暂付的款项,包括应收的各种赔款、罚款、备用金、应向职工收取的各种垫付款等;

"原材料"科目,用于核算企业库存的各种材料,包括原料及主要材料、辅助材料、外购半成品(外购件)、修理备件(备品备件)、包装材料、燃料等;

"低值易耗品"科目,用于核算企业在库的低值易耗品;

"在途物资"科目,用于核算企业购入的尚未办理验收入库手续或正在运输途中的材料的实际成本;

"库存商品"科目,用于核算企业库存的各种产成品的实际成本;

"待摊费用"科目,用于核算企业已经支付的,但应在若干会计期间分别摊销计入成本费用,分摊期限在一年以内的各项费用。

(2) 核算非流动资产的科目

非流动资产是指可供企业长期使用(一年以上)和长期受益的资产。核算非流动资产的科目有:

"持有至到期投资"科目,用于核算企业持有至到期投资的摊余成本。本科目可按持有至到期投资的类别和品种,分别设置"成本"、"利息调整"、"应计利息"等进行明细核算。

"长期股权投资"科目,用于核算企业持有的采用成本法和权益法核算的长期股权投资。本科目可按被投资单位进行明细核算。长期股权投资采用权益法核算的,还应当分别设置"成本"、"损益调整"、"其他权益变动"等进行明细核算。

"固定资产"科目,用于核算企业各项固定资产的原价;

"累计折旧"科目,用于核算企业现有各项固定资产因使用磨损而减少的价值;

"固定资产清理"科目,用于核算企业因固定资产的出售、报废和毁损等原因,而进行固定资产清理所发生的各项收入、费用和损失;

"在建工程"科目,用于核算企业筹建各项工程,包括新建工程、改扩建工程和大修理工程等所发生的实际支出;

"无形资产"科目,用于核算企业的专利权、非专利技术、商标权、著作权、土地使用权、商誉等各种无形资产价值及其摊销情况;

"累计摊销"科目,用于核算企业对使用寿命有限的无形资产计提的累计摊销。本科目可按无形资产项目进行明细核算。

"生产性生物资产"科目,用于核算企业(农业)持有的生产性生物资产原价。本科目可按"未成熟生产性生物资产"和"成熟生产性生物资产",分别就生物资产的种类、群别、所属部门等进行明细核算。生产性生物资产发生减值的,可以单独设置"生产性生物资产减值准备"科目,比照"固定资产减值准备"科目进行处理。

"生产性生物资产累计折旧"科目,用于核算企业(农业)成熟生产性生物资产的累计折旧。本科目可按生产性生物资产的种类、群别、所属部门等进行明细核算。

"公益性生物资产"科目,用于核算企业(农业)持有的公益性生物资产的实际成本。本科目可按公益性生物资产的种类或项目进行明细核算。

"长期待摊费用"科目,用于核算企业已经发生但应由本期和以后各期负担的分摊期限在1年以上的各项费用,如以经营租赁方式租入的固定资产发生的改良支出等。

"递延所得税资产"科目,用于核算企业确认的可抵扣暂时性差异产生的递延所得税资产。本科目应按可抵扣暂时性差异等项目进行明细核算。根据税法规定,可用以后年度税前利润弥补的亏损及税款抵减产生的所得税资产,也在本科目核算。

"待处理财产损益"科目,用于核算企业在实物资产清查过程中查明的各种财产物资的盘盈、盘亏及其处理情况。

2. 负债类科目

负债是指企业所承担的,能以货币计量、需要以资产或劳务偿还的债务。负债按其流动性大小,分为流动负债和非流动负债。

(1) 核算流动负债的科目

流动负债是指需在一年或超过一年的一个营业周期内偿还的债务。核算流动负债的科目有:

"短期借款"科目,用于核算企业借入的期限在一年以内的各种借款;

"应付账款"科目,用于核算企业因购买材料、商品和接受外单位提供劳务等而应付给供应商的款项;

"预收账款"科目,用于核算企业在产品销售业务中,按照合同规定向购货单位预收的货款;

"应付职工薪酬"科目,用于核算企业根据有关规定应付给职工的各种薪酬。企业(外商)按规定从净利润中提取的职工奖励及福利基金,也在本科目核算。本科目可按"工资"、"职工福利"、"社会保险费"、"住房公积金"、"工会经费"、"职工教育经费"、"非货币性福利"、"辞退福利"、"股份支付"等进行明细核算。

"应交税费"科目,用于核算企业按照税法等规定计算应交纳的各种税费,包括增值税、消费税、营业税、所得税、资源税、土地增值税、城市维护建设税、房产税、土地使用税、车船使用税、教育费附加、矿产资源补偿费等。企业代扣代交的个人所得税等,也通过本科目核算。

"应付利息"科目,用于核算企业按照合同约定应支付的利息,包括吸收存款、分期付息到期还本的长期借款、企业债券等应支付的利息。本科目可按存款人或债权人进行明细核算。

"应付股利"科目,用于核算企业分配的现金股利或利润。

"其他应付款"科目,用于核算企业除应付票据、应付账款、预收账款、应付职工薪酬、应付利息、应付股利、应交税费、长期应付款等以外的其他各项应付、暂收的款项。

(2) 核算非流动负债的科目

非流动负债是指偿还期在一年以上或超过一个营业周期以上的债务。核算非流动负债的科目有:

"长期借款"科目,用于核算企业借入的期限在一年以上的各种借款及应支付的利息;

"应付债券"科目,用于核算企业发行的长期债券的本金、溢价或折价、应计利息;

"长期应付款"科目,用于核算企业除长期借款、应付债券以外的其他长期应付款,包括采用补偿贸易方式引进国外设备价款,应付融资租赁租入固定资产的租赁费等。

3. 所有者权益类科目

所有者权益是指企业投资人对企业净资产的所有权。它在数量上等于企业的全部资产减去全部负债后的净额。核算所有者权益的科目有：

"实收资本"科目，用于核算企业实际收到的投资人投资；

"资本公积"科目，用于核算企业从不同渠道取得的资本公积金，如资本溢价等；

"盈余公积"科目，用于核算企业按规定从利润中提取的法定盈余公积金及其使用情况；

"本年利润"科目，用于核算企业在某一特定会计年度利润（或亏损）的形成情况；

"利润分配"科目，用于核算企业在某一特定会计年度利润分配及其结果（年末未分配利润）。

4. 成本类会计科目

这里的成本即产品生产成本或制造成本，是指企业在产品生产过程中发生的应有产品负担的各项耗费。核算成本的科目有：

"生产成本"科目，用于核算企业在产品生产过程中发生的各项生产费用；

"制造费用"科目，用于核算企业在产品生产过程中所发生的各项间接生产费用。

5. 损益类会计科目

损益是指企业在某一会计期间所取得的经营成果，是企业在会计期间内取得的各项收入扣除发生的各项费用支出后的净额。如果收入大于费用支出即为利润；如果收入小于费用支出即为亏损。损益类科目包括核算各项收入的科目和核算各项费用支出的科目。

（1）核算各项收入的科目

收入是指企业在某一会计期间，由于销售产品（商品）、对外提供劳务或对外投资等取得的收入。核算各项收入的科目有：

"主营业务收入"科目，用于核算企业在经营过程中取得的各项主营业务收入；

"其他业务收入"科目，用于核算企业除主营业务以外的其他业务所取得的收入，如运输收入、房屋出租收入、无形资产转让收入等；

"投资收益"科目，用于核算企业对外投资获得的利润、股利、利息、买卖差价等收益（包括投资损失）；

"营业外收入"科目，用于核算企业所取得的与生产经营活动无直接关系的各项收入，如固定资产盘盈、清理固定资产净收入、确实无法支付的应付款项等。

（2）核算各项费用支出的科目

这里的费用支出是指企业在某一会计期间发生的不计入当期产品生产成本的各项费用、支出和损失。核算各项费用支出的科目有：

"主营业务成本"科目，用于核算企业为取得各项主营业务收入而发生的营业成本；

"销售费用"科目，用于核算企业因销售产品、商品以及对外提供劳务等过程中发生的各项费用，如广告费、销售人员工资及福利费、包装费、运输费等；

"营业税金及附加"科目，用于核算企业与取得主营业务收入相关的各种税金及附加支出，包括营业税、消费税、资源税等；

"其他业务成本"科目，用于核算企业在其他业务发生过程中，所发生的各种成本费用及税金支出等；

"管理费用"科目，用于核算企业管理部门为组织和管理生产经营活动而发生的各项费用，如工资及福利费、办公费、折旧费、业务招待费、工会经费、房产税、车船使用税、土地使用税、印花税等；

"财务费用"科目,用于核算企业为筹集生产经营所需资金而发生的费用,包括利息支出、银行手续费、利息收入、汇兑损益等;

"营业外支出"科目,用于核算企业发生的与生产经营活动无直接关系的各项支出,如固定资产盘亏、非常损失、公益救济性捐赠支出等。

(二)按照会计科目所反映会计信息的详细程度不同,可以分为一级会计科目、二级会计科目和三级会计科目

一级会计科目也称总分类会计科目,是对会计要素进行总括分类的科目,是设置总分类账户的依据。如"固定资产"、"原材料"等科目。二级会计科目也称子目,是对有关一级科目的进一步分类,如在"原材料"一级科目下,可根据需要设置二级科目。三级会计科目也称细目,是对有关二级会计科目的进一步分类,如在某项二级科目下,可根据需要按照其具体名称再设置三级会计科目。二级会计科目和三级会计科目通常统称为明细分类科目,是设置明细分类账户的依据。

三、会计科目设置的原则

(一)会计科目的设置既要符合企业经济活动的特点,又要适应经济管理的要求

不同企业的经济活动具有不同的特点,因而核算和管理的要求也不相同。如工业企业、农业企业等产品生产单位,应设置"生产成本"、"制造费用"等核算产品成本的科目,商品流通企业主要从事商品的购销业务,则不需设置上述科目。

(二)会计科目的设置既要执行统一的规定,又要考虑企业的具体情况

设置会计科目,一般应符合会计核算的要求,全面反映企业会计对象,提供的全部资料能满足企业经济管理和国民经济宏观调控的需要。为了保证会计核算指标在全国范围内口径一致,有利于会计资料的汇总、分析和利用,企业必须根据国家统一的《企业会计准则》的规定,设置会计科目。一级会计科目必须强调统一性,会计准则中规定的会计科目名称和具体核算内容,企业只能严格执行,不能随意变动。同时,企业还可以根据核算经济业务的特殊需要,在符合统一准则的前提下,增设某些会计科目。如以经济林木经营为主的企业可设置"林业生产成本"科目;以畜牧业生产为主的企业可设置"畜牧业生产成本"科目;企业内部如有周转使用的备用金,为了加强核算和管理,可增设"备用金"科目等。对于明细分类科目,凡会计准则中有规定的,原则上应统一执行。会计准则中没有具体规定的,则应根据核算和管理的需要自行制定。

(三)会计科目的设置既要含义明确,又要保持相对稳定

设置会计科目,要注意会计科目的名称能确切地反映其核算的内容,做到含义明确、简明扼要、通俗易懂、便于运用。各会计科目之间既要有密切的联系,又要有严格的界限,共同构成一个完整的体系。会计科目还应保持相对稳定,以便使提供的资料在各期之间具有可比性。

为了便于编制会计凭证,登记账簿,查阅账目,实行会计电算化,有必要为每个会计科目编制一个代用符号,这种为会计科目编制的代用符号就是会计科目的编号,我国采用的是四位数码编号法。每一个会计科目编号中的四位数码的具体含义是:从左至右第一位数码表示会计科目的性质(即类别),"1"表示资产类科目,"2"表示负债类科目,"3"表示共同类科目,"4"表示所有者权益类科目,"5"表示成本类科目,"6"表示损益类科目。第二位数码表示大类中的小类,如资产类科目中,第二位数码"0"表示货币资金,"4"表示存货等。第三、四位数码表示会计科目在所属小类中的顺序号。如"1001"表示为资产类货币资金的"库存现金"科目。会计科目名称和编号如表2-1所示。

表 2-1 会计科目名称和编号

编号	科目名称	编号	科目名称
	一、资产类	2211	应付职工薪酬
1001	库存现金	2221	应交税费
1002	银行存款	2231	应付利息
1012	其他货币资金	2232	应付股利
1121	应收票据	2241	其他应付款
1122	应收账款	2501	长期借款
1123	预付账款	2602	长期债券
1131	应收股利	2701	长期应付款
1132	应收利息	2901	递延所得税负债
1221	其他应收款		三、共同类
1231	坏账准备	3101	衍生工具
1401	材料采购	3201	套期工具
1402	在途物资	3202	被套期项目
1403	原材料		四、所有者权益类
1404	材料成本差异	4001	实收资本
1405	库存商品	4002	资本公积
1406	发出商品	4101	盈余公积
1408	委托加工物资	4103	本年利润
1471	存货跌价准备	4104	利润分配
1511	长期股权投资		五、成本类
1512	长期股权投资减值准备	5001	生产成本
1531	长期应收款	5101	制造费用
1601	固定资产	5301	研发支出
1602	累计折旧		六、损益类
1603	固定资产减值准备	6001	主营业务收入
1604	在建工程	6051	其他业务收入
1605	工程物资	6101	公允价值变动损益
1606	固定资产清理	6111	投资收益
1701	无形资产	6301	营业收入
1702	累计摊销	6401	主营业务成本
1703	无形资产减值准备	6402	其他业务成本
1711	商誉	6403	营业税金及附加
1801	长期待摊费用	6601	销售费用
1811	递延所得税资产	6602	管理费用
1901	待处理财产损益	6603	财务费用
	二、负债类	6701	资产减值损失
2001	短期借款	6711	营业外支出
2201	应付票据	6801	所得税费用
2202	应付账款	6901	以前年度损益调整
2203	预收账款		

第二节 会计账户

一、会计账户的概念

账户是根据会计科目在账页中开设的户头。开设账户的目的是为了连续、系统地分类核算和监督由于经济业务的发生而引起的资产、负债、所有者权益的增减变化及其结果。设置账户是会计核算的一种专门方法。账户提供的资料是编制会计报表的基础。

账户与会计科目是既有联系又有区别的两个概念。其联系是：会计科目是设置账户的依据，会计科目的名称就是账户的名称，会计科目反映的经济内容决定了账户所要核算和监督的经济内容。其区别是：会计科目只是一个名称，只能说明反映的经济内容，但它不具有结构，因而不能系统地提供特定会计要素的增减变化及其结余情况的信息；而账户具有一定的结构，它不仅能说明反映的经济内容，而且能具体地核算和监督特定经济内容的增减变化及其结余情况。

账户是根据会计科目设置的。与会计科目的分类相似，账户按照其所反映的经济内容不同，可分为资产类账户、负债类账户、所有者权益类账户、成本类账户和损益类账户；按照账户所反映的会计信息的详细程度不同，账户也相应地分为一级账户、二级账户和三级账户。一级账户又称总分类账户，可以提供总括的核算资料。二级账户和三级账户统称为明细分类账户，可以提供详细具体的核算资料。

二、会计账户的基本结构

设置账户的目的是为了将发生的经济业务分门别类地归集，以便及时提供经营管理所需要的各项指标。要了解账户提供的指标是如何形成的，就有必要研究和掌握账户的结构。

企业在生产经营过程中发生的各项经济业务，会引起资产、负债、所有者权益、收入、费用和利润等会计要素的数量变动，这种变动不外乎是增加和减少两种情况。将这种经济业务的发生引起会计要素的增减变动，通过有关账户加以记录和反映，就要求账户在结构上分为左方和右方两个基本部分。如发生了这样两笔经济业务：一笔是用银行存款 10 000 元购买生产用设备，另一笔是将营业收入的现金 10 000 元存入银行。前一笔经济业务使银行存款减少 10 000 元，后一笔经济业务使银行存款增加 10 000 元。显然，这两笔业务都需要在银行存款账户加以记录，但必须记入不同的方向才能加以区分。因此，每一账户的基本结构由三个部分组成：

(1) 账户的名称——即会计科目的名称；
(2) 账户的左方——称为借方；
(3) 账户的右方——称为贷方。

账户的名称表明该账户所要核算的具体内容。账户的左方和右方分别用于记载有关经济业务发生使该账户增加或减少的货币价值。习惯上我们将账户的左方称为"借方"，右方称为"贷方"。账户的基本结构如表 2-2 所示。

表 2-2 账户的基本结构示意表

由于账户的这种独特的结构,在国外通常将其形象地称为"T"型账户,而在我国则习惯上称其为"丁"字式账户。

账户的基本结构是对账户结构的抽象和简化。在实际工作中,账户的具体结构根据会计核算的要求,一般表现为比较复杂的表格形式。账户的一般结构如表2-3。

表2-3 账户一般结构

账户名称:

年		凭证		摘要	借方	贷方	借或贷	余额
月	日	种类	号数					

三、对各类会计账户基本结构的进一步说明

(一)资产类账户的基本结构

资产类账户是按照资产类会计科目设置的,它核算企业各项资产的增减变化及其结果,包括"库存现金"账户、"原材料"账户、"固定资产"账户等。该类账户的借方登记有关资产的增加额,贷方登记有关资产的减少额,期初、期末余额一般在该账户的借方,分别反映企业期初、期末有关资产的结存数。其基本结构如表2-4所示。

表2-4 资产类账户基本结构示意表

××账户

借方		贷方	
期初余额	×××		
本期发生额(增加额)		本期发生额(减少额)	
(1)	×××	(1)	×××
⋮		⋮	
本期发生额合计	×××	本期发生额合计	×××
期末余额	×××		

如某企业银行存款账户月初借方余额为10 000元,表示月初结存的银行存款为10 000元;本月从银行提取现金6 000元,使银行存款减少6 000元,记入银行存款账户的贷方;将本月营业收入的现金5 000元送存银行,使银行存款增加5 000元,记入银行存款账户的借方;假设本月发生的其他经济业务不引起银行存款的增加变动,则银行存款账户的月末借方余额为9 000元,表示月末结存的银行存款为9 000元。

(二)负债类账户的基本结构

负债类账户是按照负债类会计科目设置的,它核算企业各项负债的增减变化及其结果,包括"短期借款"账户、"应付账款"账户、"应交税费"账户、"长期借款"账户等。该类账户的借方登记有关负债的减少额,贷方登记有关负债的增加额,期初、期末余额一般在该账户的贷方,分别反映企业期初、期末有关负债的结存数。其基本结构如表2-5所示。

表2-5 负债类账户基本结构示意表

××账户

借方		贷方	
		期初余额	×××
本期发生额(减少额)		本期发生额(增加额)	
(1)	×××	(1)	×××
⋮		⋮	
本期发生额合计	×××	本期发生额合计	×××
		期末余额	×××

如某企业短期借款账户月初贷方余额为100 000元,表示月初结存的向银行借入的短期借款为100 000元;本月用银行存款归还短期借款50 000元,使短期借款减少50 000元,记入短期借款账户的借方;假设本月发生的其他经济业务不引起短期借款的增减变动,则短期借款账户的月末贷方余额为50 000元,表示月末结存的短期借款为50 000元。

(三)所有者权益类账户的基本结构

所有者权益类账户是按照所有者权益类会计科目设置的,它核算企业有关所有者权益项目的增减变化及其结果,主要包括"实收资本"账户、"资本公积"账户、"盈余公积"账户、"本年利润"账户和"利润分配"账户等。该类账户的借方登记有关所有者权益项目的减少额,贷方登记有关所有者权益项目的增加额,期初、期末余额一般在该账户的贷方,分别反映企业期初、期末有关所有者权益项目的结存数。其基本结构如表2-6所示。

表2-6 所有者权益类账户基本结构示意表

××账户

借方		贷方	
		期初余额	×××
本期发生额(减少额)		本期发生额(增加额)	
(1)	×××	(1)	×××
⋮		⋮	
本期发生额合计	×××	本期发生额合计	×××
		期末余额	×××

如某企业实收资本账户月初贷方余额为1 000 000元,表示月初结存的投资人投入资本为1 000 000元;本月投资人追加投资500 000元,使实收资本增加500 000元,记入实收资本账户的贷方;假设本月发生的其他经济业务不引起实收资本的增减变动,则实收资本账户的月末贷方余

额为1 500 000元,表示月末结存的投资人投入资本为1 500 000元。

（四）成本类账户的基本结构

成本类账户是按照成本类会计科目设置的,它核算企业在产品生产过程中发生的成本费用的归集和分配情况。成本类账户主要包括"制造费用"和"生产成本"两个账户。制造费用账户核算企业各车间本期在产品生产过程中发生的,应由所有产品共同负担的间接生产成本,如分厂的折旧费、物料消耗、办公费等。平时有关制造费用发生时,应记入制造费用账户的借方;期末一般将该账户借方归集的全部制造费用在本分厂各种产品之间再进行分配,从贷方结转入生产成本账户。因此,制造费用账户一般没有期初、期末余额。

生产成本账户核算企业各种产品生产过程中发生的直接费用（如材料费、人工费等）和期末分配转入的间接费用（即制造费用）。平时生产成本发生和期末转入制造费用时,记入该账户的借方;期末如有在产品,应将该账户借方归集的全部生产成本,在完工产品和期末结存的在产品之间进行分配;期末借方余额表示结存的在产品的价值。其基本结构如表2-7所示。

表2-7 成本类账户基本结构示意表

××账户

借方		贷方	
期初余额	×××		
本期发生额（增加额）		本期发生额（分配或结转额）	
（1）	×××	（1）	×××
⋮			
本期发生额合计	×××	本期发生额合计	×××
期末余额	×××		

如某企业生产成本账户月初余额为100 000元,表示月初结存的在产品为100 000元;本月在产品生产过程中发生直接材料费500 000元,直接人工费300 000元,月末分配转入的制造费用为300 000元,分别记入生产成本账户的借方;在生产成本账户借方归集的本期发生的生产成本和月初结存的在产品生产成本共计1 200 000元。经计算,本月完工入库的产成品价值为1 000 000元,从生产成本账户的贷方转出;月末生产成本账户借方余额为200 000元,表示月末结存的在产品为200 000元。

（五）损益类账户的基本结构

损益类账户是根据损益类会计科目设置的,它核算企业在本期实现的各项收入和发生的各项应计入当期损益表的各项费用支出。因此,损益类账户又分为收入类账户和费用支出类账户。

1. 收入类账户的基本结构

收入类账户主要包括"主营业务收入"账户、"其他业务收入"账户、"投资收益"、"营业外收入"账户等,其贷方登记企业在本期实现的各项收入;期末将贷方汇集的收入总额从借方转入本年利润账户的贷方;结转之后,该类账户没有期末余额(也不会有期初余额)。其基本结构如表2-8所示。

表 2-8 收入类账户基本结构示意表

××账户

借方		贷方	
本期发生额(结转额)		本期发生额(增加额)	
(1)	×××	(1)	×××
		(2)	×××
		⋮	
本期发生额合计	×××	本期发生额合计	×××

如某企业本月销售两批产品,分别实现销售收入 150 000 元和 250 000 元,计入产品销售收入账户的贷方;月末将该账户贷方汇集的 400 000 元销售收入从借方转入本年利润账户;结转之后,产品销售收入账户没有月末余额。

2. 费用支出类账户的基本结构

费用支出类账户主要包括"销售费用"账户、"营业税金及附加"账户、"管理费用"账户、"财务费用"账户、"营业外支出"账户等,其借方登记企业在本期发生的各项期间费用、支出和损失;期末将借方汇集的费用支出总额从贷方结转入本年利润账户的借方;结转之后,该类账户没有期末余额(也不会有期初余额)。其基本结构如表 2-9 所示。

表 2-9 费用支出类账户基本结构示意表

××账户

借方		贷方	
本期发生额(增加额)		本期发生额(结转额)	
(1)	×××	(1)	×××
(2)	×××		
⋮			
本期发生额合计	×××	本期发生额合计	×××

如某企业本月管理部门报销办公费用 10 000 元,差旅费 50 000 元,分别记入管理费用账户的借方;假设本月发生的其他经济业务不引起管理费用的增减变化,月末将该账户借方归集的 60 000 元管理费用从贷方转入本年利润账户的借方;结转之后,管理费用账户没有月末余额。

自学指导

学习目的和要求

通过本章的学习,要求掌握会计科目的概念、设置原则,及其按反映的经济内容和按反映会计信息的详细程度进行的分类;掌握会计账户的概念和各类账户的基本结构,理解会计科目和会计账户的联系与区别;掌握每一类会计科目中包括的每个会计科目的核算内容。

内容提要

一、会计科目

会计科目是会计核算的具体内容按其不同的特点和经营管理的要求进行科学分类的项目,是开设账户的依据。设置会计科目是会计核算的专门方法。

会计科目按其所反映的经济内容不同,可以分为资产类、负债类、所有者权益类、成本类和损益类等五类。资产类会计科目按照其核算对象(资产)的流动性不同,可以分为核算流动资产的科目和核算非流动资产的科目两大类。负债类会计科目按其核算对象(负债)的偿还期限的不同,可分为核算流动负债的科目和核算非流动负债的科目两大类。

会计科目按其所反映的会计信息的详细程度不同,可分为一级会计科目、二级会计科目和三级会计科目。一级会计科目是设置总分类账户的依据,二级和三级会计科目是设置明细分类账户的依据。

会计科目的设置原则是:既要符合企业经济活动的特点,又要适应企业经营管理的要求;既要执行统一规定,又要考虑企业的具体情况;既要含义明确,又要保持相对稳定性。

二、会计账户

会计账户是根据会计科目在账页中开设的户头,开设账户的目的是为了连续、系统地分类核算和监督由于经济业务的发生而引起的资产、负债、所有者权益的增减变化及其结果。设置账户是会计核算的专门方法之一。

会计科目和会计账户是两个不同的概念,两者既有联系也有区别。其联系是:会计科目是设置账户的依据,会计科目的名称就是账户的名称;会计科目反映的经济内容决定了账户所要核算和监督的经济内容。其区别是:账户不仅有名称,而且有结构;账户不仅能说明反映的经济内容,而且能具体地核算和监督特定经济内容的增减变化及其结果。

账户的基本结构由三部分组成,即账户的名称、账户的左方(即借方)、账户的右方(即贷方)。除了这三部分最基本的内容外,通常还包括日期、凭证号数、摘要、余额方向、余额等。

资产类账户的基本结构是:期初余额一般在借方,本期增加数记借方,减少数记贷方,期末余额一般在借方。负债类账户的基本结构是:期初余额一般在贷方,本期增加数记贷方,减少数记借方,期末余额一般在贷方。所有者权益类账户的基本结构是:期初余额一般在贷方,本期增加数记贷方,减少数记借方,期末余额一般在贷方。成本类账户的基本结构是:期初余额在借方,本期增加数记借方,减少数(期末结转数)记贷方,期末余额在借方。损益类账户包括收入类账户和费用支出类账户两类。收入类账户的基本结构是:本期增加数记贷方,本期减少数(期末结转数)记借方,该类账户期初期末无余额。费用支出类账户的基本结构是:本期增加数记借方,本期减少数(期末结转数)记贷方,该类账户期初期末也无余额。

复习思考题

1. 什么是会计科目?什么是会计账户?它们之间的联系和区别是什么?
2. 试述资产、负债和所有者权益的概念及其包含的内容。
3. 会计科目按其反映的经济内容不同可分为哪几类?请举例说明。
4. 会计科目按其反映的会计信息的详细程度可分为哪几类?请举例说明。
5. 设置会计科目应遵循哪些原则?
6. 账户按其所反映的经济内容不同,可分为哪几类?各类账户的基本结构是什么?

第三章 借贷记账法

第一节 记账方法的意义和种类

一、记账方法的意义

记账方法是指将发生的经济业务登记到账户中的方法。在会计发展过程中,记账方法从简单到复杂,从不完善到逐步完善,从一个国家的记账方法多样化到逐步走向国际趋同化,是适应世界经济发展需要的必然趋势。不同的记账方法在科学性、严密性和表现的技巧上存在很大差别,对会计信息的生成和利用有着重要影响。

二、记账方法的种类

记账方法按照记账方式的不同,可分为单式记账法和复式记账法两种。

单式记账法是指除了有关人欠、欠人的现金收付业务在两个或两个以上账户中登记外,对发生的其他经济业务,只在一个账户中登记或不予登记的一种记账方法。这种记账方法虽然记账手续简单,但账户设置不完整,经济业务记载不全面,不能全面、系统地反映一定时期资金增减变化的全貌,难以对账户记录进行试算平衡,发生差错也难以查核。目前在小型家庭核算中仍可采用。

复式记账法是指对发生的每一笔经济业务,都要以相等的金额在两个或两个以上相互联系的账户中登记的一种记账方法。采用这种记账方法必须设置一套完整的账户体系,要求对发生的每一笔经济业务引起资金增减变化的来龙去脉进行全面的反映。因此,对一定会计期间发生的全部经济业务的会计记录可以系统地反映经济活动的过程和结果,并可以进行试算平衡,从而检查账户记录、计算是否基本正确,发生差错也容易查找。复式记账法是一种科学的记账方法,为企业单位广泛采用。复式记账法根据记账符号、理论基础、记账规律和试算平衡方法的不同,分为借贷记账法、增减记账法和收付记账法。长期以来,我国在计划经济体制下,分所有制、分行业、分部门制定会计制度,并分别采用不同的记账方法,严重影响会计人员业务水平的提高,会计资料也难以汇总和分析。为适应改革开放和建立社会主义市场经济的要求,自 1993 年 7 月 1 日起,全国所有企业统一采用了借贷记账法;自 1998 年 1 月起,全国所有行政事业单位也统一采用了借贷记账法。2006 年颁布的《企业会计准则—基本准则》规定:企业应当采用借贷记账方法记账。

第二节 借贷记账法的理论基础

一、会计平衡公式

企业从事各项经济活动必须拥有或控制一定数量的、能以货币表现的经济资源,如各种财产、债权及其他权利,在会计上称为资产。企业所有资产都有其来源或形成的渠道,包括投资者投入和向债权人借入。无论是投资者还是债权人将资产提供给企业,相应地对企业的资产享有一定的权利,会计上称为"权益"。因此权益包括投资者权益和债权人权益两部分。投资者权益通常称为所有者权益;而债权人权益通常称为负债。这里,资产、负债和所有者权益就构成了会计的最基本要素。它们之间的关系是资产不能脱离权益而存在,而权益必须依存于资产才能体现,两者之间在数量上存在着相等的平衡关系,可用等式表示如下:

$$资产＝权益$$

或:资产＝负债＋所有者权益

上述平衡公式又称会计等式或会计方程式,是借贷记账法的理论基础。

企业的资产和权益随着生产经营活动的进行会不断发生增减变化,但不论发生什么变化,都不会影响上述平衡关系。也就是说,会计平衡公式所体现的数量上的恒等关系,无论企业发生什么经济业务,尽管会引起资产、负债、所有者权益之间的增减变化,可是在一定日期,企业的资产必定等于负债与所有者权益之和。现以某企业的具体经济业务为例说明如下:

长江公司 2010 年 10 月初拥有现金 2 000 元,银行存款 150 000 元,各种原材料 50 000 元,固定资产 400 000 元,购买材料等欠供应商的贷款(应付账款)52 000 元,投资者投入资本金(实收资本)400 000 元,盈余公积 100 000 元,未分配利润 50 000 元。则会计平衡公式为:

资　产	=	负　债	+	所有者权益	
库存现金	2 000	应付账款	52 000	实收资本	400 000
银行存款	150 000			盈余公积	100 000
原材料	50 000			未分配利润	50 000
固定资产	400 000				
	602 000	=	52 000	+	550 000

长江公司本月份发生下列经济业务:

业务(1):向农业银行借入短期借款 100 000 元,转存银行备用。

该项经济业务发生后,使公司的银行存款(资产)增加 100 000 元,同时短期借款(负债)增加了 100 000 元。这时,会计平衡公式为:

资　产	=	负　债	+	所有者权益	
库存现金	2 000	应付账款	52 000	实收资本	400 000
银行存款	150 000	短期借款	+100 000	盈余公积	100 000
	+100 000			未分配利润	50 000
原材料	50 000				
固定资产	400 000				
	702 000	=	152 000	+	550 000

业务(2):以银行存款 12 000 元归还前欠供应商贷款。

该项经济业务发生后,使公司的银行存款(资产)减少 12 000 元,同时应付账款(负债)也减少 12 000 元。这时,会计平衡公式为:

	资　产	=		负　债	+		所有者权益
库存现金	2 000		应付账款	52 000		实收资本	400 000
银行存款	250 000			－12 000		盈余公积	100 000
	－12 000		短期借款	100 000		未分配利润	50 000
原材料	50 000						
固定资产	400 000						
	690 000	=		140 000	+		550 000

业务(3):某投资者投入全新机械设备1台,价值为80 000元。

该项经济业务发生后,使公司的固定资产增加80 000元,同时投资人投入资本(实收资本)增加80 000元。这时,会计平衡公式为:

	资　产	=		负　债	+		所有者权益
库存现金	2 000		应付账款	40 000		实收资本	400 000
银行存款	238 000		短期借款	100 000			＋80 000
原材料	50 000					盈余公积	100 000
固定资产	400 000					未分配利润	50 000
	＋80 000						
	770 000	=		140 000	+		630 000

业务(4):因联营期满,某投资者收回投入资本100 000元,以银行存款支付。

该项经济业务发生后,银行存款(资产)减少100 000元,同时投资人投入资本(实收资本)减少100 000元。这时,会计平衡公式为:

	资　产	=		负　债	+		所有者权益
库存现金	2 000		应付账款	40 000		实收资本	480 000
银行存款	238 000		短期借款	100 000			－100 000
	－100 000					盈余公积	100 000
原材料	50 000					未分配利润	50 000
固定资产	480 000						
	670 000	=		140 000	+		530 000

业务(5):采购员出差暂借差旅费1 000元,以现金付讫。

该项经济业务发生后,使公司的现金(资产)减少1 000元,同时债权资产(其他应收款)增加1 000元。这时,会计平衡公式为:

	资　产	=		负　债	+		所有者权益
库存现金	2 000		应付账款	40 000		实收资本	380 000
	－1 000		短期借款	100 000		盈余公积	100 000
银行存款	138 000					未分配利润	50 000
其他应收款	＋1 000						
原材料	50 000						
固定资产	480 000						
	670 000	=		140 000	+		530 000

业务(6)：开出一张面额 40 000 元，三个月到期的不带息商业承兑汇票，偿还欠款。

该项经济业务发生后，使公司的应付账款(负债)减少 40 000 元，而应付票据(负债)增加 40 000 元。这时，会计平衡公式为：

资　　产		=	负　　债		+	所有者权益	
库存现金	1 000		应付账款	40 000		实收资本	380 000
银行存款	138 000			−40 000		盈余公积	100 000
其他应收款	1 000		短期借款	100 000		未分配利润	50 000
原材料	50 000		应付票据	+40 000			
固定资产	480 000						
	670 000	=		140 000	+		530 000

业务(7)：经批准，将 50 000 元盈余公积转增资本。

该项业务发生后，使公司的实收资本增加 50 000 元，同时盈余公积减少 50 000 元。这时，会计平衡公式为：

资　　产		=	负　　债		+	所有者权益	
库存现金	1 000		应付票据	40 000		实收资本	380 000
银行存款	138 000		短期借款	100 000			+50 000
其他应收款	1 000					盈余公积	100 000
原材料	50 000						−50 000
固定资产	480 000					未分配利润	50 000
	670 000	=		140 000	+		530 000

业务(8)：按照有关政策和公司章程，将未分配利润 40 000 元分配给投资者。

该项经济业务发生后，使公司的未分配利润减少 40 000 元，同时由于利润尚未兑付，则应付利润(负债)增加 40 000 元。这时，会计平衡公式为：

资　　产		=	负　　债		+	所有者权益	
库存现金	1 000		应付票据	40 000		实收资本	430 000
银行存款	138 000		短期借款	100 000		盈余公积	50 000
其他应收款	1 000		应付利润	+40 000		未分配利润	50 000
原材料	50 000						−40 000
固定资产	480 000						
	670 000	=		180 000	+		490 000

业务(9)：根据协议，某债权人将 40 000 元商业承兑汇票转作对该公司的投资。

该项经济业务发生后，使公司的实收资本增加 40 000 元，同时应付票据(负债)减少 40 000 元。这时，会计平衡公式为：

资　　产		=	负　　债		+	所有者权益	
库存现金	1 000		应付票据	40 000		实收资本	430 000
银行存款	138 000			−40 000			+40 000
其他应收款	1 000		短期借款	100 000		盈余公积	50 000
原材料	50 000		应付利润	40 000		未分配利润	10 000
固定资产	480 000						
	670 000	=		140 000	+		530 000

业务(10):以银行存款购入甲材料一批共计10 000元,以银行存款支付8 000元,余款暂欠。

该项经济业务发生后,公司原材料(资产)增加10 000元,银行存款(资产)减少8 000元,同时应付账款增加2 000元。这时,会计平衡公式为:

资　　产		＝	负　　债		＋	所有者权益	
库存现金	1 000		应付账款	＋2 000		实收资本	470 000
银行存款	138 000		短期借款	100 000		盈余公积	50 000
	－8 000		应付利润	40 000		未分配利润	10 000
其他应收款	1 000						
原材料	50 000						
	＋10 000						
固定资产	480 000						
	672 000	＝		142 000	＋		530 000

从以上十项经济业务处理的结果可以看出,无论发生哪种类型的经济业务,均不会影响"资产＝负债＋所有者权益"的平衡关系。同时又可以看出,企业发生的经济业务虽然是多种多样的,但就可能引起资产、负债和所有者权益三者变化的具体情况分析,一般可概括为九种类型:

(1) 一项资产增加,同时一项负债等额增加;

(2) 一项资产减少,同时一项负债等额减少;

(3) 一项资产增加,同时一项所有者权益等额增加;

(4) 一项资产减少,同时一项所有者权益等额减少;

(5) 一项资产增加,同时另一项资产等额减少;

(6) 一项负债增加,同时另一项负债等额减少;

(7) 一项所有者权益增加,同时另一项所有者权益等额减少;

(8) 一项负债增加,同时一项所有者权益等额减少;

(9) 一项所有者权益增加,同时一项负债等额减少。

从以上九种类型的经济业务可以看出:(1)、(2)、(3)、(4)种类型的经济业务发生后,会使企业资产总额发生增加或减少的变化;(5)、(6)、(7)、(8)、(9)种类型的经济业务发生后企业资产总额不发生变化。这是因为会计平衡公式的左方或右方内部等额的增减变化,不会引起资产总额发生增减变化。但同时又可以看出:不论发生哪种类型的经济业务,"资产＝负债＋所有者权益"的平衡关系是客观存在的,不会因为经济业务的发生而受到影响。

企业从不同渠道取得的资产,投入到生产经营过程中,必然会发生一定的费用和取得一定的收入,将一定时期内所获得的收入补偿所发生的费用后的差额,就是企业的利润或亏损。费用的发生引起资产的减少或负债的增加,收入的取得引起资产的增加或负债的减少,形成的利润或亏损经分配或弥补后则体现为所有者权益的增加或减少,同时也表现为资产的增加或减少。所以,涉及费用、收入的经济业务的发生,也不会影响会计等式的平衡关系。

二、会计平衡公式的理论意义

"资产＝负债＋所有者权益"平衡公式不同于一般数学上的等量关系。会计平衡公式不仅反映了市场经济条件下,企业资金来源渠道的多样化和投资主体的多元化,而且体现了企业的产权关系和作为独立的商品生产经营者实行"两权"分离的要求。平衡公式的左方体现的是企业经营者运用资产从事生产经营活动的权利和承担的相应责任;平衡公式的右方体现的是债权人和投资者的权益,但两者的权益存在着差异,会计平衡公式可以移项为"资产－负债＝所有者权益",反映了所有者权益是投资者对企业净资产的所有权,但在企业资不抵债而破产清算时,必须首先保证债权人的权益。因此不能移项为"资产－所有者权益＝负债",否则,就颠倒了资产分配的顺序,侵犯了债权人权益,不符合法制要求。

"资产＝负债＋所有者权益"平衡公式包含的经济内容和数量上的平衡关系是借贷记账法的理论基础。这可以从以下几方面理解:

1. 构成会计平衡公式的资产、负债和所有者权益三项经济内容是确定会计基本要素的基础。企业利用资产服务于生产经营过程中,最终获得利润,而利润的确定是将收入补偿费用成本后的差额。因此,会计要素除资产、负债和所有者权益外,还包括费用、收入和利润。前者是基础,后者是前者的拓展,是与生产经营过程相联系的必然结果。

2. 构成会计平衡公式的资产、负债和所有者权益,既是会计的三个基本要素,也是账户分类和账户设置的基础。联系生产经营过程,为了全面、完整地核算和监督各会计要素增减变化和结果,全部账户可分为资产类、负债类、所有者权益类、成本类和损益类。企业则可根据生产经营的特点、规模大小和管理的要求,在六大类账户基础上分设若干具体适用的账户。

3. 构成会计平衡公式的资产、负债和所有者权益之间的平衡关系,不仅决定了各类账户的基本结构,还明确了各类账户登记的方向。各类账户的借方和贷方,哪一方记增加额,哪一方记减少额,余额在哪一方,会计平衡公式可以帮助我们了解。"资产＝负债＋所有者权益"平衡公式的左方为资产,右方为负债和所有者权益。联系账户结构,左方表示借方,右方表示贷方。资产类账户的增加额登记在借方,减少额登记在贷方,期末余额一般在借方。负债类和所有者权益类账户的增加额登记在贷方,减少额登记在借方,期末余额一般在贷方。企业在生产过程中发生的成本费用登记在成本类账户的借方,期末成本费用的结转一般登记在贷方,期末成本类账户如有余额,一般在借方。损益类账户可分为收入类账户和费用支出类账户。企业在经营过程中所获取的各项收入登记在收入类账户的贷方,期末应将本期所获取的各项收入从该类账户的借方转入"本年利润"账户的贷方,结转之后该类账户没有余额。企业在经营过程中发生的各项期间费用和应计入当期损益的支出,登记在费用支出类账户的借方,期末应将本期的各项费用支出从该类账户的贷方转入"本年利润"账户的借方,结转之后该类账户没有余额。

4. 构成会计平衡公式的资产、负债和所有者权益之间的平衡关系是进行本期发生额和期末余额试算平衡的依据。由于经济业务的发生只会引起各类账户发生额和余额的增减变化,不会影响"资产＝负债＋所有者权益"的平衡关系。根据这一基本理论,通过试算平衡可以检查账户记录是否基本正确。

5. 构成会计平衡公式的资产、负债和所有者权益之间的平衡关系是设置和编制"资产负债表"的依据。"资产负债表"的基本结构是以"资产＝负债＋所有者权益"的平衡原理为基础的,因而它不仅描述了企业拥有或控制的经济资源及其分布和结构,也反映了企业资金来源渠道及其构成,同时还明确反映企业一定日期的变现能力和偿债能力。

综上所述,会计平衡公式的理论指导作用在于明确会计核算的对象是什么;在掌握账户分类的基础上,根据企业具体情况,应设置哪些账户;对发生的经济业务如何登记到有关账户中去;期末结出各账户的本期发生额和期末余额的同时,如何进行试算平衡,以检查账户记录是否基本正确;以及设置和编制有关财务报表。因此,"资产＝负债＋所有者权益"平衡公式是借贷记账法的理论基础。

第三节 借贷记账法的基本内容

一、记账符号

借贷记账法是以会计平衡公式作为理论基础,以"借"、"贷"作为记账符号,反映经济业务发生引起会计要素增减变化的一种复式记账方法。

以"借"、"贷"作为记账符号是借贷记账法的重要特征。"借"和"贷"的含义,不能从字面上理解,它已成为会计核算中的专门术语,是纯粹的表示增加或减少的记账符号。"借"和"贷"都具有双重含义,即:"借"既表示资产类、成本类、费用支出类账户的增加,又表示负债类、所有者权益类、收入类账户的减少;"贷"既表示负债类、所有者权益类、收入类账户的增加,又表示资产类、成本类、费用支出类账户的减少。这也是借贷记账法账户结构的体现。可用表 3-1 表示。

表 3-1 记账方向与账户结构示意表

借方	贷方
资产的增加	资产的减少
负债的减少	负债的增加
所有者权益的减少	所有者权益的增加
成本的增加	成本的结转
收入的结转	收入的增加
费用支出的增加	费用支出的结转

按复式记账原理来记录和反映发生的每一笔经济业务是借贷记账法科学性的体现。复式记账原理要求对发生的每一笔经济业务都要以相等的金额在两个或两个以上相互联系的账户中登记。所登记的账户之间存在着相互依存、相互对应的关系。就每一笔经济业务来说,有的是一个账户与另一个账户存在对应关系,有的是一个账户与另几个账户存在对应关系。凡是具有相互依存、相互对应关系的账户成为对应账户,也称对方账户。例如:以现金 50 元购买办公用品,一方面表现为管理费用的增加,另一方面表现为现金的减少。按复式记账原理,应分别在"管理费用"和"库存现金"账户登记。"管理费用"账户与"库存现金"账户互为对应账户。"管理费用"账户的对应账户是"库存现金"账户;"库存现金"账户的对应账户是"管理费用"账户。由于"管理费用"账户属费用类账户,增加了应记入其借方;"库存现金"账户属资产类账户,减少了应记入其贷方。

二、账户设置

采用借贷记账法,除按经济内容分类设置资产类、负债类、所有者权益类、成本类和损益类账户外,还可以设置双重性账户。例如:"内部往来"账户是核算企业与所属单独核算单位之间以及各个单独核算单位之间发生的各种往来款项,具有应收和应付双重性质。因此,该账户属于资产类或负债类双重性质的账户,但在某一日期不是资产(债权)类账户就是负债(债务)类账户。这可根据该账户的余额方向来判断。若余额在借方,为债权;若余额在贷方,为债务。"待处理财产损益"账户是核算企业在财产清查中,财产物资盘盈盘亏及其处理情况的账户,它是由"待处理财产损失"和"待处理财产溢余"两个账户合并设置的,同样可以根据余额方向来确定其性质。若余额在借方为资产类,表示盘亏而造成的财产损失;若余额在贷方为负债类,表示盘盈而形成的财产溢余。可以看出:采用借贷记账法,账户的余额都是以数额较大的一方减数额较小的一方求得,设置双重性质的账户可以减少账户设置,简化核算手续。

三、记账规律

借贷记账法的记账规律是由复式记账原理和账户结构决定的,是处理各项经济业务必须遵循的法则。

我们知道,企业发生的经济业务多种多样,但归纳起来不外乎九种类型,现仍以长江公司发生的前述经济业务为例,说明不同类型经济业务的账务处理,并总结其记账规律。

业务(1):一方面,属于资产类的"银行存款"账户数额增加100 000元,应记入该账户的借方;另一方面,属于负债类的"短期借款"账户等额增加100 000元,应记入该账户的贷方。

借	银行存款	贷	借	短期借款	贷
期初余额	150 000			期初余额	0
(1)	100 000			(1)	100 000

业务(2):一方面,属于负债类的"应付账款"账户数额减少12 000元,应记入该账户的借方;另一方面,属于资产类的"银行存款"账户数额等额减少12 000元,应记入该账户的贷方。

借	银行存款		贷	借	应付账款	贷
期初余额	150 000	(2)	12 000	(2)	12 000	期初余额	52 000
(1)	100 000					

业务(3):一方面,属于资产类的"固定资产"账户数额增加80 000元,应记入该账户的借方;另一方面,属于所有者权益类的"实收资本"账户数额等额增加80 000元,应记入该账户的贷方。

借	固定资产	贷	借	实收资本	贷
期初余额	400 000			期初余额	400 000
(3)	80 000			(3)	80 000

业务(4):一方面,属于所有者权益类的"实收资本"账户数额减少100 000元,应记入该账户的借方;另一方面,属于资产类的"银行存款"账户数额等额减少100 000元,应记入该账户的贷方。

借	银行存款		贷	借	实收资本	贷
期初余额	150 000	(2)	12 000	(4)	100 000	期初余额	400 000
(1)	100 000	(4)	100 000			(3)	80 000

业务(5):一方面,属于资产类的"其他应收款"账户数额增加1 000元,应记入该账户的借方;另一方面,属于资产类的"库存现金"账户数额等额减少1 000元,应记入该账户的贷方。

借	库存现金		贷	借	其他应收款	贷
期初余额	2 000	(5)	1 000	期初余额	0	
				(5)	1 000	

业务(6)：一方面，属于负债类的"应付账款"账户数额减少 40 000 元，应记入该账户的借方；另一方面，属于负债类的"应付票据"账户数额等额增加 40 000 元，应记入该账户的贷方。

借	应付账款		贷	借	应付票据		贷
(2)	12 000	期初余额	52 000			期初余额	0
(6)	40 000					(6)	40 000

业务(7)：一方面，属于所有者权益类的"盈余公积"账户数额减少 50 000 元，应记入该账户的借方；另一方面，属于所有者权益的"实收资本"账户数额等额增加 50 000 元，应记入该账户的贷方。

借	盈余公积		贷	借	实收资本		贷
(7)	50 000	期初余额	100 000	(4)	100 000	期初余额	400 000
						(3)	80 000
						(7)	50 000

业务(8)：一方面，属于所有者权益类(实为利润类)的"利润分配"账户数额增加 40 000 元，应记入该账户的借方；另一方面，属于负债类的"应付利润"账户数额等额增加 40 000 元，应记入该账户的贷方。

借	利润分配(未分配利润)		贷	借	应付利润		贷
(8)	40 000	期初余额	50 000			期初余额	0
						(8)	40 000

业务(9)：一方面，属于负债类的"应付票据"账户数额减少 40 000 元，应记入该账户的借方；另一方面，属于所有者权益类的"实收资本"账户数额等额增加 40 000 元，应记入该账户的贷方。

借	应付票据		贷	借	实收资本		贷
(9)	40 000	(6)	40 000	(4)	100 000	期初余额	400 000
						(3)	80 000
						(7)	50 000
						(9)	40 000

业务(10)：一方面，属于资产类的"原材料"账户数额增加 10 000 元，应记入该账户的借方；另一方面，属于资产类的"银行存款"账户数额减少 8 000 元，属于负债类的"应付账款"账户数额增加 2 000 元，应分别记入"银行存款"和"应付账款"账户的贷方。

借	银行存款		贷	借	原材料		贷
期初余额	150 000	(2)	12 000	期初余额	50 000		
(1)	100 000	(4)	100 000	(10)	10 000		
		(10)	8 000				

借	应付账款		贷
(2)	12 000	期初余额	52 000
(6)	40 000	(10)	2 000

根据上述10笔经济业务,编制会计分录如下:

(1) 借:银行存款　　　　　　　　　　　100 000
　　　贷:短期借款　　　　　　　　　　　　　　100 000

(2) 借:应付账款　　　　　　　　　　　 12 000
　　　贷:银行存款　　　　　　　　　　　　　　 12 000

(3) 借:固定资产　　　　　　　　　　　 80 000
　　　贷:实收资本　　　　　　　　　　　　　　 80 000

(4) 借:实收资本　　　　　　　　　　　100 000
　　　贷:银行存款　　　　　　　　　　　　　　100 000

(5) 借:其他应收款　　　　　　　　　　　1 000
　　　贷:库存现金　　　　　　　　　　　　　　　1 000

(6) 借:应付账款　　　　　　　　　　　 40 000
　　　贷:应付票据　　　　　　　　　　　　　　 40 000

(7) 借:盈余公积　　　　　　　　　　　 50 000
　　　贷:实收资本　　　　　　　　　　　　　　 50 000

(8) 借:利润分配　　　　　　　　　　　 40 000
　　　贷:应付利润　　　　　　　　　　　　　　 40 000

(9) 借:应付票据　　　　　　　　　　　 40 000
　　　贷:实收资本　　　　　　　　　　　　　　 40 000

(10) 借:原材料　　　　　　　　　　　　10 000
　　　贷:银行存款　　　　　　　　　　　　　　　8 000
　　　　应付账款　　　　　　　　　　　　　　　2 000

从发生的不同类型的经济业务所编制的会计分录可以看出:对发生的任何一笔经济业务,进行账务处理时,有的记在一个(或几个)账户的借方,有的记在另一个(或几个)账户的贷方。登记在账户借方的金额一定等于登记在账户贷方的金额。因此,借贷记账法的记账规律是:有借必有贷,借贷必相等。

会计分录是根据审核无误的原始凭证,在记账前对发生的经济业务明确指出应记账户名称、记账方向及其金额的一种记录。会计分录中的借方账户与贷方账户存在着对应关系。通过编制会计分录可以了解账户之间的对应关系,保证每一笔经济业务会计处理的正确性,同时还使账簿登记有了规范的书面依据。在实际工作中,编制会计分录就是编制记账凭证。会计分录按涉及账户的多少可分为简单会计分录和复合会计分录。凡经济业务发生后,只涉及两个账户发生对应关系的会计分录称为简单会计分录。以上所举前9项经济业务的会计分录都是"一借一贷",只涉及两个账户,属于简单会计分录。凡经济业务发生后,涉及三个或三个以上账户发生对应关系的会计分录,称为复合会计分录。以上所举第10项经济业务编制的会计分录是"一借多贷",涉及三个账户,属于复合会计分录。复合会计分录是由简单会计分录组成的,为了清晰地反映账户之间的对应关系,便于检查账簿记录的正确性和简化记账手续,可编制"一借多贷"和"多借一贷"的复合会计分录。

四、试算平衡

经济业务发生后,根据原始凭证,按照复式记账原理编制会计分录,并据以登记账户,称为过账。全部经济业务登记入账后,期末应结出各账户的本期发生额和期末余额,称为结账。账户记录和计算是否正确,应采用一定的方法进行检查和验证。试算平衡就是在结出一定时期各账户发生额和余额的基础上来检查账户记录和计算是否基本正确的一种专门方法。

按照借贷记账法的记账规律,对发生的每一项经济业务编制的会计分录,借贷双方的发生额是相等的,因此,将一定时期内的全部经济业务登记入账后,所有账户的本期借方发生额合计数与本期贷方发生额合计数必然相等。这种平衡关系可用下列等式表示:

$$\text{全部账户的本期借方发生额合计} = \text{全部账户的本期贷方发生额合计}$$

对各账户结出期末余额后,所有账户的借方期末余额合计数与贷方期末余额合计数必然相等。这种平衡关系可用下列等式表示:

$$\text{全部账户的期末借方余额合计} = \text{全部账户的期末贷方余额合计}$$

可以看出,借贷记账法的试算平衡采用总额平衡法。无论是对本期发生额的试算平衡,还是对期末余额的试算平衡,只要分清借方和贷方,然后将金额相加,看其是否相等。在实际工作中,是通过编制"总分类账户本期发生额及余额试算平衡表"来进行的。正确进行试算平衡必须掌握以下步骤:

(1) 按发生的经济业务编制会计分录,并全部登记入账;
(2) 计算出各账户本期借方发生额和贷方发生额合计数;
(3) 结算出各账户的期末余额;
(4) 编制"总分类账户本期发生额及余额试算平衡表"。

现仍以上述长江公司发生的经济业务及其账务处理结果为例,来说明试算平衡的步骤和方法。

长江公司2010年10月份结出各账户本期借方发生额合计、贷方发生额合计和期末余额后的账户记录如下:

借	库存现金		贷
期初余额	2 000	(5)	1 000
本期发生额	0	本期发生额	1 000
期末余额	1 000		

借	银行存款		贷
期初余额	150 000	(2)	12 000
(1)	100 000	(4)	100 000
		(10)	8 000
本期发生额	100 000	本期发生额	120 000
期末余额	130 000		

借	原材料		贷
期初余额	50 000		
(10)	10 000		
本期发生额	10 000	本期发生额	0
期末余额	60 000		

借	其他应收款		贷
期初余额	0		
(5)	1 000		
本期发生额	1 000	本期发生额	0
期末余额	1 000		

借	固定资产		贷	借	短期借款		贷
期初余额	400 000					期初余额	0
（3）	80 000					（1）	100 000
本期发生额	80 000	本期发生额	0	本期发生额	0	本期发生额	100 000
期末余额	480 000					期末余额	100 000

借	应付账款		贷	借	应付票据		贷
（2）	12 000	期初余额	52 000			期初余额	0
（6）	40 000	（10）	2 000	（9）	40 000	（6）	40 000
本期发生额	52 000	本期发生额	0	本期发生额	40 000	本期发生额	40 000
		期末余额	2 000			期末余额	0

借	应付利润		贷	借	实收资本		贷
		期初余额	0	（4）	100 000	期初余额	400 000
		（8）	40 000			（3）	80 000
本期发生额	0	本期发生额	40 000			（7）	50 000
		期末余额	40 000			（9）	40 000
				本期发生额	100 000	本期发生额	170 000
						期末余额	470 000

借	盈余公积		贷	借	利润分配（未分配利润）		贷
（7）	50 000	期初余额	100 000	（8）	40 000	期初余额	50 000
本期发生额	50 000	本期发生额	0	本期发生额	40 000	本期发生额	0
		期末余额	50 000			期末余额	10 000

根据上述各账户的本期借方、贷方发生额和期末余额编制"总分类账户本期发生额及余额试算平衡表",如表 3-2 所示。

表 3-2 总分类账户本期发生额及余额试算平衡表

2010 年 10 月 单位：元

账户名称	期初余额		本期发生额		期末余额	
	借方	贷方	借方	贷方	借方	贷方
库存现金	2 000			1 000	1 000	
银行存款	150 000		100 000	120 000	130 000	
其他应收款			1 000		1 000	
原材料	50 000		10 000		60 000	
固定资产	400 000		80 000		480 000	
短期借款				100 000		100 000
应付账款		52 000	52 000	2 000		2 000
应付票据			40 000	40 000		
应付利润				40 000		40 000
实收资本		400 000	100 000	170 000		470 000
盈余公积		100 000	50 000			50 000
利润分配		50 000	40 000			10 000
合计	602 000	602 000	473 000	473 000	672 000	672 000

通过试算平衡,如果各账户的本期发生额和期末余额借贷双方金额相等,说明账户记录和计算基本正确,但不能肯定没有错误。因为,在登记账户过程中可能出现"漏记"或"重记"某笔经济业务、把记账方向正好弄反等错误,这些错误并不影响发生额和余额的借贷双方平衡。

自学指导

学习目的和要求

通过本章的学习,要求了解记账方法的意义和种类,掌握借贷记账法的理论基础和基本内容,并能联系企业生产经营过程,掌握借贷记账法的具体运用。

内容提要

一、记账方法的意义和种类

记账方法按照记账方式的不同分为单式记账法和复式记账法两种。复式记账法是在单式记账法基础上发展而来的,它是对发生的每一笔经济业务,都以相等的金额在两个或两个以上相互联系的账户中登记的记账方法。采用复式记账法不仅可以了解每一笔经济业务发生引起资金增减变化的来龙去脉,而且据以登记入账后,可以系统地反映经济活动的过程和结果,并可以进行试算平衡,以检查账户记录、计算是否基本正确。

二、借贷记账法的理论基础

"资产=负债+所有者权益"平衡公式不仅体现了市场经济条件下企业的产权关系和"两权"分离的要求,而且是借贷复式记账法的理论基础。它所包括的三大经济内容和数量上的恒等关系是确定会计基本要素的基础,又是账户分类和设置账户的依据;是登记账户的依据,又是进行试算平衡的依据,同时又是设置和编制"资产负债表"的理论依据。企业发生的九种类型的经济业务,按复式记账原理登记到账户中去,都不应影响"资产=负债+所有者权益"的平衡关系。

三、借贷记账法的基本内容

借贷记账法的基本内容包括:(1)以"借"、"贷"作为记账符号的复式记账法。"借"和"贷"的涵义不能从字面上理解,它已失去了原来的涵义,成为会计核算中的专门术语,是纯粹的记账符号。"借"既表示资产类、成本类和费用支出类账户数额的增加,又表示负债类、所有者权益类、收入类账户数额的减少;"贷"既表示负债类、所有者权益类和收入类账户数额的增加,又表示资产类、成本类和费用支出类账户数额的减少。(2)账户设置。采用借贷记账法可以设置双重性质的账户。账户的余额都是以数额较大的一方减数额较小的一方求得。若余额在借方,为资产类账户;若余额在贷方,为负债类账户,即借贷记账法可以通过余额的方向来判别账户的性质。(3)记账规律。按照复式记账原理和账户结构,结合企业发生的不外乎九种类型的经济业务,可以总结出借贷记账法的记账规律是:有借必有贷,借贷必相等。(4)试算平衡。采用总额平衡法,即无论对账户发生额试算平衡,还是对账户余额试算平衡,都是分清借方和贷方,然后相加,看其金额是否相等,如果借方金额合计等于贷方金额,说明账户记录、计算基本正确。在实际工作中,试算平衡是通过编制"总分类账户本期发生额及期末余额试算平衡表"进行的。

复习思考题

1. 试对单式记账法和复式记账法进行比较,并说明现代企业会计为什么要采用复式记账法。
2. 为什么说"资产＝负债＋所有者权益"平衡公式是借贷记账法的理论基础?
3. 借贷记账法中,"借"、"贷"的含义是什么?
4. 采用借贷记账法,账户设置有什么特点?
5. 借贷记账法的记账规律是什么?如何具体运用?
6. 什么是会计分录?什么是账户的对应关系和对应账户?
7. 借贷记账法的试算平衡方法是什么?如何具体运用?

练习题

(一)目的:练习借贷记账法的具体运用并分析经济业务对会计平衡公式的影响。

(二)资料:

1. 某企业2010年6月初有关账户的余额如表3-3所示。

表3-3 某公司6月初账户余额表

资产类账户	金额	负债类和所有者权益类	金额
库存现金	1 200	短期借款	40 000
银行存款	183 000	应付账款	15 000
应收账款	8 000	应交税费	1 800
其他应收款	1 400	累计折旧	34 000
原材料	85 000	实收资本	400 000
产成品	54 000	资本公积	35 000
固定资产	254 000	盈余公积	60 800
合 计	586 600	合 计	586 600

2. 该公司2010年6月发生的有关经济业务如下:
(1) 以银行存款归还宏生工厂材料款15 000元;
(2) 向银行借入50 000元,期限6个月,款项已转入存款账户;
(3) 以银行存款60 000元购入设备一台,已交付车间使用;
(4) 明达公司以全新设备一台价值80 000元作为联营投资投入;
(5) 向宏生工厂购入甲材料一批,价款为7 020元,贷款暂欠;
(6) 以银行存款1 800元缴纳税金;
(7) 公司经理外出暂借差旅费1 000元,以现金付讫。

(三)要求:

1. 开设有关账户(T型),并登记期初余额;
2. 根据6月份发生的经济业务编制会计分录,并据以登记有关账户;
3. 月末结出各账户的本期借方、贷方发生额和期末余额,编制"总分类账户本期发生额及余额试算平衡表",进行试算平衡。

第四章 企业基本经济业务的核算

第一节 资金筹措业务的核算

筹集一定数量的资金是企业进行生产经营活动的首要条件。企业可以从两个方面来筹措资金：一是吸收投资人投入的资本金；二是向债权人借入资金。

一、投入资本的核算

办企业一定要有本钱，这样才能将本求利、以本负亏。这里的"本钱"就叫资本金，简称资本。它是指企业投资人投入企业的资金，是所有者权益的组成部分。企业资本金按投资主体不同，分为国家资本金、法人资本金、个人资本金和外商资本金。我国法律规定：各种不同类型的企业在设立时，其资本金最低必须达到一定数额。因此，企业在向工商行政管理部门办理注册登记时，必须明确投入资本的总额。在投资人投入资本达到法定标准并依法办理验资手续后，由工商行政管理部门签发营业执照。在营业执照上载明的投资人出资总额，叫注册资本。

企业按投资协议规定实际收到的各投资人的投入资本，叫实收资本。投资人必须按照法律和投资协议的规定及时交足资本金。企业在收到投资人全部投资后，实收资本总额等于注册资本。在企业持续经营期间，如果实收资本总额发生变动，超过或低于注册资本的一定比例（如20%），应及时向工商行政管理部门办理变更登记手续，更改注册资本数额。

为保证生产经营活动的正常进行和维持企业的持续经营能力，投资人对投入企业的资本金除依法转让或减资外，不得随意抽回。

投入企业的资本金，可以是现金资产，也可以是建筑物、机器设备和材料等实物资产，还可以是土地使用权、专利权等无形资产。

为了核算和监督企业吸收的资本金，应设置"实收资本"账户。该账户是所有者权益类账户。其贷方反映实际收到的投资人出资额以及按规定用资本公积金、盈余公积金转增资本的数额；借方除出现企业解散、清算、终止营业或正常减资才进行登记外，一般没有发生额。余额在贷方，表示企业实收资本总额。该账户按投资单位和个人姓名设置明细账户，进行明细分类核算。

（一）接受现金资产投资的核算

[例4-1] 某企业收到银行收账通知，金星公司投入的450 000元投资已到账。
这笔经济业务使该企业银行存款和实收资本同时增加450 000元，应作如下会计分录：

借：银行存款　　　　　　　　　　　450 000
　　贷：实收资本——金星公司　　　　　　　　450 000

（二）接受实物资产投资的核算

[例4-2] 某企业收到五星公司投入的甲材料100吨，市场价每吨1 000元。经双方协商，按市场价计算投资额。

这笔经济业务使该企业原材料和实收资本同时增加100 000元。应作如下会计分录：

借：原材料——化肥　　　　　　　　　　　　　　　　100 000
　　　　贷：实收资本——五星公司　　　　　　　　　　　　　　　100 000
　（三）接受无形资产投资的核算
　　[例4-3]　某企业接受东郊农场期限为30年的5公顷土地使用权投资，经评估确认，其价值为300 000元。
　　这笔经济业务使该企业无形资产和实收资本同时增加300 000元，应作如下会计分录：
　　借：无形资产——土地使用权　　　　　　　　　　　　　300 000
　　　　贷：实收资本——东郊农场　　　　　　　　　　　　　　　300 000

二、借入资金的核算

　　企业借入资金形成企业的负债。借入资金主要是指企业向商业银行等金融机构借款，或通过证券市场发行企业债券而直接融资。企业借入资金一般须按约定的期限及时偿还，并支付利息。此外，企业在生产经营过程中发生的应付及暂收款项，如应付账款、应交税费、其他应付款等，可视同借入资金，参与企业的资金周转，一般不需支付利息，但应及时结算。
　　借款按照其偿还期的长短，可分为短期借款和长期借款。
　（一）短期借款的核算
　　短期借款是指偿还期在一年以内（含一年）或超过一年的一个营业周期内（含一个营业周期）的借款。为了核算和监督企业短期借款的增减变化和结余情况，应设置"短期借款"账户。它属于负债类账户，其贷方反映借入短期借款的数额；借方反映短期借款的偿还数额；余额在贷方，反映尚未偿还的短期借款数额。"短期借款"账户应按债权人和借款种类设置明细分类账户，详细反映各项短期借款的借入、偿还和结余情况。
　　[例4-4]　某企业9月30日从市农业银行借入期限为3个月，月利率为6‰的短期借款100 000元；12月31日按期归还这笔借款。
　　借入短期借款时，该企业银行存款和短期借款同时增加100 000元，应作如下会计分录：
　　借：银行存款　　　　　　　　　　　　　　　　　　　100 000
　　　　贷：短期借款——市农业银行　　　　　　　　　　　　　　100 000
　　归还短期借款时，该企业银行存款和短期借款同时减少100 000元，应作相反的会计分录。
　　企业借入短期借款应按规定支付利息。由于短期借款的借入、使用与企业生产经营有直接联系，所以其利息费用应计入"财务费用"账户。在我国，商业银行一般在每个季度末向企业收取短期借款利息。如企业短期借款数额不大，利息支出不多，可于支付时直接计入"财务费用"账户；如企业短期借款数额较大，利息支出较多，可采用按月预提方式计入各月的"财务费用"。
　（二）长期借款的核算
　　长期借款是指偿还期在一年以上或超过一年的一个营业周期以上的借款。为了核算和监督企业长期借款的借入、计息及还本付息情况，应设置"长期借款"账户。它属于负债类账户，其贷方反映企业借入的长期借款的本金和计提的利息；借方反映长期借款本金和利息偿还的数额；余额在贷方，反映尚未归还的长期借款的本金和利息。"长期借款"账户按债权人和借款的种类设置明细分类账户，进行明细分类核算。与"短期借款"账户不同的是，该账户不仅反映借款的本金，而且反映借款的利息。
　　如果企业借入长期借款是为了购建固定资产，则固定资产交付使用前的利息费用，应计入"在建工程"账户，固定资产交付使用后的利息费用应计入"财务费用"账户。对于企业长期借款的利息费用必须按期预提。

[例4-5] 某企业于2008年12月31日从市农业银行借入3年期,年利率为10%的借款200 000元,用于水电站改造工程。该项工程于2009年12月31日完工并交付使用。借款本息于2011年12月31日一次付清。

2008年12月31日,借入长期借款时,该企业银行存款和长期借款同时增加200 000元,应作如下会计分录:

借:银行存款　　　　　　　　　　　　　　　　200 000
　贷:长期借款——市农业银行　　　　　　　　　　　　　200 000

2009年12月31日,计提第1年借款利息时,该企业在建工程和长期借款同时增加20 000元(200 000×10%=20 000元),应作如下会计分录:

借:在建工程——水电站改造工程　　　　　　　　20 000
　贷:长期借款——市农业银行　　　　　　　　　　　　　20 000

2010年12月31日,计提第2年借款利息时,该企业财务费用和长期借款同时增加20 000元,应作如下会计分录:

借:财务费用——利息支出　　　　　　　　　　　20 000
　贷:长期借款——市农业银行　　　　　　　　　　　　　20 000

2011年12月31日,归还借款本金和利息时,该企业财务费用增加20 000元,长期借款减少240 000元(包括已提利息40 000元),而银行存款减少260 000元(包括全部利息60 000元)。应作如下会计分录:

借:财务费用——利息支出　　　　　　　　　　　20 000
　　长期借款——市农业银行　　　　　　　　　　240 000
　贷:银行存款　　　　　　　　　　　　　　　　　　　　260 000

第二节　采购业务的核算

企业在生产经营过程中,不断地从市场上购买所需要的各种劳动资料。这些劳动资料有的为企业提供劳动对象,如各种原材料;有的为企业提供必要的劳动手段,如固定资产和低值易耗品。劳动对象和劳动手段的主要区别是它们的实物流转方式不同,即劳动对象是在使用中一次消耗,而劳动手段则可以循环周转使用。这决定了在进行会计核算时,必须对它们采用不同的价值流转方式。即劳动对象在使用时,其价值一次计入有关成本费用,而劳动手段在使用过程中,其价值分期摊入有关成本费用。在会计工作中,由于低值易耗品的单位价值较低,使用年限较短,一般视同材料进行管理和核算。在本章中,将企业的采购业务分为材料采购业务和固定资产采购业务,其中材料采购业务包括原材料和低值易耗品等的采购。

一、材料采购业务的核算

材料是指企业在生产经营过程中直接或间接为生产耗用而准备的各种物资。以制造业为主的企业从市场上采购的材料主要包括原材料及主要辅助材料、包装物和低值易耗品,如各种包装材料、修理用配件等。企业在采购材料过程中,用货币资金购买各种材料,形成生产储备,企业资金由货币形态转化为实物形态。

(一) 账户设置

为了核算和监督企业的各种材料的收入、发出和结存情况，应设置如下账户：

1. "在途物资"账户。该账户用于核算和监督企业已经付款但尚未运到或尚未验收入库材料的采购成本的发生情况，属于资产类账户。其借方反映材料买价和各项附属成本；贷方反映验收入库的材料采购成本；余额在借方，反映期末已收到发票但尚未运达或尚未验收入库的在途材料的采购成本。该账户按材料的种类及其名称设置明细账户，进行明细分类核算。

2. "原材料"账户。该账户用于核算和监督企业为生产而储备的原料及主要辅助材料等材料的增减变化和结存情况，属于资产类账户。其借方反映经验收入库的原材料的实际成本；贷方反映因生产耗用等原因而发出的原材料的实际成本；余额在借方，反映期末库存原材料的实际成本。该账户按原材料的种类、品名、规格等设置明细账户，进行明细分类核算。

3. "低值易耗品"账户。该账户用于核算和监督低值易耗品的增减变化及其结存情况，属于资产类账户。其借方反映经验收入库的低值易耗品的实际成本；贷方反映因生产耗用等原因而发出的低值易耗品的实际成本；余额在借方，反映期末库存的低值易耗品的实际成本。该账户按低值易耗品的种类、品名、规格等设置明细账户，进行明细分类核算。

4. "应付账款"账户。该账户用于核算和监督企业因采购材料、物资和接受劳务过程中发生的，尚未支付给供应单位的账款，属于负债类账户。其贷方反映应付账款的发生数；借方反映应付账款的归还数；期末余额在贷方，表示尚未归还的数额。该账户应按供应单位设置明细账户，详细反映各项应付账款的发生和结算情况。

5. "预付账款"账户。该账户用于核算和监督企业预付给材料、物资和劳务供应单位的款项，属于资产类账户。其借方反映预付或补付给供应单位的款项；贷方反映已随采购业务发生而结转或退回多付的款项；期末如为借方余额表示预付账款的结存数，如为贷方余额表示应补付给供应单位的货款。该账户按供应单位设置明细账户，进行明细分类核算。

6. "应交税费"账户。按照税法规定，企业在生产经营过程中应交纳各种税款，如增值税、消费税、城市维护建设税、所得税、资源税等。在材料采购业务中，涉及到的应交税费主要是增值税。增值税是对在我国境内销售货物或才提供劳务，以及进口货物的单位和个人，就其取得的货物或应税劳务销售额计算税款，并实行税款抵扣制的一种流转税。为了核算和监督企业在购买材料或商品流转过程中发生的增值税，应设置"应交税费——应交增值税"账户。该账户属于负债账户，借方登记企业购入货物或接受应税劳务支付的进项税额和实际已交纳的增值税；贷方登记企业销售货物或提供应税劳务应交纳的增值税销项税额、转出的已支付或负担的增值税；期末余额如果在借方，反映企业多交或尚未抵扣的增值税，期末余额如果贷方，反映企业应交纳而尚未交纳的增值税。该账户应分别设置"进项税额"、"销项税额"、"已交税金"、"进项税额转出"等专栏进行明细分类核算。

增值税是对商品生产或流通各个环节的新增价值，所以称之为增值税，采取税款抵扣制，分为增值税进项税额和销项税额。

$$应交增值税 = 当期销项税额 - 当期进项税额$$

当期销项税额，即纳税人销售货物或应税劳务，按照销售额和规定的税率计算并向购买方收取的增值税额，销项税＝销售额×增值税税率。

当期进项税额，即纳税人购进货物或接受应税劳务所支付或负担的增值税额，进项税额＝购进货物或劳务价款×增值税税率。

采购材料、固定资产时发生的增值税进项税额,表示应交税费的减少,应记入"应交税费——应交增值税"账户的借方;销售货物或应税劳务时发生的增值税销项税额,表示应交税费的增加,应记入"应交税费——应交增值税"账户的贷方。

(二)材料采购业务的核算

下面举例说明以实际成本计价法对材料采购业务进行核算的过程。

[例4-6] 长江公司为一般纳税人企业,从外单位购入以下材料:甲材料122 400元,乙材料121 600元,增值税率17%,全部款项已通过银行付清,材料已验收入库。

对于这项经济业务的发生,应计算确定增值税进项税额。

增值税进项税额=(122 400+121 600)×17%=41 480(元)

因此,这项经济业务发生后,一方面使公司购入甲材料的成本增加了122 400元,乙材料的成本增加了121 600元,增值税进项税额增加了41 480元,另一方面使公司的银行存款减少了258 480(244 000+41 480)元,该经济业务涉及"原材料"、"应交税费——应交增值"和"银行存款"三个账户。购入材料成本的增加应记入"原材料"账户的借方,增值税进项税额的增加应记入"应交税费——应交增值税"账户的借方,银行存款的减少应记入"银行存款"账户的贷方。

该经济业务应编制如下会计分录:

借:原材料——甲材料　　　　　　　　　　　122 400
　　　　——乙材料　　　　　　　　　　　　121 600
　　应交税费——应交增值税(进项税额)　　　41 480
　　贷:银行存款　　　　　　　　　　　　　　　　　　285 480

[例4-7] 长江公司购入丙材料一批,价款10 000元,增值税1 700元,材料尚未运到,但相关款项已支付。

这项经济业务的发生,一方面使公司库存丙材料成本增加了10 000元,增值税进项税额增加了1 700(10 000×17%)元。该经济业务涉及"在途物资"、"应交税费——应交增值税"和"银行存款"三个账户。在途材料成本的增加应记入"在途物资"账户的借方,增值税进项税额的增加记入"应交税费——应交增值税"账户的借方,银行存款减少应记入"银行存款"账户的贷方。

该经济业务应编制如下会计分录:

借:在途物资——丙材料　　　　　　　　　　10 000
　　应交税费——应交增值税(进项税额)　　　1 700
　　贷:银行存款　　　　　　　　　　　　　　　　　　11 700

[例4-8] 长江公司购入包装材料一批,价款80 000元,增值税税额13 600元,发票已收到,材料已运到并验收入库,但相关款项尚未支付。

这项经济业务的发生,一方面使公司库存包装材料成本增加了80 000元,增值税进项税额增加了13 600(80 000×17%)元;另一方面使公司应付供应单位款项增加了93 600(80 000+13 600)元。该经济业务涉及"低值易耗品"、"应交税费——应交增值税"和"应付账款"三个账户。库存低值易耗品成本的增加应记入"低值易耗品"账户的借方,增值税进项税额的增加应记入"应交税费——应交增值税"账户的借方,应付账款的增加应记入"应付账款"账户的贷方。

该经济业务应编制如下会计分录:

借:低值易耗品——包装材料　　　　　　　　80 000
　　应交税费——应交增值税(进项税额)　　　13 600
　　贷:应付账款　　　　　　　　　　　　　　　　　　93 600

[例4-9] 6月11日,长江公司根据合同规定,以银行存款向供应单位预付采购丁材料的货款5 000元;7月15日,从供应单位购入的材料已验收入库,价格6 500元,增值税为1 105元,同时补付供应单位的货款2 605元。预付和补付款项均从银行汇出。

(1) 预付货款时,一方面使公司预付给供应单位的货款增加了5 000,另一方面使公司的银行存款减少了5 000元,该经济业务涉及"预付账款"和"银行存款"两个账户。预付账款的增加应记入"预付账款"账户的借方,银行存款的减少应记入"银行存款"账户的贷方。该经济业务应编制如下会计分录:

借:预付账款　　　　　　　　　　　　　　　　　5 000
　贷:银行存款　　　　　　　　　　　　　　　　　　　　5 000

(2) 材料验收入库,并补付货款时,一方面使公司库存丁材料成本增加了6 500元,增值税进项税额增加了1 105(6 500×17%)元,银行存款减少了2 605(6 500+1 105-5 000)元,另一方面使公司的预付账款减少了5 000元,该经济业务涉及"原材料"、"应交税费——应交增值税"、"预付账款"和"银行存款"四个账户。库存原材料成本的增加应记入"原材料"账户的借方,增值税进项税额的增加应记入"应交税费——应交增值税"账户的借方,预付账款的减少应记入"预付账款"账户的贷方,银行存款的减少应记入"银行存款"账户的贷方。该经济业务应编制如下会计分录:

借:原材料——丁材料　　　　　　　　　　　　　6 500
　　应交税费——应交增值税(进项税额)　　　　　1 105
　贷:预付账款　　　　　　　　　　　　　　　　　　　　5 000
　　　银行存款　　　　　　　　　　　　　　　　　　　　2 605

二、固定资产购入业务的核算

(一) 固定资产的概念

固定资产是指使用年限在一年以上,单位价值在规定标准以上,并在使用过程中保持原来物质形态的资产,如房屋及建筑物、机器设备、工具器具等。对不属于生产经营的主要设备,而单位价值在2 000元以上,并且使用期限超过2年的,也应作为固定资产进行核算和管理。固定资产为企业的生产经营活动提供了必要的劳动条件和劳动手段,它往往决定着企业的生产方式,并在一定程度上反映了企业的生产经营能力和技术水平。与流动资产相比,固定资产具有下列特点:

1. 使用时间较长。固定资产在企业生产经营过程中可以使用较长的时间,由于科技进步和自然因素的作用,在使用过程中它的价值会逐渐损耗。固定资产的这一特点决定了它一般采用按期计提折旧并计入成本费用的方式来实现价值补偿。

2. 单位价值较高。在我国的财务制度中,规定了固定资产的单位价值标准。固定资产的这一特点是会计核算的重要性原则的体现。

(二) 固定资产的计价

企业的固定资产在其总资产中占有较大比重,因而固定资产的计价是否科学合理,直接关系到会计报表能否真实地反映企业的财务状况和经营成果。固定资产的计价方法一般有以下四种:

1. 原始价值。又称历史成本或简称原值。是指企业为取得某项固定资产所发生的一切合理、必要的支出,即实际支付的价格,主要包括买价、运输费、保险费、税金、安装调试费等为使其达到预期使用状态所支付的全部费用。如果固定资产是用银行借款购买的,则固定资产交付使用前的借款利息支出也应计入固定资产的原始价值。

2. 净值。又称折余价值,是指固定资产原始价值减去累计折旧后的净额。净值反映固定资产的现存价值,用于分析固定资产的新旧程度和计算盘亏或毁损固定资产的溢余和损失。

3. 重置价值。是指固定资产按照当前的生产条件和市场情况,企业重新建造或购置某项固定资产所需花费的全部支出。一般在无法确认固定资产的原始价值(如在财产清查时发现盘盈的固定资产)或根据国家法律规定,需对固定资产的价值进行重新估价(如清产核资、产权转让等)时,可采用重置价值进行计价。

4. 公允价值。是指在公平交易中,熟悉情况的交易双方自愿进行资产交换时确认的资产价值。如企业购入旧的固定资产或接受旧的固定资产投资,可以以其公允价值计价。

(三)购入固定资产的核算

为核算和监督企业固定资产的增减变化和结存情况,一般需设置下列账户:

1. "在建工程"账户。该账户用来核算和监督企业固定资产在建造、安装过程中所发生的实际支出,属于资产类账户。其借方反映在建工程物资的增加及应负担的工程成本;贷方反映工程完工交付使用并办理竣工结算时,结转的工程成本;余额在借方,反映截止到期末尚未完工、或虽已完工但尚未办理竣工结算的工程成本。该账户可按在建工程项目的名称设置明细账户,进行明细分类核算。

2. "固定资产"账户。该账户用来核算和监督企业固定资产的原始价值增减变动和结存情况,属于资产类账户。其借方反映企业固定资产原值的增加数额;贷方反映企业固定资产原值的减少数额;余额在借方,反映企业现有固定资产的原值。该账户应按固定资产的类别、使用部门和每项固定资产的名称设置明细账户,进行明细分类核算。

[例 4-10] 某企业购入机械设备一台,用银行存款支付买价 15 000 元,增值税 2 550 元和运费 400 元,设备已交付生产部门使用。

这笔经济业务使固定资产增加 15 400 元,增值税减少 2 550 元,银行存款减少 17 950 元。应作如下会计分录:

借:固定资产——机械设备　　　　　　　　15 400
　　应交税费——应交增值税　　　　　　　 2 550
　　贷:银行存款　　　　　　　　　　　　　　　　　17 950

[例 4-11] 某企业购入需要安装的设备一台,以银行存款支付设备价款 20 000 元,增值税 3 400 以及包装费、运输费 800 元,设备已运抵企业并由安装公司进行安装。

这笔经济业务使在建工程增加 20 800 元,增值税减少 3 400 元,银行存款减少 20 800 元。应作如下会计分录:

借:在建工程——××设备安装　　　　　　20 800
　　应交税费——应交增值税　　　　　　　 3 400
　　贷:银行存款　　　　　　　　　　　　　　　　　24 200

在该设备安装过程中,共发生安装费用 1 200 元,以银行存款支付。

这笔经济业务使在建工程增加 1 200 元,银行存款减少 1 200 元。应作如下会计分录:

借:在建工程——××设备安装　　　　　　 1 200
　　贷:银行存款　　　　　　　　　　　　　　　　　 1 200

上述设备安装调试完毕经验收后交付生产部门使用,经工程竣工结算,共发生工程成本 22 000元。

这笔经济业务使固定资产增加22 000元,同时在建工程减少22 000元,应作如下会计分录:
借:固定资产——××设备　　　　　　　　　　　22 000
　　贷:在建工程——××设备安装　　　　　　　　　　　22 000

第三节　生产业务的核算

生产业务也是企业的一项基本经济业务。企业生产产品的过程就是一个材料、劳动力、固定资产等生产要素消耗的过程,而其最终成果就是产成品。

一、账户设置

为了核算和监督生产过程中费用的发生和结转情况,企业应设置下列账户:

1. "生产成本"账户。该账户用来核算和监督企业在产品生产过程中发生的各项生产费用,属于成本类账户。其借方反映企业在产品生产过程中发生的各项生产费用;贷方反映期末结转的已完工产品的生产成本;余额在借方,反映期末尚未完工的在产品的生产成本。该账户按生产产品的品种、名称设置明细账户,并按成本项目设置专栏,进行明细分类核算。

2. "制造费用"账户。该账户用来核算和监督企业所属车间、分厂为组织生产而发生的各种间接费用,属于成本类账户。其借方反映企业在生产过程中,车间、分厂管理人员的工资及福利费、固定资产折旧费、设备维检费和办公费等;贷方反映期末将全部制造费用转入产品成本的数额;结转后,无余额。该账户应按车间或分厂设置明细账户,并按费用项目设置专栏,进行明细分类核算。

3. "累计折旧"账户。该账户用来核算和监督企业固定资产的累计折旧额,属于资产类账户。其贷方反映按月计提的固定资产折旧数额;借方反映因固定资产出售、报废和毁损等原因而注销的折旧数额;余额在贷方,反映企业现有固定资产的累计折旧数额。该账户只进行总分类核算,不进行明细分类核算。

4. "待摊费用"账户。该账户用来核算和监督企业已经支付但应由本期和以后各期分期负担的摊销期在1年以内的各项费用,如低值易耗品摊销、预付保险费、固定资产修理费等,属于资产类账户。其借方反映已经支付的各项预付费用;贷方反映应由本期负担的预付费用;余额在借方,反映尚未摊销的预付费用数额。该账户按待摊费用种类设置明细分类账户,进行明细分类核算。需要说明的是:摊销期在1年以上的预付费用,应通过"长期待摊费用"账户核算。

5. "预提费用"账户。该账户用来核算和监督企业按期预提但尚未实际支付的各项费用,如预提租金支出,属于负债类账户。其贷方反映应由本期负担的应付费用预提数;借方反映应付费用的实际支付数;期末余额一般在贷方,反映已经预提但尚未支付的费用数额。该账户应按预提费用的种类设置明细账户,进行明细分类核算。

6. "应付职工薪酬"账户。该账户核算企业根据有关规定应付给职工的各种薪酬,属于负债类账户。企业(外商)按规定从净利润中提取的职工奖励及福利基金,也在本科目核算。该账户可按"工资"、"职工福利"、"社会保险费"、"住房公积金"、"工会经费"、"职工教育经费"、"非货币性福利"、"辞退福利"、"股份支付"等进行明细核算。其贷方反映企业应向职工支付的工资福利等总额;借方反映向职工支付工资、奖金、津贴、福利费等,从应付职工薪酬中扣还的各种款项(代垫的家属药费、个人所得税等)等。期末贷方余额,反映企业应付未付的职工薪酬。

7. "库存商品"账户。该账户用来核算和监督库存产成品的增减变动及其结存情况,属于资产类账户。其借方反映企业生产完工并验收入库的产成品的实际成本;贷方反映已售产成品的实际成本;余额在借方,反映期末结存产成品的实际成本。该账户按产成品的品种设置明细账户,进行明细分类核算。

二、要素费用的核算

要素费用是指企业在生产经营过程中,由于各项生产要素的消耗而发生的费用。包括材料费用、工资费用、福利费用、折旧费用等。

(一) 材料费用的核算

企业在生产经营过程中消耗的材料应根据其用途并按实际成本计入有关成本费用。为生产产品而发生的材料费用应直接计入产品生产成本;为组织和管理产品生产而发生的材料费用应作为间接生产成本,计入制造费用;企业行政管理部门发生的材料费用计入管理费用;产品销售部门及在产品销售环节发生的材料费用计入销售费用。会计人员一般定期对领料单按领用的部门和用途进行汇总,编制材料费用分配表,据以编制记账凭证分配材料费用。如果领用的材料同时用于两种或两种以上产品生产时,则应选择合理的分配标准,如材料消耗定额、工时等,将消耗的材料成本在各种产品之间进行分配,计入它们的生产成本。

[例 4-12] 某企业 7 月份从仓库领用 72 000 元甲材料,其中用于 A 产品生产 54 000 元,B 产品生产 18 000 元。第一车间和厂部各领用低值易耗品 5 000 元和 1 000 元,用于日常管理。

本月原材料的消耗使生产成本增加 72 000 元,同时原材料减少 72 000 元。应作如下会计分录:

借:生产成本——A 产品(直接材料费用)　　　　54 000
　　　　　——B 产品(直接材料费用)　　　　18 000
　贷:原材料——甲材料　　　　　　　　　　　　　　　72 000

本月低值易耗品的消耗使制造费用和管理费用各增加 5 000 元和 1 000 元,同时低值易耗品减少 6 000 元。应作如下会计分录:

借:制造费用——第一车间　　　　　　　　　　5 000
　管理费用——物料消耗　　　　　　　　　　　1 000
　贷:低值易耗品　　　　　　　　　　　　　　　　　　6 000

(二) 工资费用的核算

企业按月计算并支付给职工的劳动报酬,即工资。工资费用应按职工的工作性质进行分配,生产人员的工资费用应直接计入生产成本;车间(分厂)管理人员的工资费用作为间接生产成本,计入制造费用;企业行政管理人员的工资费用计入管理费用;销售人员的工资费用计入销售费用。会计人员月末根据工资结算汇总表,编制工资费用分配表,并据以编制记账凭证分配本月的工资费用。如果车间(或分厂)生产两种或两种以上产品,应按照一定的分配标准,如产品产量、工时等,将其生产工人工资分配计入产品生产成本。

[例 4-13] 某企业结算 7 月份应付职工工资,有关资料如下:

生产 A 产品职工工资	15 000
生产 B 产品职工工资	12 000
第一车间管理人员工资	3 000
企业行政管理人员工资	2 000
合　　计	32 000

这笔经济业务使应付工资增加32 000元,同时使生产成本、制造费用和管理费用分别增加27 000元、3 000元和2 000元。应作如下会计分录:

```
借:生产成本——A产品(直接工资费用)         15 000
        ——B产品(直接工资费用)         12 000
    制造费用——第一车间                    3 000
    管理费用——工资费用                    2 000
    贷:应付职工薪酬——工资                         32 000
```

(三)职工福利费用的核算

按规定,企业应按职工工资总额的一定比例按月计提职工福利费。职工福利费主要用于职工困难补助、医药费报销等福利方面的开支。职工福利费的分配与工资费用的分配基本相同。会计人员在分配本月工资费用后,编制职工福利费分配表,据以进行职工福利费用的核算。

[例4-14] 沿用[例4-13]资料,按职工工资的14%计提本月职工福利费。

这笔经济业务使应付职工福利费增加32 000×14%=4 480(元);同时使生产成本增加27 000×14%=3 780(元),制造费用增加3 000×14%=420(元),管理费用增加2 000×14%=280(元),作如下会计分录:

```
借:生产成本——A产品(其他直接费用)         2 100
        ——B产品(其他直接费用)         1 680
    制造费用——第一车间                      420
    管理费用——福利费用                      280
    贷:应付职工薪酬——职工福利                      4 480
```

(四)折旧费用的核算

固定资产虽然可以在生产经营过程中长期使用而保持原有的实物形态,但在使用过程中必然要发生价值损耗,包括由于自然力的作用而引起的使用价值和价值的损失,即有形损耗;以及由于科技进步导致生产效率更高、性能更优越的固定资产出现,而使现有固定资产产生贬值,即无形损耗。固定资产在使用过程中所发生的价值损耗,必须在其使用期内分期摊入企业的生产经营成本(或费用),并通过商品或产品销售收入的取得而得到补偿。固定资产在使用过程中由于损耗而转移到生产经营成本(或费用)中去的那部分价值称为折旧。

固定资产折旧的方法包括使用年限法、工作量法以及加速折旧法(双倍余额递减法或年数总和法)等。这里只介绍使用年限法的具体运用。使用年限法,是指把固定资产的价值在它的使用期间内平均分摊计入各会计期间生产经营成本(或费用)的折旧方法。采用这种折旧方法,固定资产在一定时期内应计提折旧额的大小,主要取决于固定资产的原值和折旧年限。其中固定资产原值是计提折旧的基础,应严格按照规定正确确定。而固定资产的使用年限很难准确确定,一般可根据固定资产本身的结构、质量、生产负荷、工作条件和维修等因素,并适当考虑由于科技进步对固定资产经济寿命的影响等进行预计。在我国,固定资产的折旧年限通常由有关法规或制度加以规定。

另外,在计算固定资产折旧时还应考虑两个相关因素:一是固定资产报废清理时所取得的残值收入,即固定资产报废清理时,残体中可回收利用或出售的残料、零部件等的价值;二是固定资产报废清理时发生或支付的清理费用,即固定资产报废清理时发生的工资和其他费用等。由于残值收入和清理费用在固定资产使用时尚未实际发生,因此在计算折旧时应分别加以预计,也可预计两者相抵后的净残值(一般控制在原值的3%～5%的范围内)。在上述四个因素中,固定资产原值减去预计残值收入,加上预计清理费用,就是固定资产在它的整个使用年限中应计提的全部折旧额;以全部折旧额除以使用年限,就是每年应计提的折旧额。计算公式如下：

$$固定资产年折旧额 = \frac{固定资产 - 预计净残值}{固定资产预计使用年限(或规定折旧的年限)}$$

$$或 = \frac{固定资产(1 - 预计净残值率)}{固定资产预计使用年限(或规定折旧年限)}$$

[例4-15] 某项固定资产的原始价值为50 000元,预计使用年限为10年,预计净残值为2 000元。该项固定资产的年折旧额和月折旧额计算如下：

年折旧额=(50 000-2 000)÷10=4 800(元)

月折旧额=4 800÷12=400(元)

在会计实务中,计提固定资产折旧并不直接运用上述公式来计算,而是先确定固定资产折旧率,然后根据固定资产原值乘以折旧率来计算。固定资产折旧率是指一定时期的固定资产折旧额与固定资产原值的比率,其计算公式如下：

$$固定资产年折旧率 = \frac{1 - 预计净残值率}{固定资产预计使用年限(或规定的折旧年限)} \times 100\%$$

固定资产月折旧率=固定资产年折旧率÷12

现以[例4-15]资料求得该固定资产的年折旧率和月折旧率分别为：

固定资产净残值率为4%

年折旧率为9.6%

月折旧率=9.6%÷12=0.8%

月折旧额=50 000×0.8%=400(元)

固定资产折旧率按其计算对象的范围,可分为个别折旧率、分类折旧率和综合折旧率三种。个别折旧率是以每项固定资产作为计算对象的折旧率,上例就是按个别固定资产单独计算年折旧率。分类折旧率则是以固定资产类别作为计算对象的分类平均折旧率;而综合折旧率则是以全部固定资产为计算对象的综合平均折旧率。分类(或综合)折旧率的计算方法同上。

[例4-16] 某企业7月初应计折旧的房屋建筑物原值为80万元(其中第一车间用房60万元,管理部门用房20万元),月分类折旧率为0.4%;第一车间使用的机器设备原值为40万元,月分类折旧率为1%。按规定计提本月份固定资产折旧,并进行账务处理。

本月份应计提的折旧额为：

管理部门:200 000×0.4%=800(元)

第一车间:600 000×0.4%+400 000×1%=6 400(元)

根据计算结果,可以看出该笔经济业务使管理费用和制造费用分别增加800元和6 400元,应计入"管理费用"和"制造费用"账户的借方;使固定资产价值减少7 200元,即累计折旧增加了7 200元,应记入"累计折旧"账户的贷方,作如下会计分录：

借:管理费用——折旧费　　　　　　　　　　　　800
　　制造费用——第一车间　　　　　　　　　　6 400
　　贷:累计折旧　　　　　　　　　　　　　　　　　　7 200

三、待摊费用和预提费用分配的核算

在实际工作中,由于成本费用发生的时间与付出现金的时间往往不一致,根据权责发生制原则的要求,企业应设置"待摊费用"和"预提费用"账户来正确计算一定会计期间的成本费用。

待摊费用是指企业已经支出但应由本期和以后各期分摊,且分摊期在一年以内的费用,如低值易耗品摊销、固定资产修理费摊销等。预提费用是指企业预先提取计入各期成本费用,但尚未实际支出的各项费用,如预提水电费用等。实际上,对于有些需要跨期摊配的费用既可以"待摊"也可以"预提"。如固定资产修理费,可以于修理支出发生后,再按期摊销;也可以先预计下次修理的时间和可能发生的支出按期预提,实际发生修理支出时再冲销预提费用。

(一)低值易耗品摊销的核算

低值易耗品是指单位价值在规定限额以下,或使用寿命不满一年,不能作为固定资产核算的各种用具、物品。由于低值易耗品单位价值低、使用期限短,更换较为频繁,所以通常把它视同材料进行核算。但它毕竟不同于材料,在生产经营过程中可以多次使用而不改变原有的实物形态,在使用过程中有的还需要进行维护、修理,报废时往往还有一定的残值。因此,低值易耗品在领用时,可以通过摊销的方式将其价值摊入成本费用。低值易耗品摊销的方法主要包括一次摊销法和分期摊销法。

1. 一次摊销法。对于单位价值较小、容易损耗的低值易耗品,可以在其领用时将其全部价值一次摊入成本费用。

[例 4-17] 7月10日,第一车间从仓库领用帽子100顶,计150元。

这笔经济业务发生使该车间的制造费用增加150元,低值易耗品减少150元。应作如下会计分录:

借:制造费用——第一车间　　　　　　　　　　　　150
　　贷:低值易耗品　　　　　　　　　　　　　　　　　　　150

2. 分期摊销法。对于使用期限较长、单位价值较高的低值易耗品,应根据其耐用期限分期摊销。一般在领用时,先记入"待摊费用"账户,然后根据其用途摊入有关成本费用账户。

[例 4-18] 7月份第一车间领用一批低值易耗品,价值5 000元,按规定在10个月内平均摊销。

7月份在领用时,低值易耗品减少5 000元,同时待摊费用增加5 000元,应作如下会计分录:

借:待摊费用——低值易耗品摊销　　　　　　　　5 000
　　贷:低值易耗品　　　　　　　　　　　　　　　　　　　5 000

7月末及以后的9个月内按期摊销时,制造费用增加500元,同时待摊费用减少500元。应作如下会计分录:

借:制造费用——第一车间　　　　　　　　　　　　500
　　贷:待摊费用——低值易耗品摊销　　　　　　　　　　500

(二)利息费用的预提

企业从银行借入的短期借款,通常于每季度末向银行支付利息,而利息费用却是在一个季度内各月发生的。因此,根据利息大小,可以于各月末先预提当月的利息费用,并计入财务费用;实际支付利息时,再冲销应付利息。

[例 4-19] 某企业第三季度各月末预提的短期借款利息费用均为1 000元,9月底实际

向银行支付利息费用为 3 000 元。

7 月末、8 月末、9 月末预提利息费用时,财务费用增加 1 000 元,同时应付利息增加 1 000 元。应作如下会计分录:

借:财务费用——利息费用　　　　　　　　　　　1 000
　　贷:应付利息——短期借款利息　　　　　　　　　　　1 000

9 月底,向银行支付利息时,银行存款减少 3 000 元,同时应付利息减少 3 000 元,应作如下会计分录:

借:应付利息——短期借款利息　　　　　　　　　3 000
　　贷:银行存款　　　　　　　　　　　　　　　　　　　3 000

四、制造费用分配的核算

制造费用是指企业内部的各个生产经营单位(分厂、车间)为组织和管理生产所发生的各种间接生产成本,一般包括:固定资产折旧费、工资及福利费、修理费、机物料消耗、低值易耗品摊销、劳动保护费、水电费、办公费等。

在生产单位只生产一种产品时,制造费用可直接记入"生产成本"账户及其所属的明细分类账户;当生产单位生产两种或两种以上的产品时,日常发生的制造费用应先在"制造费用"账户借方汇集,期末再选择合理的分配标准将汇集的制造费用分配记入各种产品的生产成本。制造费用一般可以按生产工时、产品产量或生产工人工资的比例等进行分配。计算公式如下:

$$制造费用分配率 = \frac{制造费用总额}{各种产品生产工时(或产量等)之和} \times 100\%$$

某产品应分配的制造费用 = 各产品生产工时(或产量等)×制造费用分配率

[例 4-20]　某企业的第一车间 7 月份共发生制造费用 15 470 元,本月主要从事 A 产品和 B 产品两种产品生产活动。本月生产工人生产工时为 3 094 小时,其中生产 A 产品耗用工时 1 864 小时,生产 B 产品耗用工时 1 230 小时,则根据上列资料编制制造费用分配表如表 4-1 所示。

表 4-1　制造费用分配表

第一车间　　　　　　　　　　　××年 7 月

应借科目名称		生产工时	分配率	分配金额
生产成本	A 产品	1 864	5	9 320
	B 产品	1 230	5	6 150
合　计		3 094	—	15 470

制造费用分配率 = 15 470 ÷ (1 864 + 1 230) = 5(元/小时)
A 产品应负担的制造费用 = 1 864 × 5 = 9 320(元)
B 产品应负担的制造费用 = 1 230 × 5 = 6 150(元)
根据"制造费用分配表",作如下会计分录:

借：生产成本——A产品（制造费用）　　　　　　9 320
　　　　——B产品（制造费用）　　　　　　6 150
　贷：制造费用——第一车间　　　　　　　　　　15 470

第四节　销售业务的核算

企业的销售业务分为主营业务和其他业务（附营业务）。生产企业的主营业务是指主产品的销售，其他业务是指副产品销售、材料销售、固定资产出租、无形资产转让等。企业销售业务的发生，会给企业带来销售收入，同时也会发生销售成本和销售费用，并须支付销售税金。销售收入扣除销售成本、销售费用和销售税金后，称为销售毛利。销售毛利扣除管理费用和财务费用后，称为销售利润。销售利润反映企业销售业务的最终成果。

一、主营业务收入的核算

主营业务收入是指企业在一定期间内由于销售主产品所获得的收入。企业生产的产品能顺利实现销售，取得销售收入是企业收回成本和实现扩大再生产的前提。所以，企业应以市场为导向，生产出满足社会需要的产品，并畅通销售渠道，及时办理资金结算、收取收入的款项，以满足经营资金周转的需要。

确认营业收入应同时满足下列条件：一是企业已将商品所有权上的主要风险和报酬转移给购货方；二是企业既没有保留通常与所有权相联系的继续管理权，也没有对已售出的商品实施有效控制；三是收入的金额能够可靠计量；四是相关经济利益很可能流入企业；五是相关的、已发生的或将发生的成本能够可靠计量。企业应当按照从购货方已收或应收的合同或协议价款确定商品销售收入金额，已收或应收的合同或协议价款显失公允的除外。销售产品涉及现金折扣的，应当按照扣除现金折扣前的金额来确认销售商品的收入金额。现金折扣在实际发生时计入当期损益，涉及商业折扣的，应当按照扣除商业折扣后的金额来确认销售商品收入金额。企业已经确认销售商品收入的售出商品发生销售折让的，应当在发生时冲减当期销售商品收入。企业已经确认销售商品收入的售出商品发生销售退回的，应当在发生时，冲减当期的销售商品收入。

在实际工作中，由于营业收入结算的具体方式不同，使确认营业收入实现的具体标准也有所不同，一般有以下几种情况：(1) 在预收货款方式下，在企业发出产品后，确认销售收入的实现；(2) 在交款提货方式下，当企业已收到货款，发票（提货单）已交付客户时，确认营业收入的实现；(3) 在先销货，后收款方式下，当企业已发出产品，并收到有效索取货款凭证时，确认营业收入的实现。

为了核算和监督企业在产品销售过程中取得的收入及款项结算，应设置"主营业务收入"、"应收账款"、"预收账款"等账户。

"主营业务收入"账户，用于核算和监督企业主营业务收入的发生和结转情况，属于损益类账户。其借方反映销售产品、商品或提供劳务等实现的收入；借方反映期末营业收入的结转数；本期所实现的营业收入应全部转入"本年利润"账户，因而一般没有期末余额。该账户应按业务类别、产品或劳务名称设置明细账户，进行明细分类核算。

"应收账款"账户，用于核算和监督企业因销售产品、商品，或对外提供劳务而应向客户收取的款项，包括价款、增值税及代垫的运杂费，属于资产类账户。其借方反映企业在销售过程中发生的应收款项;贷方反映收回的应收款项;期末余额在借方,表明企业尚未收回的应收款项。该账户应根据客户名称设置明细账户,进行明细分类核算。

"预收账款"账户,用于核算和监督企业向客户预收的货款及其结算情况,属于负债类账户。其借方反映预收的账款和客户补付的货款;借方反映销售时预收账款的结清和退还数;期末如为贷方余额表示实际预收尚未结算的款项,如为借方余额表示结算后客户应补付的款项。该账户应根据客户名称设置明细账户,进行明细分类核算。

[例4-21] 某企业销售60吨A产品,每吨1 200元,价税款84 240元已交存银行。

这笔经济业务使主营业务收入增加72 000元,增值税增加12 240元,同时银行存款增加84 240元。应作如下会计分录:

  借:银行存款   84 240
   贷:主营业务收入   72 000
    应交税费——应交增值税   12 240

[例4-22] 某企业7月5日收到某食品加工厂从银行汇来订购B产品的货款10万元;7月25日,该食品加工厂派员前来办理购买20万元B产品的交易手续,发票(提货单)已开出;8月10日,收到该食品加工厂补付的13.4万元货款。

7月5日预收货款时,预收账款增加10万元,同时银行存款增加10万元(由于购销手续未办理,因此并不能确认主营业务收入实现)。作如下会计分录:

  借:银行存款   100 000
   贷:预收账款——某食品加工厂   100 000

7月25日销售B产品时,B产品的物权已经转移,同时对食品加工厂的负债已经偿付。因此,使预收账款减少234 000元,主营业务收入增加200 000元。应作如下会计分录:

  借:预收账款——某食品加工厂   234 000
   贷:主营业务收入——B产品   200 000
    应交税费——应交增值税   34 000

8月10日收到补付的货款时,银行存款增加134 000元,同时结平预收账款账户。应作如下会计分录:

  借:银行存款   134 000
   贷:预收账款——某食品加工厂   134 000

[例4-23] 某企业8月15日售给某加工厂C产品一批,价值20 000元,增值税3 400元,货款暂欠;8月30日,接到银行收款通知,上述23 400元货款已经如数收到。

8月15日销售C产品时,应收账款增加23 400元,同时主营业务收入增加20 000元,应作如下会计分录:

  借:应收账款——某加工厂   23 400
   贷:主营业务收入——C产品   20 000
    应交税费——应交增值税   3 400

8月30日收到货款时,银行存款增加23 400元,应收账款减少23 400元。应作如下分录

  借:银行存款   23 400
   贷:应收账款——某饲料加工厂   23 400

二、主营业务成本的核算

主营业务成本是指企业在一定会计期间内已销售的主要产品的生产成本。为核算和监督企业主营业务成本的发生和结转情况,应设置"主营业务成本"账户。该账户属于损益类账户。其借方反映已销售产品的生产成本的数额;贷方反映期末转入"本年利润"账户的数额;结转后,该账户没有余额。该账户按销售产品的品种设置明细账户,进行明细分类核算。

[例4-24] 经汇总产品出库单,某农业企业本月销售的产品生产成本为120 000元。

这笔经济业务结转已售产成品的成本,使库存商品减少120 000元,同时主营业务成本增加120 000元,应作如下会计分录:

借:主营业务成本　　　　　　　　　　　　120 000
　　贷:库存商品　　　　　　　　　　　　　　　　120 000

三、销售费用的核算

销售费用是指企业在销售主产品过程中发生的各项费用,如销售人员工资及福利费、广告费、运杂费、销售佣金等。为核算和监督企业主营业务销售费用的发生和结转情况,应设置"销售费用"账户。该账户属于损益类账户,其借方反映本期发生的销售费用数额;贷方反映期末将销售费用转入"本年利润"账户的数额;结转之后无余额。该账户应按销售费用项目设置明细账户,进行明细分类核算。

[例4-25] 某企业用银行存款支付广告费5 000元。

这笔经济业务使销售费用增加5 000元,银行存款减少5 000元。应作如下会计分录:

借:销售费用　　　　　　　　　　　　　　5 000
　　贷:银行存款　　　　　　　　　　　　　　　　5 000

四、营业税金及附加的核算

企业生产经营过程中,按照国家税法规定应缴纳营业税、消费税、城乡维护建设税等税金和教育费附加。为反映营业税金及附加的计算和缴纳情况,应设置"营业税金及附加"和"应交税费"账户。

"营业税金及附加"账户核算和监督企业应由主营业务收入负担的各种税金及附加(其他业务应负担的税金及附加在"其他业务支出"账户核算)。它属于损益类账户,其借方反映企业按规定计算应负担的营业税金及附加;贷方反映期末结转"本年利润"账户的数额;结转之后无余额。该账户按照产品类别设置明细账户,进行明细分类核算。

"应交税费"账户核算和监督企业按规定应缴纳的各种税金,属于负债类账户。其贷方反映企业按规定应缴纳的各种税金;借方反映向税务机关实际交纳的税金数额。该账户余额可能在借方,也可能在贷方,期末贷方余额反映企业应交而尚未交纳的税金;期末借方余额反映企业多交应抵扣或应退回的税金。该账户按税种设置明细账户,进行明细分类核算。

[例4-26] 某企业销售产品一批,按规定应交营业税5 000元。

这笔经济业务使营业税金及附加增加5 000元,同时应交税金增加5 000元。

借:营业税金及附加　　　　　　　　　　　5 000
　　贷:应交税费——应交营业税　　　　　　　　　5 000

[例4-27] 某企业以银行存款向税务机关交纳营业税5 000元。

这笔经济业务使银行存款减少5 000元,同时应交税金减少5 000元。应作如下会计分录:

借:应交税费——应交营业税　　　　　　　　　　5 000
　　贷:银行存款　　　　　　　　　　　　　　　　　　　　5 000

五、其他销售业务的核算

主营业务以外的其他销售业务包括副产品销售、材料销售、固定资产和包装物出租、无形资产转让、附营的运输业务等。这些业务的发生,也会给企业带来收入,同时也会发生有关成本、费用及税金支出。为了核算和监督其他销售业务的发生和结转情况,应设置"其他业务收入"和"其他业务成本"账户。

"其他业务收入"账户核算和监督企业其他销售业务所取得的收入及其结转情况,属于损益类账户。其借方反映其他业务实现的收入;借方反映期末收入结转数;本期所实现的其他业务收入应于期末全部转入"本年利润"账户,结转之后该账户无余额。该账户应按照企业其他业务的种类设置明细账户,进行明细分类核算。

"其他业务成本"账户核算和监督企业其他销售业务所发生的成本费用及税金支出,属于损益类账户。该账户借方反映已发生的其他业务支出的数额,贷方反映期末结转"本年利润"账户的数额;结转之后,该账户无余额。该账户应按其他业务种类设置明细账户,进行明细分类核算。

[例4-28] 某企业出售库存积压原材料一批,价值40 000元,增值税6 800元。收到银行存款40 000元;该批材料账面结存的实际成本为30 000元;销售时由于委托市运输公司送货上门,以银行存款支付运费300元。

这批材料销售使其他业务收入增加40 000元,银行存款增加46 800元。应作如下会计分录:

借:银行存款　　　　　　　　　　　　　　　46 800
　　贷:其他业务收入——材料销售　　　　　　　　　　　40 000
　　　　应交税费——应交增值税　　　　　　　　　　　　 6 800

同时,使其他业务支出增加30 300元,原材料减少30 000元,银行存款减少300元。应作如下会计分录:

借:其他业务成本——材料销售　　　　　　　　 30 300
　　贷:原材料——某材料　　　　　　　　　　　　　　　30 000
　　　　银行存款　　　　　　　　　　　　　　　　　　　　 300

六、期间费用的核算

期间费用是指企业在生产经营过程中发生的与产品生产没有直接联系,但属于某一期间耗用的费用。如企业发生的管理费用、财务费用、销售费用等。这些费用能够确定发生的期间和归属期间,但不能确定其归属的成本计算对象。所以,期间费用不计入产品成本,而是按照一定期间(月、季或年度)进行归集,直接计入当期损益。管理费用是指企业行政管理部门为组织和管理生产经营活动而发生的费用,包括公司经费、工会经费、职工教育经费、劳动保险费、董事会费、咨询费、诉讼费、绿化费、坏账损失、无形资产摊销费、业务招待费等。财务费用是指企业为筹集资金而发生的各项费用,包括企业生产经营期间发生的利息支出、银行收取的手续费等。

为了核算和监督企业管理费用和财务费用的发生和结转情况,应设置"管理费用"和"财务费用"账户。"管理费用"和"财务费用"账户借方分别核算当期管理费用和财务费用发生数,本期发生的管理费用和财务费用应于期末全部从贷方转入"本年利润"账户的借方,结转之后该账户期末没有余额。管理费用和财务费用明细账一般采用多栏式格式,并按费用项目在借方设置专栏,进行明细分类核算。

[例4-29] 某企业有一项商标权,购入时入账价值为100 000元。本月按规定摊销1 500元。

这笔经济业务使管理费用增加1 500元,同时无形资产摊销增加了1 500元。应作如下会计分录:

借:管理费用——无形资产摊销费　　　　　　　　1 500
　　贷:累计摊销　　　　　　　　　　　　　　　　　　　1 500

[例4-30] 某企业7月31日接到银行付款通知,其7月份结算手续费200元已从存款中扣支。

这笔经济业务使财务费用增加200元,同时银行存款减少200元。应作如下会计分录:

借:财务费用——手续费　　　　　　　　　　　　　200
　　贷:银行存款　　　　　　　　　　　　　　　　　　　　200

第五节　对外投资业务的核算

对外投资是指企业为了获取投资收益,或者为了达到其他特定目的而向其他单位进行的投资。对外投资可采用购买股票、债券等有价证券的形式,也可用货币资金、实物、无形资产等直接对其他单位进行投资。

根据企业对外投资的目的不同,对外投资分为短期投资和长期投资。短期投资是指能够随时变现,并且持有时间不准备超过一年的投资。企业对外进行短期投资一般采用购买有价证券的形式,其目的主要是利用暂时闲置的资金获取一定的投资收益;长期投资是指不准备在一年内变现的投资,包括长期股票投资、长期债券投资和其他长期投资。企业进行长期投资的目的比较复杂,比如扩大产品销售市场、保证原材料的稳定供应、控制上下游企业、分散经营风险、获取投资收益等。

一、账户设置

为核算和监督企业对外投资、获取投资收益和收回投资的情况,应设置"交易性金融资产"、"持有至到期投资"、"长期股权投资"和"投资收益"等账户。

"交易性金融资产"账户。该账户核算企业为交易目的所持有的债券投资、股票投资、基金投资等交易性金融资产的公允价值,属于资产类账户。其借方反映企业取得交易性金融资产的公允价值,贷方反映出售交易性金融资产或到期收回的实际金额。本账户期末借方余额,反映企业持有的交易性金融资产的公允价值。本账户可按交易性金融资产的类别和品种,分别设置"成本"、"公允价值变动"等进行明细核算。

"持有至到期投资"账户。该账户核算企业持有至到期投资的摊余成本,如政府债券、企业债券等,属于资产类账户。其借方反映企业取得持有至到期投资的成本,贷方反映出售持有至到期投资,应按实际收到的金额。本账户期末借方余额,反映企业持有至到期投资的摊余成本。本账户可按持有至到期投资的类别和品种,分别设置"成本"、"利息调整"、"应计利息"等进行明细核算。

"长期股权投资"账户。该账户核算企业持有的采用成本法和权益法核算的长期股权投资,属于资产类账户。其借方反映企业对外进行的长期股权投资的增加数,贷方反映企业转让或收回投资的金额。本账户期末借方余额,反映企业长期股权投资的价值。本账户可按被投资单位进行明细核算。长期股权投资采用权益法核算的,还应当分别设置"成本"、"损益调整"、"其他权益变动"进行明细核算。

"投资收益"账户用于核算企业短期投资和长期投资所取得的利息、股利、分回的利润及买卖的差价收益,属于损益类账户。其贷方反映本期实现的投资收益;借方反映发生的投资损失,期末将本期实现的投资净收益(或净损失)全部从借方(或贷方)结转入"本年利润"账户的贷方(或借方),结转后该账户没有余额。该账户按投资收益的种类设置明细账户,进行明细分类核算。

二、交易性金融资产的核算

交易性金融资产采用公允价值核算,企业取得交易性金融资产,按其公允价值作为入账价值,借记本账户(成本),按发生的交易费用,借记"投资收益"账户,按已到付息期但尚未领取的利息或已宣告但尚未发放的现金股利,借记"应收利息"或"应收股利"账户,按实际支付的金额,贷记"银行存款"等账户。

交易性金融资产持有期间被投资单位宣告发放的现金股利,或在资产负债表日按分期付息、一次还本债券投资的票面利率计算的利息,借记"应收股利"或"应收利息"账户,贷记"投资收益"账户。资产负债表日,交易性金融资产的公允价值高于其账面余额的差额,借记本账户(公允价值变动),贷记"公允价值变动损益"账户;公允价值低于其账面余额的差额作相反的会计分录。

出售交易性金融资产,应按实际收到的金额,借记"银行存款"等账户,按该金融资产的账面余额,贷记本账户,按其差额,贷记或借记"投资收益"账户。同时,将原计入该金融资产的公允价值变动转出,借记或贷记"公允价值变动损益"账户,贷记或借记"投资收益"账户。

[例4-31] 某企业5月5日以每股8.72元的价格购买"兴业房产"股票10 000股,每股含0.52元已宣告但尚未发放的股利,另支付相关税费200元;6月5日,收到发放的股利5 200元;9月15日,以每股10元的价格将所持上述股份全部抛出,并支付相关税费250元。

5月5日购买股票时,交易性金融资产增加82 000元,应收股利增加5 200元,银行存款减少87 200元。应作如下会计分录:

借:交易性金融资产——兴业房产成本　　　　82 000
　　应收股利——兴业房产　　　　　　　　　 5 200
　　贷:银行存款　　　　　　　　　　　　　　　　　　87 200

6月5日收到股利时,银行存款增加5 200元,应收股利减少5 200元。应作如下会计分录:

借:银行存款　　　　　　　　　　　　　　　　5 200
　　贷:应收股利——兴业房产　　　　　　　　　　　　5 200

9月15日抛出股票时,收到的股票售价扣除相关税费后,银行存款净增加99 750元,交易

性金融资产减少82 000元,投资收益增加17 750元。应作如下会计分录:

  借:银行存款   99 750
   贷:交易性金融资产——兴业房产成本   82 000
    投资收益——股票投资   17 750

  [例4-32] 某企业7月1日从证券公司购入面值为100元、年利率为5%的国债5 000张,每张国债购入价110元,另支付手续费100元;10月1日以每张115元的价格,将该批国债全部出售给证券公司,并支付手续费100元。

  7月1日购入国债时,交易性金融资产增加550 000元,投资收益减少100元,银行存款减少550 100元。应作如下会计分录:

  借:交易性金融资产——国债   550 000
   投资收益   100
   贷:银行存款   550 100

  10月1日出售国库券时,收到的国债售价扣除手续费后为574 900元,同时交易性金融资产减少550 000元,投资收益增加24 900元。应作如下会计分录:

  借:银行存款   574 900
   贷:交易性金融资产——国债   550 000
    投资收益——国债   24 900

第六节 营业外收支的核算

一、营业外收入的核算

  营业外收入是指与企业生产经营活动无直接关系的各项收入,主要包括:固定资产盘盈收入,固定资产清理净收入,其他单位因不履行合同等原因支付给本企业的赔偿金、违约金,因债权人变更登记或已解散、死亡等原因而无法支付的应付款项等。

  企业发生营业外收入应通过"营业外收入"账户进行核算,不能与企业在生产经营过程中实现的各项收入相混淆。"营业外收入"账户用于核算企业营业外收入的发生和结转情况,属于损益类账户。其贷方反映企业本期营业外收入的发生数;期末应将本期发生的营业外收入全部从该账户的借方转入"本年利润"账户的贷方;结转后,期末没有余额。该账户应按营业外收入的具体项目内容设置多栏式明细账户,进行明细分类核算。

  [例4-33] 某企业在清理往来账时发现"应付账款——晓光农机修理厂"明细账户一笔3 000元应付账款挂账已达三年。会计人员曾将这笔款项汇出,但被银行退回。现经查实,该农机修理厂已解散。经报批,将这笔应付账款转为营业外收入。

  这笔经济业务使应付账款减少3 000元,同时营业外收入增加3 000元。应作如下会计分录:

  借:应付账款——晓光农机修理厂   3 000
   贷:营业外收入——无法支付的款项   3 000

二、营业外支出的核算

  营业外支出是指与企业生产经营活动无直接关系的各项支出,主要包括:固定资产盘亏、报废、毁损和出售的净损失,非季节性和非大修理期间的停工损失,由于本企业未履行合同等原因支付给其他单位和个人的赔偿金、违约金,由于不可抗力的作用所导致的财产损失,公益救济性的捐赠等。

企业发生营业外支出应通过"营业外支出"账户进行核算,不能与企业在生产经营过程中发生的各项成本费用相混淆。"营业外支出"账户用于核算企业营业外支出的发生和结转情况,属于损益类账户。其借方反映企业本期营业外支出的发生数;期末应将本期发生的营业外支出全部从该账户的贷方转入"本年利润"账户的借方;结转后,期末没有余额。该账户应按营业外支出的具体项目内容设置多栏式明细账户,进行明细分类核算。

[例4-34] 某企业7月7日通过民政部门向灾区捐款100 000元,款项已通过银行转账支付。

这笔经济业务使营业外支出增加100 000元,银行存款减少100 000元,应作如下会计分录:

借:营业外支出——捐赠支出　　　　　100 000
　　贷:银行存款　　　　　　　　　　　　　　　100 000

第七节　利润及其分配的核算

一、利润的核算

利润是企业在一定时期内获得的财务成果,是企业收入扣除有关费用支出后的净额,是考核企业经营管理水平及其经济效益的一项综合性指标。企业的利润可以按照下列公式计算:

主营业务利润＝主营业务收入－主营业务成本－营业税金及附加
其他业务利润＝其他业务收入－其他业务成本
营业利润＝主营业务利润＋其他业务利润－管理费用－财务费用－销售费用－资产减值损失＋公允价值变动损益
利润总额＝营业利润＋投资净收益＋营业外收支净额
净利润＝利润总额－所得税费用

为了核算和监督企业本年度所得税费用的发生和净利润(或亏损)的实现情况,应设置"所得税费用"和"本年利润"账户。企业在本期如有应纳税所得额,则必须按照所得税法的规定计算缴纳企业所得税。缴纳所得税可以看成是企业获取净利润必须支付的代价,因此也应作为费用计入当期损益。

"所得税费用"账户用于核算和监督企业所得税费用的发生和结转情况,属于损益类账户。其借方反映企业本期的所得税费用;期末应将本期所得税费用从该账户的贷方转入"本年利润"账户的借方;结转后,期末没有余额。

"本年利润"账户属于所有者权益类账户,其贷方反映期末转入的营业收入、其他业务收入、投资收益和营业外收入等;借方反映期末转入的营业成本、销售费用、营业税金及附加、其他业务成本、管理费用、财务费用、营业外支出、所得税等;年度终了,该账户的借贷方的差额(净利润或亏损)全部转入"利润分配——未分配利润"账户,结转后无余额。

[例4-35] 某企业月底结转本月损益。经对有关损益类账户进行结算,本月实现主营业务收入197 000元、其他业务收入4 000元、投资收益900元、营业外收入100元;本月共发生主

营业务成本 120 000 元、销售费用 5 000 元、营业税金及附加 5 500 元、其他业务成本 4 000 元、管理费用 3 680 元、财务费用 1 800 元、营业外支出 4 000 元。

月末结转损益,应将当月实现的各项收入从"收入类"账户的借方转入"本年利润"账户的贷方,将当月发生的各项费用和支出从"费用支出类"账户的贷方转入"本年利润"账户的借方。结转以后,损益账户全部结平,没有余额。应作如下会计分录:

1. 借:主营业务收入　　　　　　　　　　　　197 000
    　　其他业务收入　　　　　　　　　　　　　4 000
    　　投资收益　　　　　　　　　　　　　　　　900
    　　营业外收入　　　　　　　　　　　　　　　100
    　　贷:本年利润　　　　　　　　　　　　　　　　　　202 000
2. 借:本年利润　　　　　　　　　　　　　　143 980
    　　贷:主营业务成本　　　　　　　　　　　　　　　120 000
    　　　　销售费用　　　　　　　　　　　　　　　　　5 000
    　　　　营业税金及附加　　　　　　　　　　　　　　5 500
    　　　　其他业务成本　　　　　　　　　　　　　　　4 000
    　　　　管理费用　　　　　　　　　　　　　　　　　3 680
    　　　　财务费用　　　　　　　　　　　　　　　　　1 800
    　　　　营业外支出　　　　　　　　　　　　　　　　4 000

通过上述结转将本月实现的全部收入与发生的除所得税费用以外的全部费用和支出都汇集于"本年利润"账户,从而计算出本月实现的利润总额为 202 000－143 980＝58 020 元。

[例 4-36] 某企业于月末根据税法规定计算本月的应交所得税。经计算,本月应纳税所得额为 50 000 元,所得税税率为 25％。

这笔经济业务使所得税费用增加 50 000×25％＝12 500 元,应交税费增加 12 500 元。应作如下会计分录:

借:所得税费用　　　　　　　　　　　　　　12 500
　　贷:应交税费——应交所得税　　　　　　　　　　12 500

[例 4-37] 某企业于月末将本期所得税费用 12 500 元转入"本年利润"账户。

这笔经济业务应记入"所得税费用"账户的贷方和"本年利润"账户的借方。应作如下会计分录:

借:本年利润　　　　　　　　　　　　　　　12 500
　　贷:所得税费用　　　　　　　　　　　　　　　　12 500

通过上述结转,可以根据"本年利润"账户计算出本月实现的净利润为 58 020－12 500＝45 520 元。

二、利润分配的核算

企业利润分配是指将企业实现的净利润,按照国家有关政策和企业章程在企业和投资人之间进行分配。为了规范各行业、各企业的利润分配,《公司法》和《企业财务通则》对利润分配的顺序作了统一的规定。其顺序如下:(1) 支付被没收的财物损失,违反税法规定支付的滞纳金和罚款;(2) 弥补企业以前年度的亏损;(3) 提取盈余公积;(4) 向投资者分配利润。未分配利润可作为所有者权益的组成部分转入下一年度。

为了核算和监督企业的利润分配（或亏损弥补）情况，应设置"利润分配"、"盈余公积"和"应付利润"等账户。

"利润分配"账户核算和监督企业利润的分配（或亏损的弥补）和历年分配（或弥补）后利润的结存情况，属于所有者权益类账户。其借方反映已分配的利润数；贷方反映年终从"本年利润"账户转入的本年度实现的净利润（或亏损）；期末余额可能在借方，也可能在贷方，期末贷方余额反映截至本年末累计未分配利润的数额；期末借方余额反映截至本年末累计未弥补亏损的数额。为了反映利润分配的过程和结果，该账户设置"提取盈余公积"、"应付利润"、"未分配利润"等明细账户，进行明细分类核算。年终，将企业全年实现的利润，从"本年利润"账户的借方转入"利润分配"账户及其所属的"未分配利润"明细账户的贷方，同时，将提取的盈余公积和向投资人分配的利润从"利润分配"账户所属的"提取盈余公积"、"应付利润"明细账户的贷方转入"利润分配"账户及其所属的"未分配利润"明细账户的借方。在尚有未分配利润的情况下，结转后，除"未分配利润"明细账户外，"利润分配"账户所属的其他明细账户无余额。

"盈余公积"账户核算和监督企业的法定盈余公积金的提取、使用和结余情况，属于所有者权益类账户。其贷方反映从利润中提取的盈余公积数；借方反映盈余公积的支出数；期末余额在贷方，反映盈余公积的实际结存数。该账户按"法定盈余公积"设置明细账户，进行明细分类核算。

"应付利润"账户核算和监督企业向投资人分配和实际支付利润情况，属于负债类账户。其贷方反映企业根据利润分配方案应分配给投资人的利润数；借方反映实际支付给投资人的利润数；期末余额一般在贷方，反映企业尚未支付给投资人的利润数。该账户按企业投资人的名称（姓名）设置明细账户，进行明细分类核算。

［例4-38］ 某企业当年实现净利润280 000元，按规定从净利润中提取10%作为法定盈余公积金。

这笔经济业务使盈余公积增加280 000×10%=28 000元，同时利润分配增加28 000元。应作如下会计分录：

借：利润分配——提取盈余公积　　　　　　　28 000
　　贷：盈余公积——法定盈余公积　　　　　　　　　28 000

［例4-39］ 该企业按规定从税后净利润中向投资人分配200 000元。

这笔经济业务使应付利润增加200 000元，利润分配增加200 000元。应作如下会计分录：

借：利润分配——应付利润　　　　　　　　200 000
　　贷：应付利润　　　　　　　　　　　　　　　　200 000

［例4-40］ 该企业将全年实现的净利润280 000元，转入"利润分配"账户。

这笔经济业务是结转全年实现的利润，并结平"本年利润"账户。应作如下会计分录：

借：本年利润　　　　　　　　　　　　　　280 000
　　贷：利润分配——未分配利润　　　　　　　　　280 000

［例4-41］ 结算该企业当年未分配利润，将"利润分配"账户所属明细账户的数额，均转入"利润分配——未分配利润"账户内。

这笔经济业务是结转利润分配的有关数额，并最终结算出本年未分配利润。应作如下会计分录：

借：利润分配——未分配利润　　　　　　　　　　　　228 000
　　贷：利润分配——提取盈余公积　　　　　　　　　　28 000
　　　　　　　　——应付利润　　　　　　　　　　　　200 000

将上述四笔经济业务登记入账后，通过结算"利润分配——未分配利润"账户，可以计算出本年未分配利润为 280 000－28 000－200 000＝52 000 元。本年未分配利润加上年初未分配利润，即为截止本年末累计未分配利润的数额。

自学指导

学习目的和要求

通过本章的学习，要求掌握农业企业筹资业务、采购业务、生产业务、销售业务、对外投资业务、营业外收支、利润和利润分配等基本经济业务核算的内容和基本方法；并在此基础上进一步领会借贷记账法的基本理论，理解有关账户核算的内容和借方、贷方发生额及期末余额的含义，掌握会计的基本理论和方法在企业会计核算中的具体应用。

内容提要

一、资金筹措业务的核算

筹集一定数量的资金是企业进行生产经营活动的首要条件。企业可以从两个方面来筹措资金：一是吸收投资人投入的资本金；二是向债权人借入资金。

（一）投入资本的核算

资本金是指企业投资人投入企业的资金，是所有者权益的组成部分。企业资本金按投资主体不同，分为国家资本金、法人资本金、个人资本金和外商资本金。企业在向工商行政管理部门办理注册登记时，必须明确投入资本的总额。在投资人投入资本达到法定标准并依法办理验资手续后，由工商行政管理部门签发营业执照。在营业执照上载明的投资人出资总额，叫注册资本。

企业按投资协议规定实际收到的各投资人的投入资本，叫实收资本。在收到投资人全部投资后，实收资本总额等于注册资本。在企业持续经营期间，如果实收资本总额发生变动，超过或低于注册资本的一定比例，应及时向工商行政管理部门办理变更登记手续。

为保证生产经营活动的正常进行和维持企业的持续经营能力，投资人对投入企业的资本金除依法转让或减资外，不得随意抽回。

投入企业的资本金，可以是现金资产，也可以是建筑物、机器设备和材料等实物资产，还可以是土地使用权、专利权等无形资产。企业吸收的资本金通过"实收资本"账户进行核算。企业实际收到投资人投入资本时，借记有关资产类账户，贷记"实收资本"账户。

（二）借入资金的核算

借入资金主要是指企业向商业银行等金融机构借款，或通过证券市场发行企业债券而直接融资。企业借入资金一般须按约定的期限及时偿还，并支付利息。此外，企业在生产经营过程中发生的应付及暂收款项，如应付账款、应交税金、其他应付款等，可视同借入资金，参与企业的资金周转，一般不须支付利息，但应及时结算。

短期借款是指偿还期在一年以内（含一年）或超过一年的一个营业周期内（含一个营业周

期)的借款。企业借入短期借款通过"短期借款"账户进行核算。借款时，借记"银行存款"账户，贷记"短期借款"账户；归还借款时，借记"短期借款"账户，贷记"银行存款"账户。短期借款账户只核算短期借款的本金，不核算短期借款的利息。短期借款的利息可以按期预提或于实际支付时记入"财务费用"账户。

长期借款是指偿还期在一年以上或超过一年的一个营业周期以上的借款。长期借款的借入、计息及还本付息情况通过"长期借款"账户进行核算。与"短期借款"账户不同的是，该账户不仅反映借款的借入和归还，而且反映借款利息的预提和支付。

如果企业借入长期借款是为了购建固定资产，则固定资产交付使用前的利息费用，应计入"在建工程"账户，固定资产交付使用后的利息费用应计入"财务费用"账户。

二、采购业务的核算

农业企业的采购业务分为材料采购业务和固定资产采购业务，其中材料采购业务包括农用材料、包装物和低值易耗品的采购。

(一)材料采购业务的核算

材料是指企业在生产经营过程中直接或间接为生产耗用而准备的各种物资。以制造业为主的企业从市场上采购的材料主要包括原材料及主要辅助材料、包装物和低值易耗品，各种包装材料、修理用配件等。企业在采购材料过程中，用货币资金购买各种材料，形成生产储备，企业资金由货币形态转化为实物形态。

为了核算和监督企业的各种材料的采购、验收入库以及付款等情况，应设置"在途物资"、"原材料"、"低值易耗品"、"应付账款"、"预付账款"等账户。

企业采购的材料已验收入库，且款项已经支付，应借记有关材料账户，贷记"银行存款"账户；如货款已支付，但材料未运到，可根据发票借记"在途物资"账户，贷记"银行存款"账户；如材料已运到，但货款未付，则借记有关材料账户，贷记"应付账款"账户；如预先支付货款，应通过"预付账款"账户进行货款结算。

(二)固定资产购入业务的核算

固定资产是指使用年限在一年以上，单位价值在规定标准以上，并在使用过程中保持原来物质形态的资产，如房屋及建筑物、机器设备、工具器具等。对不属于生产经营的主要设备，而单位价值在2 000元以上，并且使用期限超过2年的，也应作为固定资产进行核算和管理。与流动资产相比，固定资产具有下列特点：(1)使用时间较长。在企业生产经营过程中可以使用较长时间，但由于科技进步和自然因素的作用，在使用过程中固定资产的价值会逐渐损耗。固定资产的这一特点决定了它一般采用按期计提折旧并计入成本费用的方式来实现价值补偿；(2)单位价值较高。在我国的财务制度中，规定了固定资产的单位价值标准。固定资产的这一特点是会计核算的重要性原则的体现。

固定资产的计价方法一般有四种：(1)原始价值；(2)净值；(3)重置价值；(4)公允价值。

为核算和监督企业在固定资产增减变化和结存情况，一般需设置"在建工程"账户和"固定资产"账户。企业购入不需要安装的固定资产，借记"固定资产"账户，贷记"银行存款"、"应付账款"等账户；购入需要安装的固定资产，先借记"在建工程"账户，贷记"银行存款"等账户，待固定资产交付使用后，再借记"固定资产"账户，贷记"在建工程"账户。

三、生产业务的核算

企业生产产品的过程就是一个材料、劳动力、固定资产等生产要素消耗的过程，而其最终的成果就是产成品。生产业务的核算一般包括要素费用的核算、预提费用和待摊费用的核算、制造费用的核算和产品成本的计算等内容。

为了进行生产业务的核算,企业应设置"生产成本"、"制造费用"、"累计折旧"、"待摊费用"、"预提费用"、"库存商品"、"应付职工薪酬"等账户。

(一)要素费用的核算

要素费用是指企业在生产经营过程中由于各项生产要素的消耗而形成的费用,包括材料费用、工资费用、福利费用、折旧费用等。

企业在生产经营过程中消耗的材料应根据其用途并按实际成本计入有关成本费用。为生产产品而发生的材料费用应直接计入产品生产成本;车间(分厂)为组织和管理生产而发生的材料费用应作为间接生产成本,计入制造费用;企业行政管理部门发生的材料费用计入管理费用;产品销售部门及在产品销售环节发生的材料费用计入销售费用。会计人员一般定期对领料单按领用的部门和用途进行汇总,编制材料费用分配表,并据以编制记账凭证分配材料费用。如果领用的材料同时用于两种或两种以上产品生产时,则应选择合理的分配标准,如材料消耗定额、工时等,将消耗的材料成本在各种产品之间进行分配,计入它们的生产成本。

企业一般按月计算并支付给职工劳动报酬,即工资。工资费用应按职工的工作性质进行分配,生产人员的工资费用应直接计入生产成本;车间(分厂)管理人员的工资费用作为间接生产成本,计入制造费用;企业行政管理人员的工资费用计入管理费用;销售人员的工资费用计入销售费用。会计人员月末根据工资结算汇总表,编制工资费用分配表,并据以编制记账凭证分配本月的工资费用。如果车间(或分厂)生产两种或两种以上产品,应按照一定的分配标准,如产品产量、工时等,将其生产工人工资分配计入产品生产成本。

企业的职工福利费以职工工资总额的一定比例按月计提,主要用于职工困难补助、医药费报销等福利方面的开支。职工福利费用的分配与工资费用的分配基本相同。会计人员在分配本月工资费用后,可编制职工福利费分配表,并据以进行职工福利费的核算。

固定资产在使用过程中由于损耗而转移到生产经营成本(或费用)中去的那部分价值称为折旧。固定资产折旧的方法,一般采用使用年限法。使用年限法,是指把固定资产的价值在它的使用期间内平均分摊计入各会计期间生产经营成本(或费用)的折旧方法。在会计实务中,按月计提固定资产折旧一般是先确定固定资产月折旧率,然后根据固定资产原值乘以月折旧率来计算。固定资产折旧率按其计算对象的范围,可分为个别折旧率、分类折旧率和综合折旧率三种。计提固定资产折旧一般借记有关成本费用账户,贷记"累计折旧"账户。

(二)待摊费用和预提费用的核算

在实际工作中,由于成本费用发生的时间与付出现金的时间往往不一致,根据权责发生制原则的要求,企业应设置"待摊费用"和"预提费用"账户来正确计算一定会计期间的成本费用。

待摊费用是指企业已经支出但应由本期和以后各期分摊,且分摊期在一年以内的费用,如低值易耗品摊销、固定资产修理费摊销等。预提费用是指企业预先提取计入各期成本费用,但尚未实际支出的各项费用,如预提水电费用等。实际上,对于有些需要跨期摊配的费用既可以"待摊"也可以"预提"。如固定资产修理费,可以于修理支出发生后,再按期摊销;也可以先预计下次修理的时间和可能发生的支出按期预提,实际发生修理支出时再冲销预提费用。

低值易耗品是指单位价值在规定限额以下,或使用寿命不满一年,不能作为固定资产核算的各种用具、物品。低值易耗品领用时,可以通过摊销的方式将其价值摊入成本费用。低值易耗品摊销的方法主要包括一次摊销法和分期摊销法。

企业从银行借入的短期借款,通常于每季度末向银行支付利息,而利息费用却是在一个季度内各月发生的。因此,根据利息大小,可以于各月末先预提当月的利息费用,并计入财务费用;实际支付利息时,再冲销应付利息。

(三)制造费用分配的核算

制造费用是指企业内部的各个生产经营单位(分厂、车间)为组织和管理生产所发生的各种间接生产成本,一般包括:固定资产折旧费、工资及福利费、修理费、机物料消耗、低值易耗品摊销、劳动保护费、水电费、办公费等。

在生产单位只生产一种产品时,制造费用可直接记入"生产成本"账户及其所属的明细分类账户;当生产单位生产两种或两种以上的产品时,日常发生的制造费用应先在"制造费用"账户借方汇集,期末再选择合理的分配标准将汇集的制造费用分配记入各种产品的生产成本。制造费用一般可以按生产工时、产品产量或生产工人工资的比例等进行分配。

四、销售业务的核算

企业的销售业务分为主营业务和其他业务(附营业务)。生产企业的主营业务是指企业主产品的销售,其他业务是指副产品销售、材料销售、固定资产出租、无形资产转让等。

(一)主营业务收入的核算

主营业务收入是指企业在一定期间内由于销售主产品所获得的收入。确认营业收入实现的标志主要有两个:一是产品已经发出,产品的所有权和风险已经转移;二是货款已经取得或已取得索取货款的有效凭证。在实际工作中,由于营业收入结算的具体方式不同,使确认营业收入实现的具体标准也有所不同,一般有以下几种情况:(1)在预收货款方式下,在企业发出产品后,确认销售收入的实现;(2)在交款提货方式下,当企业已收到货款,发票(提货单)已交付客户时,确认营业收入的实现;(3)在先销货,后收款方式下,当企业已发出产品,并收到有效索取货款凭证时,确认营业收入的实现。

为了核算和监督企业在产品销售过程中取得的收入及款项结算,应设置"主营业务收入"、"应收账款"、"预收账款"等账户。如果产品销售出去,款项也已收到,借记"银行存款"等账户,贷记"主营业务收入"账户;如果产品已销售,但款项尚未收到,借记"应收账款"账户,贷记"主营业务收入"账户;如果预收了销货款,应通过"预收账款"账户进行货款的结算。

(二)主营业务成本的核算

主营业务成本是指企业在一定会计期间内已销售的主要产品的生产成本。为核算和监督企业主营业务成本的发生和结转情况,应设置"主营业务成本"账户。结转产品销售成本时,借记"主营业务成本"账户,贷记"库存商品"账户。

(三)销售费用的核算

销售费用是指企业在销售主产品过程中发生的各项费用,如销售人员工资及福利费、广告费、运杂费、销售佣金等。为核算和监督企业主营业务销售费用的发生和结转情况,应设置"销售费用"账户。企业发生了有关销售费用时,应借记"销售费用"账户,贷记"银行存款"等有关账户。

(四)营业税金及附加的核算

企业生产经营过程中,按照国家税法规定应缴纳营业税、消费税、城乡维护建设税等税金和教育费附加。为反映营业税金及附加的计算和缴纳情况,应设置"营业税金及附加"和"应交税费"账户。期末结算出本月应交销售税金及附加时,借记"营业税金及附加"账户,贷记"应交税费"等账户。

(五) 其他销售业务的核算

主营业务以外的其他销售业务包括副产品销售、材料销售、固定资产和包装物出租、无形资产转让、附营的运输业务等。这些业务的发生,也会给企业带来收入,同时也会发生有关成本、费用及税金支出。为了核算和监督其他销售业务的发生和结转情况,应设置"其他业务收入"和"其他业务成本"账户。企业取得其他业务收入,借记有关资产类账户,贷记"其他业务收入"账户;发生了有关其他业务的成本费用和税金时,借记"其他业务成本"账户,贷记"银行存款"、"应交税金"等账户。

(六) 期间费用的核算

期间费用是指企业在生产经营过程中发生的与产品生产没有直接联系,但属于某一期间耗用的费用。如管理费用、财务费用、销售费用等。这些费用能够确定发生的期间和归属期间,但不能确定其归属的成本计算对象,所以,期间费用不计入产品成本,应直接计入当期损益。管理费用是指企业行政管理部门为组织和管理生产经营活动而发生的费用,包括公司经费、工会经费、职工教育经费、劳动保险费、董事会费、咨询费、诉讼费、绿化费、坏账损失、无形资产摊销费、业务招待费等。财务费用是指企业为筹集资金而发生的各项费用,包括企业生产经营期间发生的利息支出、银行收取的手续费等。

为了核算和监督企业管理费用和财务费用的发生和结转情况,应设置"管理费用"和"财务费用"账户。企业发生了管理费用(财务费用),应借记"管理费用"("财务费用"),贷记"银行存款"、"应付职工薪酬"等账户。

五、对外投资业务的核算

对外投资是指企业为了获取投资收益,或者为了达到其他特定目的而向其他单位进行的投资。企业对外投资可采用购买股票、债券等有价证券的形式,也可用货币资金、实物、无形资产等直接对其他单位进行投资。

企业对外投资主要有交易性金融资产、持有至到期投资和长期股权投资。交易性金融资产是指能够随时变现,并且持有时间不准备超过一年的投资。企业对外进行交易性金融资产一般采用公允价值核算,其目的主要是利用暂时闲置的资金获取一定的投资收益;长期股权投资是指不准备在一年内变现的投资。企业进行长期投资的目的比较复杂,比如扩大产品销售市场、保证原材料的稳定供应、控制上下游企业、分散经营风险、获取投资收益等。

为了核算和监督企业对外投资、获取投资收益和收回投资的情况,应设置"交易性金融资产"、"长期股权投资"和"投资收益"等账户。

交易性金融资产采用公允价值核算,企业取得交易性金融资产,按其公允价值作为入账价值,借记本账户(成本),按发生的交易费用,借记"投资收益"账户,按已到付息期但尚未领取的利息或已宣告但尚未发放的现金股利,借记"应收利息"或"应收股利"账户,按实际支付的金额,贷记"银行存款"等账户。

交易性金融资产持有期间被投资单位宣告发放的现金股利,或在资产负债表日按分期付息、一次还本债券投资的票面利率计算的利息,借记"应收股利"或"应收利息"账户,贷记"投资收益"账户。资产负债表日,交易性金融资产的公允价值高于其账面余额的差额,借记本账户(公允价值变动),贷记"公允价值变动损益"账户;公允价值低于其账面余额的差额作相反的会计分录。

出售交易性金融资产,应按实际收到的金额,借记"银行存款"等账户,按该金融资产的账面余额,贷记本账户,按其差额,贷记或借记"投资收益"账户。同时,将原计入该金融资产的公允价值变动转出,借记或贷记"公允价值变动损益"账户,贷记或借记"投资收益"账户。

六、营业外收支的核算

营业外收入是指与企业生产经营活动无直接关系的各项收入,主要包括:固定资产盘盈收入,固定资产清理净收入,其他单位因不履行合同等原因支付给本企业的赔偿金、违约金,因债权人变更登记或已解散、死亡等原因而无法支付的应付款项等。

企业发生营业外收入应通过"营业外收入"账户进行核算企业取得有关营业外收入时,借记有关账户,贷记"营业外收入"账户。

营业外支出是指与企业生产经营活动无直接关系的各项支出,主要包括:固定资产盘亏、报废、毁损和出售的净损失,非季节性和非大修理期间的停工损失,由于本企业未履行合同等原因支付给其他单位和个人的赔偿金、违约金,由于不可抗力的作用所导致的财产损失,公益救济性的捐赠等。

企业发生营业外支出应通过"营业外支出"账户进行核算。企业发生了有关营业外支出,应借记"营业外支出"账户,贷记有关账户。

七、利润及其分配的核算

利润是企业在一定时期内获得的财务成果,是企业收入扣除有关费用支出后的净额。企业的利润可以按照下列公式计算:

主营业务利润＝主营业务收入－主营业务成本－营业税金及附加

其他业务利润＝其他业务收入－其他业务成本

营业利润＝主营业务利润＋其他业务利润－管理费用－财务费用－销售费用－资产减值损失＋公允价值变动损益

利润总额＝营业利润＋投资净收益＋营业外收支净额

净利润＝利润总额－所得税费用

为了核算和监督企业本年度所得税费用的发生和净利润(或亏损)的实现情况,应设置"所得税费用"和"本年利润"账户。企业在本期如有应纳税所得额,则必须按照所得税法的规定计算缴纳企业所得税。缴纳所得税可以看成是企业获取净利润必须支付的代价,因此也必须作为费用计入当期损益。企业期末计算出应交所得税后,借记"所得税费用"账户,贷记"应交税费"账户。

为结算本期利润,企业应在期末将本期实现的各项收入,从收入类账户的借方转入"本年利润"账户的贷方;将本期发生的各项费用支出,从费用支出类账户的贷方转入"本年利润"账户的借方。

企业利润分配是指将企业实现的净利润,按照国家有关政策和企业章程在企业和投资人之间进行分配。为了规范各行业、各企业的利润分配,《公司法》和《企业财务通则》对利润分配的顺序作了统一的规定。其顺序如下:(1) 支付被没收的财物损失,违反税法规定支付的滞纳金和罚款;(2) 弥补企业以前年度的亏损;(3) 提取盈余公积;(4) 向投资者分配利润。未分配利润可作为所有者权益的组成部分转入下一年度。

为了核算和监督企业的利润分配(或亏损弥补)情况,应设置"利润分配"、"盈余公积"和"应付利润"等账户。在进行利润分配过程中,提取盈余公积时,借记"利润分配——提取盈余公积"账户,贷记"盈余公积"账户;向投资人分配利润时,借记"利润分配——应付利润"账户,贷记"应付利润"账户。期末应将"本年利润"账户借贷方的差额转入"利润分配——未分配利润"账户;将利润分配其他各明细分类账户的借贷方差额也转入"利润分配——未分配利润"账户。最后,结出"利润分配——未分配利润"账户的期末余额,即为期末累计未分配利润。

复习思考题

1. 什么叫注册资本?什么叫实收资本?它们之间的联系和区别是什么?
2. 什么是固定资产?简述固定资产的计价方法。
3. 采用平均年限法计提固定资产折旧应考虑哪些因素?
4. 简述要素费用、制造费用、期间费用的概念。
5. 什么叫短期借款?什么叫长期借款?短期借款和长期借款利息支出的处理有什么不同?
6. 营业收入确认的主要标志是什么?
7. 什么是企业利润?如何计算企业的利润?
8. 按照《企业财务通则》的规定,企业利润应按什么顺序进行分配?

练习题

(一) 目的:练习企业基本经济业务的核算
(二) 资料:某企业为一般纳税人,增值税税率为17%,2011年8月发生如下经济业务:

1. 收到国家投入的资本 100 000 元,某公司投入的资本 200 000 元,某外商投入的资本 500 000 元,共计 800 000 元。款项全部存入开户银行。
2. 收到某企业作为资本投入的不需要安装的全新设备一台,该设备价值为 80 000 元。设备已运抵企业,并交付使用。
3. 向银行借入短期借款 200 000 元。
4. 用银行存款归还三个月前借入的银行短期借款本息。该借款本金 100 000 元,利率为 6%(利息费用已按月预提)。
5. 从某厂购入 A 材料 5 吨,单价 3 000 元,增值税 2 550 元,款项用银行存款支付。A 材料已运抵入库。
6. 从某公司购入 B 材料 1 000 千克,单价 4.8 元,款项暂欠,种子已运回并验收入库。
7. 购入加工机器一台(需要安装),价款 12 000 元,增值税 2 040 元,用银行存款支付。另用现金支付运杂费 200 元,安装费 150 元。
8. 生产部门领用 A 材料 1 吨,单价 3 000 元,C 材料 20 千克,单价 5 元,用于甲产品生产。
9. 结算本月应付工资 86 000 元,其中生产甲产品工人工资 50 000 元,生产乙产品工人工资 20 000元,分厂管理人员工资 6 000 元,行政管理人员工资 10 000 元。并按工资总额的 14%计提本月职工福利费。
10. 用银行存款支付行政管理部门办公费 600 元,以现金支付业务招待费 500 元。
11. 本月某产品入库 500 千克,总成本 20 000 元。
12. 向某厂销售甲产品 50 吨,单价 1 200 元,货款已存入银行。该批甲产品的生产总成本为 50 000元。
13. 用现金支付销售产品的运杂费 800 元。
14. 按规定计算本月应交营业税 5 000 元,尚未缴纳。
15. 收到某公司用现金支付的违约金 200 元。
16. 在证券市场上购买某上市公司股票 10 000 股,每股 4.35 元,税费 174 元,一并以银行存款支付。(企业打算短期持有)

17. 以银行存款支付 100 000 元,在某企业债券发行日购入面值为 100 000 元,三年期,年利率为 6.5% 的企业债券。(企业打算短期持有)
18. 企业行政管理部门领用低值易耗品一批,价值为 3 000 元,按 3 个月分期摊销。
19. 经计算,本月应交纳所得税 8 500 元。
20. 按规定提取法定盈余公积 34 000 元。

(三)要求:根据上述经济业务编制会计分录。

第五章 成本计算

第一节 成本计算的意义和程序

一、成本计算的意义

企业在生产经营过程中,为取得收入要发生各种人力、物力和财力的耗费,这些耗费的货币表现称为费用。一定会计期间内发生的,按照权责发生制原则进行归集的费用是反映企业一定时期内发生的全部耗费。按照一定的对象进行归集、分配的各项费用,称为该对象的成本。它是按成本计算对象并以配比原则进行归集的,是反映各成本计算对象应负担的费用。因此,费用是计算成本的基础,成本是由费用构成的,是对象化的费用。

成本计算,就是将企业在生产经营过程各阶段所发生的各项费用,按照一定的对象和标准进行归集、分配,从而计算出各该对象的总成本和单位成本的一种方法。例如,采购过程中要计算材料采购成本,生产过程中要计算产品制造成本等。成本计算是会计核算的一种专门方法,它对于评价企业成本计划的执行情况、分析成本升降的原因以及有效地监督和控制生产经营过程中的各项费用支出,不断地改善经营管理,提高经济效益具有重要意义。

二、成本计算的一般程序

尽管各单位因生产经营的特点和管理的要求不同,采用的成本计算方法有所差别,但成本计算的一般程序是基本相同的,主要包括:

(一)正确确定成本计算对象,并据以开设成本明细账户

成本计算对象是指归集费用的对象,即发生的各项耗费由谁来承担。确定成本计算对象是进行成本核算的前提。例如,在采购过程中的成本计算对象是所采购的各种材料,即应当以材料的品种或类别作为成本计算对象,归集和分配采购过程中发生的各项费用,计算各种材料的采购成本;在生产过程中的成本计算对象是所生产的各种产品,即应当以产品的品种或类别作为成本计算对象,归集和分配生产该产品过程中发生的各项费用。正确确定成本计算对象必须遵循"分清主次、区别对待、主要从细、一般从简"的原则,对需要提供详细成本资料的,应单独作为成本计算对象,并据以开设成本明细账户进行核算,以便及时提供按成本项目反映的总成本和单位成本。对不需要提供详细成本资料的,可合并作为一个成本计算对象,开设成本明细账户,以简化核算。

(二)正确确定成本计算期

成本计算期是指间隔多长时间计算一次成本。成本计算对象应负担的成本是在生产经营过程中逐步累积而形成的,从理论上讲,产品完工之时就是成本计算之日,但由于企业的生产经营过程是不间断的,产品生产是循环往复交叉进行的,所以,产品计算期的确定还应考虑企业生产技术和生产组织的特点。为了及时提供成本资料,定期考核经营成果,在连续、大量生产某种产品的情况下,必须定期进行计算。这时,成本计算期应与会计报告期相一致,即按月

计算成本;而在单件、分批采购某种材料或生产某种产品的情况下,成本计算期应与材料采购周期、产品生产周期相一致,即在采购过程结束或产品生产全部完工、验收入库时计算成本。

(三)按成本项目正确归集和分配各项费用

成本项目是计入成本的费用按其经济用途进行的分类,它反映了成本的构成内容。例如,采购成本可开设"买价"、"外地运杂费"、"入库前挑选整理费"等成本项目。制造成本可设"直接材料费"、"直接人工费"、"其他直接费"、"制造费用"等成本项目。

正确归集和分配各项费用必须:(1)划清计入成本的费用和期间费用的界限。如管理费用、财务费用、产品销售费用属于"期间费用"不能计入成本;(2)划清应计入本期成本和应计入以后各期成本的费用界限。如低值易耗品摊销,应通过"待摊费用"账户分期摊销;(3)划清直接费用和间接费用的界限。直接费用直接计入成本,间接费用如采购几种材料发生的运费、基本生产车间发生的制造费用等应按受益原则选择合理的标准分配计入成本;(4)划清完工产品成本和在产品成本的界限。如期末存在在产品,应将成本明细账户中归集的全部成本采用一定的方法,在完工产品和在产品之间进行分配,从而计算出完工产品应负担的成本。

(四)编制成本计算表

成本计算是通过编制成本计算表完成的。日常核算中按成本计算对象设置并对发生的各项费用按成本项目登记成本明细账户,为编制成本计算表提供资料。"材料采购成本计算表"是提供验收入库的材料成本的依据;"产品制造成本计算表"是结转完工验收入库产品成本的依据(参阅本章第二节)。

第二节 企业的成本计算

企业生产经营过程中的成本计算,主要是指计算供应过程中的材料采购成本和生产过程中的产品制造成本。

一、材料采购成本的计算

材料采购成本是指企业在采购材料过程中所发生的实际支出,包括买价和附属成本两个部分。买价是指在购货发票上注明的采购金额。采购附属成本是指在采购材料过程中发生的除买价以外的其他支出,包括运输费、装卸费、保险费、仓储费、运输途中的合理损耗、入库前的挑选整理费用以及应负担的税金等。为简化核算,采购人员的差旅费、零星的市内运杂费以及材料在验收、保管、收发过程中所发生的各项费用可不列入材料采购成本,直接在管理费用中列支。

材料采购成本的计算,就是把企业在每批材料采购过程中支付的材料买价和附属成本,按材料的类别、品种和规格等加以归集,分别计算出它们的采购总成本和单位成本。各种材料的买价一般可根据购货发票直接确认。至于附属成本,凡能够分清应由某种材料负担的,直接计入该种材料的采购成本;凡不能分清的共同性费用,应按照一定的标准(如材料的买价、重量、体积等)分摊计入该批购入的各种材料的采购成本。

在进行附属成本中共同性费用的分配时,首先应合理确定分配标准,然后计算共同性费用分配率,最后计算出各种材料应负担的共同性费用。如选定的分配标准是材料的重量,则共同性费用分配的计算公式如下:

$$\text{共同性费用分配率} = \frac{\text{共同性费用总额}}{\text{购入的各种材料的重量之和}} \times 100\%$$

$$\text{某材料应负担的共同性费用} = \text{该种材料的重量} \times \text{共同性费用分配率}$$

[例 5-1] 某企业从外地购入甲材料和乙材料,有关资料如表 5-1 所示。

表 5-1 材料采购成本构成情况

材料名称	重量(千克)	单价(元/千克)	买价(元)	外地运杂费
甲材料	60 000	2	120 000	4 000
乙材料	40 000	3	120 000	
合 计	100 000	—	240 000	4 000

根据上述资料,买价可分别直接计入甲材料和乙材料的采购成本;但外地运杂费则需采用一定的标准,分配计入甲材料和乙材料的采购成本。

1. 选择分配标准:两种外购材料的重量
2. 计算外地运杂费的分配率:$4\,000 \div (60\,000 + 40\,000) = 0.04$
3. 计算两种外购材料的分配额:

甲材料应分配的外地运杂费 $= 60\,000 \times 0.04 = 2\,400$(元)

乙材料应分配的外地运杂费 $= 40\,000 \times 0.04 = 1\,600$(元)

据此,可编制两种材料的采购成本计算表如表 5-2 所示。

表 5-2 材料采购成本计算表

成本项目	合计	甲材料			乙材料		
		重量	单位成本	总成本	重量	单位成本	总成本
买价	240 000	60 000	2	120 000	40 000	3	120 000
运杂费	4 000		0.04	2 400		0.04	1 600
材料采购成本	244 000	—	2.04	122 400	—	3.04	121 600

二、产品生产成本的计算

产品成本是指为生产一定种类和数量的产品而发生的各种成本,也称产品制造成本。为加强产品成本的核算和管理,首先应正确确定成本计算对象(如产品品种),并据以开设产品生产成本明细账户;然后将本期发生的各项直接生产成本,直接归集到成本计算对象明细账户的有关成本项目中;将各项间接生产成本先在"制造费用"账户归集,期末按照一定的分配标准,分配转入有关成本计算对象明细账户的"制造费用"成本项目中;最后待产品产出,将应由完工产品负担的成本,从"生产成本"账户及其所属的明细账户转入"库存商品"账户。

企业应设置"生产成本"账户,并按确定的成本计算对象分别设置生产成本明细账户,进行明细分类核算。生产成本明细分类账户一般在借方按成本项目设置直接材料费用、直接工资费用、其他直接费用和制造费用等专栏。当发生直接生产费用时,借记"生产成本——××产品"账户,贷记"原材料"、"应付职工薪酬"等账户;当发生应计入成本的间接费用时,借记"制造费用"账户,贷记"累计折旧"、"应付职工薪酬"等有关账户;将汇集的制造费用分配转入各成本明细账户时,借记"生产成本——××产品",贷记"制造费用"账户;当产品产出,经验收入库结转完工产品成本时,借记"库存商品——××产品"账户,贷记"生产成本——××产品"账户。

完工产品成本的计算包括完工产品总成本和单位成本的计算,在实际工作中,一般是通过编制"产品成本计算表"来完成的。"产品成本计算表"是结转完工产品成本的依据。

[例5-2]沿用[例4-12]、[例4-13]、[例4-14]和[例4-20]的资料,编制该企业7月产品成本计算表如表5-3所示。

表5-3 产品成本计算表

项 目	A产品	B产品	合 计
直接材料费用	54 000.00	18 000.00	72 000.00
直接工资费用	15 000.00	12 000.00	27 000.00
其他直接费用	2 100.00	1 680.00	3 780.00
制造费用	9 320.00	6 150.00	15 470.00
生产成本合计	80 420.00	37 830.00	118 250.00
减:副产品价值	2 420.00		2 420.00
主产品总成本	78 000.00	37 830.00	115 830.00
主产品总产量(千克)	78 000	尚未完工	—
主产品单位(千克)成本	1.00	—	—

根据"产品成本计算表"和入库单,作如下会计分录:
借:库存商品——A1产品　　　　　　　　78 000
　　　　　——A2产品　　　　　　　　 2 420
　贷:生产成本——A产品　　　　　　　　　　　　　 80 240

自学指导

学习目的和要求

通过本章的学习,要求掌握费用和成本的联系和区别,了解成本计算的意义和一般程序以及农业企业成本计算的基本方法。

内容提要

一、成本计算的意义和一般程序

企业在生产经营过程中,为取得收入要发生各种人力、物力和财力的耗费,这些耗费的货币表现称为费用。一定会计期间内发生的按照权责发生制原则进行归集的费用,是反映企业一定时期内发生的全部耗费。按照一定的对象进行归集、分配的各项费用,称为该对象的成本。它是按成本计算对象并以配比原则进行归集的,是反映各成本计算对象应负担费用。因此,费用是计算成本的基础,成本是由费用构成的,是对象化的费用。

成本计算就是将企业在生产经营过程各阶段所发生的各项费用,按照一定的对象和标准进行归集、分配,从而计算出各该对象的总成本和单位成本的一种方法。

成本计算的一般程序是:正确确定成本计算对象,并据以开设成本明细账户;正确确定成本计算期；按成本项目正确归集和分配各项费用；编制成本计算表。

材料采购成本是指企业在采购材料过程中所发生的实际支出，包括买价和附属成本两个部分。材料采购成本的计算，就是把企业在每批材料采购过程中支付的材料买价和附属成本，按材料的类别、品种和规格等加以归集，分别计算出它们的采购总成本和单位成本。各种材料的买价一般可根据购货发票直接确认。至于附属成本，凡能够分清应由某种材料负担的，直接计入该种材料的采购成本；凡不能分清的共同性费用，应按照一定的标准（如材料的买价、重量、体积等）分摊计入该批购入的各种材料的采购成本。

产品成本是指为生产一定种类和数量的产品而发生的各种成本，也称产品制造成本。为加强产品成本的核算和管理，首先应正确确定成本计算对象（如产品品种），并据以开设产品生产成本明细账户；然后将本期发生的各项直接生产成本，直接归集到成本计算对象明细账户的有关成本项目中；将各项间接生产成本先在"制造费用"账户归集，期末按照一定的分配标准，分配转入有关成本计算对象明细账户的"制造费用"成本项目中；最后待产品产出，将应由完工产品负担的成本，从"生产成本"账户及其所属的明细账户转入"库存商品"账户。

企业应设置"生产成本"账户，并按确定的成本计算对象，分别设置生产成本明细账户，进行明细分类核算。生产成本明细分类账户一般在借方按成本项目设置直接材料费用、直接工资费用、其他直接费用和制造费用等专栏。当发生直接生产费用时，借记"生产成本——××产品"账户，贷记"原材料"、"应付职工薪酬"等账户；当发生应计入成本的间接费用时，借记"制造费用"账户，贷记"累计折旧"、"应付职工薪酬"等有关账户；将汇集的制造费用分配转入各成本明细账户时，借记"生产成本——××产品"，贷记"制造费用"账户；当产品产出，经验收入库结转完工产品成本时，借记"库存商品——××产品"账户，贷记"生产成本——××产品"账户。完工产品成本的计算包括完工产品总成本和单位成本的计算，在实际工作中，一般是通过编制"产品成本计算表"来完成的。"产品成本计算表"是结转完工产品成本的依据。

复习思考题

1. 什么是成本计算？费用和成本之间的联系和区别是什么？
2. 成本计算的一般程序是什么？
3. 如何正确确定成本计算对象和成本计算期？
4. 什么是成本项目？正确归集和分配各项费用应划清哪些界限？

练习题

某企业外购甲、乙两种材料，甲材料60吨，买价12 000元；乙材料80吨，买价40 000元，共支付外地运输费260元。要求：计算甲、乙两种材料的采购总成本和单位成本。

第六章　财产清查

第一节　财产清查的意义和种类

一、财产清查的意义

财产清查是指对各项实物资产和库存现金进行实地盘点,确定其实有数以及对银行存款和往来账项进行询证和核对,以查明账实是否相符的一种专门方法。

核算和监督企业以货币表现的经济活动,向有关方面提供真实可靠的会计信息是会计的基本职能。企业的各项实物资产、货币资金、结算款项的增减变动情况是通过账簿的记录和计算完成的,为了保证账簿记录的真实可靠,必须使实有数与账面数保持一致。因此,在加强日常的核算和监督,以保证账簿记录正确的同时,还应定期或不定期进行账实核对,以保证账实相符。在实际工作中,常常会出现账面数与实有数不一致的现象,其中有客观原因,也有主观原因。客观原因主要有:财产物资发生自然损耗或遭受自然灾害;由于计量仪器不准确造成数量上的差异;由于未达账项的存在造成往来款项的不符等。主观原因主要有:在核算过程中,由于漏记、重记、错记或计算错误等造成差错;由于管理不善而发生财物损坏、变质和短缺等。

财产清查不仅在保证会计资料的真实可靠方面发挥重要作用,而且还在保护企业财产的安全完整,维护国家的财经法纪,加强企业经营管理方面起重要作用。

(一)保证会计资料的真实可靠

通过财产清查,可以查明各种财产物资的实有数,并与账面数相核对,以便及时发现账实是否相符,明确账实不符的原因,通过对财产清查结果的处理,保证账实相符。

(二)保护企业财产的安全完整

通过财产清查,可以查明各种财产物资的贮存状况是否良好,有无毁坏、变质、非法挪用、贪污盗窃等现象,及时发现问题,采取相应措施,以保护各项财产物资的安全与完整。

(三)挖掘财产的潜力,加速资金周转

通过财产清查,可以查明各种财产物资的利用状况,对超量储存、积压、不需用到的物资及时提出处理意见,以便得到妥善处理,提高物资利用率,加速资金周转。

(四)保证财经法纪和有关制度的贯彻执行

通过财产清查,可以查明企业在财产物资验收、保管、收发、调拨、报废以及现金出纳、往来款项的收付等方面的规章制度的贯彻执行情况;可以查明有无违反国家信贷政策和长期挪用资金等违反财经法纪的现象,从而发现企业管理上的薄弱环节和存在的问题,促使企业采取措施,进一步完善有关规章制度,并保证财经法纪和有关规章制度的贯彻执行。

二、财产清查的种类

(一)按照财产清查的对象和范围不同,可以分为全面清查和局部清查

1. 全面清查

全面清查是指对企业所有的财产物资、货币资金和往来结算款项进行全面彻底的清查。以某企业为例,全面清查一般包括以下内容:

(1) 固定资产,在建工程,无形资产,农用材料,低值易耗品,库存商品等;
(2) 现金,银行存款,短期借款,长期借款;
(3) 各项结算款项;
(4) 在途材料,在途货币资金,发出商品,委托其他单位加工、保管的材料、商品;
(5) 代其他单位保管的财产物资等。

全面清查范围广、内容多,参加清查的部门人员多。一般来说在以下几种情况下,需进行全面清查。

(1) 年终决算之前,为了确保年终决算会计资料真实、正确,需进行一次全面清查;
(2) 单位兼并、撤消或改变隶属关系;
(3) 中外合资、国内联营;
(4) 开展清产核资;
(5) 单位主要负责人调离工作岗位。

2. 局部清查

局部清查是指对一部分财产物资、货币资金、往来结算款项进行清查。局部清查范围小、内容少,涉及的人员也少,但专业性较强。局部清查一般包括以下内容:

(1) 出纳人员在每日业务结束时,应对现金加以清点,做到日清月结;
(2) 对于与金融机构有关的经济业务,应由会计人员每月同金融机构核对一次,如银行存款、短期借款等;
(3) 对于原材料、库存商品等应有计划地定期进行清查,一般每月一次;
(4) 对于往来结算款项,应在年度内至少核对一至两次。

(二) 按照财产清查的时间不同,可以分为定期清查和不定期清查

1. 定期清查

定期清查是指按照预先安排的时间对财产进行清查。一般是在年度、季度或月末结账前进行的财产清查。定期清查可以是全面清查,也可以是局部清查,应根据需要来确定。如每日要清点现金,每月要清点原材料、库存商品等,年度决算前要进行一次全面清查等。

2. 不定期清查

不定期清查是指事先并无计划安排,而是根据实际需要所进行的临时性清查,一般适用于某些特殊事项。如更换仓库保管员时,为了明确责任,在工作交接时,应对其所保管的材料物资进行清查;发生非常损失时,为了查明损失情况,应对受灾损失的有关财产物资进行清查。不定期清查也可以是全面清查,如会计主体发生改变或隶属关系变化时,为了摸清家底,应进行一次全面清查。

第二节 财产清查的方法

一、货币资金的清查

(一) 现金的清查

现金清查的基本方法是实地盘点法。它是将现金的实地盘点数与"现金日记账"余额相核

对,以确定现金账实是否相符的方法。现金的日常清查由出纳员于每日业务结束时,清点现金实有数,并与现金日记账的余额相核对。由专门人员进行现金清查时,可以采用突击盘点法。选择在当日业务开始或结束时,盘点现金实际库存数,再与现金日记账的上日或本日余额相核对。盘点时,为明确经济责任,出纳员必须在场。在盘点的过程中,除了清点库存现金外,还应检查是否存在白条抵库现象,即是否存在未经审批或不具有法律效力的借款凭证;此外还应核查现金库存数是否超过银行规定的限额。盘点后,应根据盘点结果和核对的情况编制"现金盘点报告表",并由负责盘点人员和出纳员签章。"现金盘点报告表"是反映现金实存数的原始凭证,也是查明账实差异的原因和调整账簿记录的依据。其格式如表 6-1 所示。

表 6-1 现金盘点报告表

单位名称:　　　　　　　　　　　　　　年　　月　　日

实存现金	账存现金	对比结果		备注
		盘盈	盘亏	

盘点人(签章):　　　　　　　出纳员(签章):

在盘点现金时,如发现实存现金与账存现金不符,说明现金出现盘盈或盘亏,应及时查明原因;如一时无法查明原因,应先通过"待处理财产损益"账户进行账务调整,使账实保持一致,待查明原因后,再进行转销;如经认真查找,确实无法查明原因,盘盈的现金应转入"营业外收入"账户,盘亏的现金一般应由出纳员赔偿。

[例 6-1] 某企业 6 月 10 日对现金进行盘点,发现现金盘盈(实存现金大于账存现金)100 元,出纳员一时无法查明原因。后经认真查找,为 6 月 8 日出纳员在支付王平预借差旅费款时少付了 100 元。6 月 15 日,将盘盈的 100 元现金支付给王平。

6 月 10 日发现现金盘盈 100 元时,由于一时无法查明原因,应及时进行账务调整。作如下会计分录:

　　借:库存现金　　　　　　　　　　　　　　　　　100
　　　　贷:待处理财产损益——出纳长款　　　　　　　　　　100

6 月 15 日,将盘盈的现金支付给王平时,作如下会计分录:

　　借:待处理财产损益——出纳长款　　　　　　　　100
　　　　贷:库存现金　　　　　　　　　　　　　　　　　　100

本例中,如经认真查找,确实无法查明原因,作如下会计分录:

　　借:待处理财产损益——出纳长款　　　　　　　　100
　　　　贷:营业外收入——出纳长款收入　　　　　　　　　100

[例 6-2] 某企业 9 月 20 日对现金进行盘点,发现现金盘亏(实存现金少于账存现金)100 元,出纳员一时无法查明原因。后经认真查找,为出纳员在支付李华预借差旅费款时多付了 100 元。9 月 25 日,李华退还多付的 100 元现金。

9 月 20 日,发现现金盘亏 100 元后,由于一时无法查明原因,应及时进行账务调整。作如下会计分录：

  借：待处理财产损益——出纳短款   100
    贷：库存现金   100

9月25日，收到李华退还的100元现金时，作如下会计分录：

  借：库存现金   100
    贷：待处理财产损益——出纳短款   100

在本例中，如最后确实无法查明原因，出纳员赔偿盘亏的100元现金时，作相同的会计分录。

（二）银行存款的清查

银行存款清查的基本方法是核对法。它是将企业开户银行的对账单与本企业银行存款日记账的账面余额相核对，以查明账实是否相符的方法。这种核对一般每月一次，在核对时可先核对二者的余额，若相符，则说明一般无错误；若不相符，则应将二者的经济业务进行逐笔核对，以查明原因。除登记账簿出现差错外，一般是由于存在未达账项所引起的。所谓未达账项是指开户银行与本企业之间，对于同一笔款项的收付业务，由于凭证传递时间和记账时间的不一致，发生的一方已登记入账，另一方由于未接到有关凭证而尚未入账的款项。形成未达账项的原因有以下四种情况：

1. 企业取得了收款的有关结算凭证，并已登记入账，但未到银行办理入账手续。
2. 企业开出支票或其他付款凭证，并已登记入账，而银行未接到付款通知，尚未支付或转账；
3. 企业委托银行代收款项或银行付给企业存款利息，银行已登记入账，而企业未接到收款通知，尚未入账；
4. 企业委托银行代付款项或银行直接从企业存款账户扣收贷款本息，银行已登记入账，而企业未接到付款通知，尚未入账。

为了查明企业银行存款的实际金额，必须将银行的对账单与企业的银行存款日记账进行逐笔核对，发现错账应及时更正；对于未达账项则在查明后通过编制"银行存款余额调节表"来进行调节。调节的方法是以双方账面余额为基础，各自分别加上对方已收款入账而己方未入账的数额，减去对方已付款入账而己方未入账的数额。即：

    企业银行存款日记账余额＋银行已收企业未收金额－银行已付企业未付金额
  ＝银行对账单余额＋企业已收银行未收金额－企业已付银行未付金额

现举例说明"银行存款余额调节表"的编制方法。

[例6-3] 某企业2010年10月31日银行存款日记账余额是30 000元，银行对账单余额是35 000元。经逐笔核对后，发现存在下列未达账项：

1. 27日企业开出转账支票金额5 000元，持票人尚未到银行办理入账手续；
2. 30日企业收到10 000元转账支票一张，银行尚未入账；
3. 31日外单位承付的货款12 000元，银行已经收款入账，但企业尚未收到银行收款通知；
4. 31日电信局委托银行代收电话费2 000元，银行已从企业存款账户中划出，但企业尚未收到付款通知。

根据上述查明的情况，编制"银行存款余额调节表"如表6-2所示。

表 6-2 银行存款余额调节表

(企业名称)　　　　　　　　　　2010 年 10 月 31 日　　　　　　　　　　　　单位:元

项　目	金额	项　目	金额
企业银行存款日记账余额	30 000	银行对账单余额	35 000
加:银行已收款入账,企业未入账的金额	12 000	加:企业已收款入账,银行未入账的金额	10 000
⋮		⋮	
减:银行已付款入账,企业未入账的金额	2 000	减:企业已付款入账,银行未入账的金额	5 000
⋮		⋮	
调节后的银行存款日记账余额	40 000	调节后的银行对账单余额	40 000

若调节后的双方余额相等,说明双方账簿记录基本正确。如果调节后的双方余额不等,说明银行或企业的账簿记录有错误,应进一步查明原因,予以更正。

需要说明的是,编制"银行存款余额调节表",并不需要针对未达账项来调整账簿记录。对于银行已经记账而企业尚未入账的未达账项,待以后收到有关凭证后再作账务处理。但对于时差较大的未达账项,应查阅有关凭证和账簿记录,必要时应与开户银行取得联系,查明原因,及时解决。

二、往来款项的清查

对企业应收、应付款项等往来账项清查的基本方法是询证法。它是将本企业与往来单位的有关账目进行查询核对,以查明往来款项是否账实相符的方法。清查时,企业将往来账项登记完整,然后编制"往来款项对账单"寄往或派人送交对方单位进行核对。"往来款项对账单"应写明经济业务发生的时间、发票和有关凭证的编号、数量、单位、金额等内容。"对账单"一式两份,一份由对方留存,一份作为回单由对方单位核对后,盖章退回。如对方发现账目不符,应将不符情况的在回单上注明,或另抄清单寄回本企业,经过双方核对,如确系记账错误,应按规定手续予以更正。企业应根据各往来单位退回的对账单编制"往来款项清查表",格式见表 6-3 所示。核对过程中,如有未达账项存在,可编制余额调节表进行调节。

通过往来款项的清查,可以查明有无双方发生争议或无法收回的款项,以便及时采取措施,避免或减少坏账损失。

表 6-3 往来款项清查表

账户名称:　　　　　　　　　　　　　　年　月　日

明细账户		清查结果		核对不符单位及原因分析			备注
名称	金额	核对相符金额	核对不符金额	争执中的款项	未达账项	无法收回或偿还款项	其他

清查人员(签章):　　　　　经管人员(签章):　　　　　会计(签章):

三、实物资产的清查

(一) 实物资产盘存制度

实物资产盘存制度按照确定期末账面结存数的依据不同,分为实地盘存制和永续盘存制两种。

1. 实地盘存制

(1) 实地盘存制的概念

实地盘存制又称以存计耗(销)制,是指通过实地盘点确定实物资产期末账面结存数量,然后倒算出本期减少数量的一种方法。采用实地盘存制,在日常核算中只在账簿中记录实物资产增加的数量,不记录减少的数量;期末结账时,则根据实地盘存的数量作为账面结存数量,然后倒推计算出本期减少的数量。

(2) 实地盘存制下期末结存存货和本期发出存货的计价

通过实地盘存,可以确定期末结存和本期减少的实物资产的数量。但就存货的会计核算而言,还必须确定期末结存和本期发出存货的单价。由于各批存货入库的单价不一定相同,因此确定期末结存和本期发出存货的单价就成为存货核算的重要内容。

在实地盘存制下,期末结存和发出存货的计价一般采用全月一次加权平均单价。全月一次加权平均单价是以月初结存的存货金额与本月购入的各批存货金额之和,除以月初结存的存货数量与本月购入的各批存货数量之和,计算出的以本月存货数量为权数的平均单价。其计算公式如下:

$$\text{全月一次加权平均单价} = \frac{\text{期初结存成本} + \text{本月购入成本}}{\text{期初结存数量} + \text{本月购入数量}}$$

计算出全月一次加权平均单价后,分别乘以月末结存存货数量和本月发出存货的数量,便可计算出期末结存存货的成本和本期发出存货的成本。其计算公式如下:

期末结存存货成本 = 期末实地盘存数 × 全月一次加权平均单价

本期发出存货成本 = 期初结存成本 + 本期购入成本 − 期末结存成本

　　　或 = 本期发出存货数量 × 全月一次加权平均单价

[例6-4] 某企业"原材料——甲材料"明细账户2010年6月份的记录,如表6-4所示。

表6-4 原材料明细分类账户

账户名称:甲材料　　　　　　　　　　　　　　　　　　　　　　　　　　计量单位:吨

2010年		凭证号数	摘要	收入			发出			结存		
月	日			数量	单价	金额	数量	单价	金额	数量	单价	金额
6	1		期初结存							20	2 000	40 000
6	10	付♯10	入库	10	2 100	21 000						
6	20	转♯18	入库	30	2 200	66 000						
6	29	付♯50	入库	10	2 000	20 000						
6	30	转♯82	发出材料				48	2 100	100 800			
6	30		本月合计	50		107 000				22	2 100	46 200

从上述明细分类账户可以看出,本月月初结存甲材料为 20 吨,本月入库甲材料 50 吨,期末实际盘存甲材料 22 吨,则本月发出甲材料为 20+50－22＝48 吨。全月一次加权平均单价为 (40 000＋107 000)/(20＋50)＝2 100 元,期末结存甲材料的成本为 22×2 100＝46 200 元,本月发出甲材料的成本为 48×2 100＝100 800 元。

2. 永续盘存制

(1) 永续盘存制的概念

永续盘存制又称账面盘存制,是指在日常核算中,对各种实物资产的增加数和减少数,根据会计凭证连续、及时地记入有关实物资产明细账,并随时结出账面结存数的一种方法。采用永续盘存制同样需要对实物资产进行定期或不定期的实地盘存,但实地盘存的目的是借以核对账存数量与实存数量是否相符。

(2) 永续盘存制下本期发出存货和期末结存存货的计价

永续盘存制下的存货核算同样需要确定本期发出存货和期末结存存货的单价。计价方法包括先进先出法、全月一次加权平均法、移动加权平均法、分批认定法等。这里主要介绍先进先出法、移动加权平均法和分批认定法。

① 先进先出法。即假设存货的价值流转方式为"先入库的存货先发出",并按照这种假设对本期发出存货和期末结存存货进行计价的方法。采用这种方法,在每次发出存货时都假设发出的存货是库存最久的存货,而期末结存的存货则是最近入库的存货。需要说明的是,存货的实物流转不一定是"先进先出"。

[例 6-5] 某企业存货核算采用先进先出法,其"原材料——甲材料"明细账户 2010 年 6 月份的记录,如表 6-5 所示。

表 6-5 原材料明细分类账户

账户名称:甲材料　　　　　　　　　　　　　　　　　　　　　　计量单位:吨

2010年		凭证号数	摘要	收入			发出			结存		
月	日			数量	单价	金额	数量	单价	金额	数量	单价	金额
6	1		期初结存							20	2 000	40 000
6	5	转#6	生产领用				15	2 000	30 000	—	2 000	10 000
6	10	付#10	入库	10	2 100	21 000				5 10	2 000 2 100	10 000 21 000
6	12	转#11	生产领用				5 3	2 000 2 100	10 000 6 300	7	2 100	14 700
6	20	转#18	入库	30	2 200	66 000				7 30	2 100 2 200	14 700 66 000
6	24	转#32	生产领用				7 13	2 100 2 200	14 700 28 600	17	2 200	37 400
6	27	转#55	生产领用				5	2 200	11 000	12	2 200	26 400
6	29	付#50	入库	10	2 000	20 000				12 10	2 200 2 000	26 400 20 000
6	30		本月合计	50		107 000	48		100 600	12 10	2 200 2 000	26 400 20 000

在永续盘存制下采用先进先出法对存货进行核算,必须分析每次购入或发出存货后的结存余额,并按照入库先后顺序分别列示各批存货的数量、单价和金额;每次发出存货也按照入库先后顺序,结转各批存货的成本,直至相应的数量计完为止。如在本例中,6月10日购入10吨2 100元甲材料后,当日库存甲材料有两批:单价为2 000元的有5吨,单价为2 100元的有10吨;6月12日生产领用甲材料8吨,则按照"先进先出"的假设,其中5吨单价为2 000元,3吨单价为2 100元。

② 移动加权平均法。即在每次购入存货后,均以库存各批存货的数量为权数计算一次库存存货的平均单价,并据以确定库存存货成本;下次发出存货时,以上次计算的平均单价计算确定发出存货成本。移动加权平均单价、发出存货成本和期末结存存货成本的计算公式如下:

$$\text{移动加权平均单价} = \frac{\text{以前结存存货的实际成本} + \text{本批购入存货的实际成本}}{\text{以前结存存货的数量} + \text{本批购入存货的数量}}$$

发出存货成本＝发出存货数量×上次计算的移动加权平均单价

期末结存存货成本＝期末结存存货数量×上次计算的移动加权平均单价

[例6-6] 某企业存货核算采用移动加权平均法,其"原材料——甲材料"明细账户2010年6月份的记录,如表6-6所示。

表6-6 原材料明细分类账户

账户名称:甲材料　　　　　　　　　　　　　　　　　　　　　　　　　　　　　计量单位:吨

2010年		凭证号数	摘要	收入			发出			结存		
月	日			数量	单价	金额	数量	单价	金额	数量	单价	金额
6	1		期初结存							20	2 000	40 000
6	5	转♯6	生产领用				15	2 000	30 000	5	2 000	10 000
6	10	付♯10	入库	10	2 100	21 000				15	2 067	31 005
6	12	转♯11	生产领用				8	2 067	16 536	7	2 067	14 469
6	20	转♯18	入库	30	2 200	66 000				37	2 175	80 475
6	24	转♯32	生产领用				20	2 175	43 500	17	2 175	36 975
6	27	转♯55	生产领用				5	2 175	10 875	12	2 175	26 100
6	29	付♯50	入库	10	2 000	20 000				22	2 095	46 090
6	30		本月合计	50		107 000	48		100 911	22	2 095	46 090

在上例中,6月10日购入10吨甲材料后,库存甲材料15吨,总成本为10 000＋21 000＝31 000(元),平均单价为31 000÷15＝2 067(元/吨)。6月12日生产领用甲材料8吨,按上次计算的加权平均单价计算,其成本为8×2 067＝16 536(元)。6月20日购入30吨甲材料后,又要重新计算平均单价,如此向后移动计算加权平均单价,确定每次生产领用甲材料的成本,并最终确定期末结存甲材料的成本。

③ 分批认定法。即在发出存货时,按各批存货标明的单价计算发出存货成本。采用分批认定法,要求每批入库存货均单独存放,并分别标明单价;而存货的明细分类账户一般需按批别设置,这无疑会增加存货管理和核算的工作量。

3. 实地盘存制与永续盘存制比较

采用实地盘存制,平时对实物资产的减少数量可以不作记录,因而可大大简化核算工作。但它不能随时反映实物资产的发出和结存的动态;由于是以存计耗(销),这就容易将实物资产的非正常损耗全部计入生产(或销售)成本,从而削弱了对实物资产的控制和监督,并影响到成本计算的明晰性和正确性。

采用永续盘存制,企业实物资产明细账户可随时反映出其收入、发出和结存情况,并从数量和金额两方面进行管理和控制;通过实物资产的定期和不定期盘存,可将盘存数与账存数进行核对,当发现实物资产短缺或溢余时,能及时查明原因,进行必要的处理。此外,可随时将实物资产明细账户中的结存数与其最高和最低储备限额进行比较分析,从而保证生产经营的需要,并提高实物资产的利用率。当然,与实地盘存制相比,永续盘存制也存在核算手续多、工作量大的缺点。

由于永续盘存制在强化实物资产管理和控制方面具有明显的优越性,因此企业实物资产的管理和核算一般应采用永续盘存制。而实地盘存制则主要适用于某些单位价值较小而收发频繁的实物资产。此外,对于一些业主直接管理和控制的小型企业(如小型零售商店),实地盘存制具有较强的适用性。

(二)实物资产的清查

实物资产的清查就是对存货、固定资产等具有实物形态的资产进行实地盘点,查明其实存数,并与有关明细账户的账存数相核对,以验证其是否账实相符。盘点时,一般应进行实地逐一清点或利用计量工具来确定其实存数;对于难以逐一清点的大宗物品,如煤炭、矿砂等,可以采用一定的技术方法来估计推算其实存数。为了明确责任和便于查核,有关实物资产的保管和使用人员应参加盘点工作,并始终不能离开现场。盘点过程中,不仅要查明各种实物资产的名称、规格和数量,而且还要检查其质量。发现有毁损、变质、霉烂甚至无法使用的,以及短缺或溢余的存货,应及时查明原因。对盘点结果,应如实在实物资产"盘存单"上加以记载。盘存单的格式,如表6-7所示。

表6-7 盘存单

财产类别
存放地点: 年 月 日 编号:

编号	名称	计量单位	数量		单价	金额		备注
			实存	账存		实存	账存	

第三节 财产清查结果的处理

一、财产清查结果的处理程序

对财产清查过程中发现的问题,要依据国家有关法律、法规、政策和制度,严肃认真地加以处理。处理的一般程序如下:

(一)查明各种盘盈、盘亏的原因,并按规定程序报批

对于财产清查中发现的各种盘盈、盘亏,在核实盘盈、盘亏的数额后,必须经过调查研究,查明原因,明确责任,并按有关规章制度处理。对于定额内的盘亏或自然损耗所引起的盘亏,应按有关规定及时转账;对于责任事故而引起的盘亏和损失,必须查清失职的情节,并按制度规定作出相应的处理;对于贪污盗窃案件,应会同有关部门或报送有关单位处理;对于那些由于自然灾害等引起的财产损失,如已经向保险公司投保,还应及时报保险公司理赔。

(二)积极处理各种积压物资,清理债权债务

对财产清查中发现的呆滞、积压、未充分利用和不需用的物资,应查明原因,分别进行处理。对于盲目采购、盲目建造或产品结构调整而造成的物资积压,应积极组织销售;对于长期拖欠以及发生争执的往来款项应指定专人,负责清理。

(三)制定改进措施,加强财产管理

财产清查的目的,不仅是要查明财产物资的实有数,更重要的是发现会计核算中存在的问题,促进企业经营管理的改善。因此,对财产清查中发现的问题,除按规定进行处理并作账目调整外,还必须针对这些问题和产生的原因,总结经验教训,提出切实可行的改进措施,建立健全规章制度,加强财产管理,提高企业经营管理水平。

(四)及时调整账目,做到账实相符

为了保证会计资料的真实性和准确性,必须依据财产清查的结果以及账存和实存之间的差异及时调整账簿记录,保证账实相符。

二、财产清查结果的会计处理

为了核算和监督企业在财产清查中查明的各种实物资产盘盈、盘亏(或毁损)和往来结算款项存在的差异及其处理情况,企业应设置"待处理财产损益"和"坏账准备"账户。

"待处理财产损益"账户核算和监督企业在财产清查过程中,查明的各种实物资产的盘盈、盘亏和毁损及其处理情况,属双重性账户。其借方反映已经发生尚未处理的财产盘亏和毁损数以及经批准结转的盘盈数;贷方反映已经发生尚未处理的财产盘盈数以及经批准处理而结转的盘亏和毁损数。该账户期末借方余额,反映尚未处理的各种财产净损失;贷方余额反映尚未处理的各种财产的净溢余。该账户按"待处理流动资产损益"和"待处理固定资产损益"设置明细账户,进行明细分类核算。

"坏账准备"账户核算和监督企业提取的坏账准备金及核销坏账的情况,属于资产类账户,是"应收账款"账户的备抵调整账户。其借方反映经批准核销的坏账损失数;贷方反映按规定提取的坏账准备金。该账户期末贷方余额反映已提取尚未用完的坏账准备金。

对财产清查中发现的各种差异,在会计上应分两个步骤进行处理:

第一步:对于各种财产物资的盘盈、盘亏,应根据"盘存单",编制记账凭证,并按盘盈、盘亏

金额记入"待处理财产损益"账户。

第二步:将财产清查中发现的盘盈、盘亏,依据有关规定,提出处理意见并报上级。接到上级批准意见后,根据发生差异的原因和批准处理意见,编制记账凭证,从"待处理财产损益"账户中转销盘盈、盘亏的金额。

对于长期无法收回的应收款项,经批准后,作为坏账损失核销。

现举例说明财产清查结果的会计处理方法。

[例6-7] 某企业财产清查结果如表6-8,表6-9所示。

表6-8 盘存单

财产类别:存货及固定资产
存放地点:公司仓库　　　　　　201×年12月20日　　　　　　　　　　编号:012

编号	名称	计量单位	数量		单价	金额		备注
			实存	账存		实存	账存	
A025	A材料	千克	800	900	10	8 000	9 000	盘亏1 000元,其中:定额内损耗100元,非常损失700元,保管员保管不善造成损失200元
B001	甲产品	千克	120	110	50	6 000	5 500	盘盈500元,单价按本月甲产品生产成本估计,属计量不准造成的
E032	加工机具	台	3	4	5 000	15 000	20 000	盘亏1台,原值5 000元,已提折旧3 000元

实物资产保管人(签章):　　　　　盘点人(签章):　　　　　　　　　会计(签章):

表6-9 往来款项清查表

账户名称:应收账款　　　　　　　　201×年12月20日　　　　　　　　编号:012

明细账户		清查结果		核对不符原因分析				备注
名称	金额	核对相符金额	核对不符金额	争执中的款项	未达账项	无法收回款项	其他	
A公司	280 000	260 000	20 000			20 000		A公司已宣告破产
B公司	58 000	51 000	7 000			7 000		B公司已宣告破产
C公司	145 860	140 000	5 860	5 860				

清查人员(签章):　　　　　　经管人员(签章):　　　　　　　　　　会计(签章):

首先根据盘存单,将实物资产的盘盈、盘亏数转入"待处理财产损益"账户。作如下会计分录:

借:待处理财产损益——待处理流动资产损益　　　1 000
　　贷:原材料——A材料　　　　　　　　　　　　　　　　1 000
借:库存商品——甲产品　　　　　　　　　　　　　500
　　贷:待处理财产损益——待处理流动资产损益　　　　　　500
借:待处理财产损益——待处理固定资产损益　　　2 000
　　累计折旧　　　　　　　　　　　　　　　　　　3 000
　　贷:固定资产——加工机具　　　　　　　　　　　　　　5 000

然后,根据财产清查结果和查明的原因,提出结果报告和处理意见报主管领导审批。主管部门批复的处理意见如下:(1) A 材料定额内损耗 100 元,作管理费用处理;非常损失 700 元,作营业外支出处理;管理员报告保管不善损失 200 元,由保管员负责赔偿。(2) 甲产品盘盈 500 元,属计量不准造成的作冲减管理费用处理。(3) 固定资产盘亏 2 000 元,作营业外支出处理。(4) A 公司和 B 公司破产,导致应收账款 20 000 元和 7 000 元无法收回。经审查,同意作为坏账损失核销。

根据主管领导的审批意见,作如下会计分录:

借:管理费用　　　　　　　　　　　　　　　　100
　　营业外支出——流动资产盘亏损失　　　　　700
　　其他应收款——王小光　　　　　　　　　　200
　　　贷:待处理财产损益——待处理流动资产损益　　　　1 000
借:待处理财产损益——待处理流动资产损益　　500
　　　贷:管理费用　　　　　　　　　　　　　　　　　　500
借:营业外支出——固定资产盘亏损失　　　　2 000
　　　贷:待处理财产损益——待处理固定资产损益　　　2 000
借:坏账准备　　　　　　　　　　　　　　27 000
　　　贷:应收账款——A 公司　　　　　　　　　　　20 000
　　　　　　　　——B 公司　　　　　　　　　　　　7 000

在本例中,"应收账款——C 公司"明细账存在一笔 5 860 元的未达账项,不需要作任何账务调整,待收到有关结算凭证后,未达账项自动消失。

自学指导

学习目的与要求

通过本章学习,要求了解财产清查的意义和作用,掌握各种财产清查的方法,以及在永续盘存制和实地盘存制下,各种存货的计价方法,并能够对不同的财产清查的结果进行相应的会计处理。

内容提要

一、财产清查的意义和作用

财产清查就是根据账簿记录,通过对各项实物资产和库存现金进行实地盘点,对银行存款和往来结算款项进行询证和核对,来确定企业各种资产的实有数,以及其与账面结存数是否相符的一种专门方法。在实际工作中,由于客观的或主观的原因,往往会造成账实不符,必须通过定期的或不定期的财产清查去发现并及时作出账务调整,以保证账实相符。

财产清查的主要作用有:(1) 保持会计核算资料的真实可靠;(2) 保护财产的安全完整;(3) 挖掘财产的潜力,加强资金周转;(4) 保证财经法纪和有关政策、制度的贯彻执行;(5) 促进企业提高经营管理水平。

财产清查按清查的对象和范围不同,可分为全面清查和局部清查。全面清查是指对企业所有的财产物资、货币资金、往来结算款项进行全面彻底的清查;局部清查是指对企业一部分财产物资、货币资金、往来结算款项进行清查。

财产清查按清查的时间不同,可分为定期清查和不定期清查。定期清查是指按照预先安排的时间对企业的财产进行清查;不定期清查是指事先并无安排,而是根据需要所进行的临时性清查。

二、财产清查的方法

不同的财产,清查的方法不同。

现金清查的基本方法是实地盘点法,即通过对现金的实地盘点,明确现金的实有数,并与现金日记账余额相核对,以确定现金是否账实相符。如出现盘盈、盘亏,应编制"现金盘点报告表",及时查明原因并作相应的处理。

银行存款清查的基本方法是核对法,即将银行提供的对账单与本企业银行存款日记账相核对,以查明账实是否相符。如存在未达账项,应编制"银行存款余额调节表"进行余额调节。若存在不明账项,应及时查明原因并作相应处理。

往来结算款项清查的基本方法是询证核对法,即通过向对方单位寄发"往来款项对账单",请求其核对账目,以查明往来结算款项账实是否相符的方法。如存在未达账项,可编制"往来账项余额调节表"加以调节。对于双方有争议的往来款项,应积极与对方单位商讨处理方法。

实物资产清查的基本方法是实地盘存法,即对存货、固定资产等实物资产进行实地盘点,查明其实有数,并与有关实物资产明细账户相核对,以确定其是否账实相符。

实物资产盘存制度按照确定期末账面结存数的依据不同,分为实地盘存制和永续盘存制两种。

实地盘存制是指以实物资产期末实地盘存数来确定其期末账面结存数的核算方法。采用实地盘存制,在日常核算中,只在账簿中登记实物资产的增加数,不记录实物资产的减少数,期末结账时,则将实地盘存数作为账面结存数,再倒推出本期减少数。就存货的核算而言,实地盘存制下期末结存存货和本期发出存货的计价一般采用全月一次加权平均法。

永续盘存制是指在日常核算中,对各种实物资产的增减变化,均根据会计凭证连续地在有关明细账簿中加以记录,并随时结出其账面结存数的核算方法。采用永续盘存制,仍需对实物资产进行定期或不定期的实地盘点,但实地盘点的目的是将其与账面结存数相核对,看账实是否相符。就存货的核算而言,永续盘存制下本期发出存货和期末结存存货的计价可采用先进先出法、全月一次加权平均法、移动加权平均法和分批认定法等。

由于永续盘存制在实物资产管理和控制方面具有明显的优越性,因此企业实物资产的管理和核算一般应采用永续盘存制。而实地盘存制则主要适用于某些单位价值较小而收发频繁的实物资产。此外,对于一些业主直接管理和控制的小型企业(如小型零售商店),实地盘存制具有较强的适用性。

三、财产清查结果的处理

财产清查结果的处理主要包括:(1)查明各种盘盈、盘亏的原因,并按规定的程序报批;(2)积极处理各种积压物资,清理债权债务;(3)制定改进措施,加强财产管理;(4)及时调整账目,做到账实相符。

为此,企业应设置"待处理财产损益"和"坏账准备"两个账户,依据财产清查的结果和账实之间的差异及时调整账簿记录,保持账实相符。

复习思考题

1. 什么是财产清查？财产清查的作用是什么？
2. 财产清查的种类有哪些？
3. 简述现金、银行存款、往来款项和实物资产清查的方法。
4. 什么是实地盘存制和永续盘存制？两者各有哪些优缺点？
5. 财产清查结果的处理程序是什么？

练习题

根据下列财产清查结果作出会计分录：

1. 盘点库存现金，发现盘亏 50 元，由出纳员章平负责赔偿。
2. 存货清查中，发现甲材料盘盈 500 元，乙材料盘亏 100 元。经查实，甲材料盘盈是由于计量工具不准造成的；乙材料盘亏是保管员管理不善造成的。主管领导批复的处理意见是：甲材料盘盈作冲减管理费用处理，乙材料盘亏由保管员李华负责赔偿。
3. 往来结算款项清查中发现本企业客户 A 公司已破产，其所欠应收账款 50 000 元已无法收回。经领导批复，同意作冲减坏账损失处理。
4. 财产清查中，盘盈小型机床一台，其重置全价为 8 000 元，估计累计折旧为 2 000 元。经主管领导批复，作营业外收入处理。

第七章 会计凭证

第一节 会计凭证意义和种类

一、会计凭证的意义

会计凭证是用来记录经济业务、明确经济责任的书面证明,是登记账簿的依据。任何核算单位在每一项经济业务发生时都必须首先办理凭证手续,由执行和完成该项经济业务的有关人员填制或取得会计凭证,说明经济业务的内容、数量和金额,并在会计凭证上签名盖章,对会计凭证的真实性和正确性负责。一切会计凭证都要经过有关人员的严格审核,只有经过审核并确认无误的会计凭证,才能作为登记账簿的依据。因此,正确地填制和严格地审核会计凭证是核算和监督经济业务不可缺少的一种专门方法,也是会计工作的一项重要内容。

认真做好会计凭证的填制和审核工作,对发挥会计的职能作用具有重要的意义:

(一)通过会计凭证的填制和审核,可以如实、及时地反映各项经济业务的发生和完成情况,为登记账簿提供可靠的依据。

由于每一项经济业务的发生都必须填制或取得会计凭证,将经济业务如实记录下来,再经过严格的审核,然后根据审核无误的会计凭证登记账簿。这样就能把日常发生的各种各样的经济业务通过一张张会计凭证如实、及时地反映出来,为账簿记录提供可靠的依据。

(二)通过会计凭证的填制和审核,可以加强经济管理上的责任制,明确有关部门和人员的经济责任。

由于在每一项经济业务发生时,都必须由有关经办部门的有关人员办理凭证手续,在会计凭证上签名盖章,对会计凭证上反映的经济业务的真实性、正确性负责,从而促使经办业务的部门和人员加强责任感,严格按照规章制度办事。如果发现问题,可以根据会计凭证查清责任。

(三)通过会计凭证的填制和审核,可以对经济业务的合理性、合法性进行检查,保证国家有关财经法规和单位有关财务制度的贯彻执行。

由于对每项经济业务都必须填制会计凭证,于是通过会计凭证的审核可以查明各项经济业务是否符合国家财经法规的有关规定,是否符合本单位财务制度的有关规定,从而充分发挥会计的监督职能作用。

二、会计凭证的种类

会计凭证的种类多种多样,根据其填制程序和用途的不同,可以分为原始凭证和记账凭证两种。

原始凭证是在经济业务发生或完成时有关业务经办人员取得或填制的,用来记录经济业务的发生或完成情况、明确经济责任的书面证明。它是记账的原始依据。

记账凭证是会计人员根据审核无误的原始凭证或原始凭证汇总表,按照经济业务的内容进行归类整理,确定会计分录的凭证。它是记账的直接依据。

第二节 原始凭证

一、原始凭证的内容

原始凭证是用来记录经济业务的。由于经济业务的具体内容多种多样,各核算单位必须根据不同的经济业务来设计和运用原始凭证。因此,各种原始凭证的名称、格式和内容也是多种多样的。但是作为反映经济业务发生或完成情况,明确经济责任的书面证明,各种原始凭证都必须具备如下基本内容:

(一)原始凭证的名称,如发票、收据、领料单、收料单等;
(二)填写原始凭证的日期;
(三)接受原始凭证的单位名称;
(四)经济业务的内容,如发票上的购货品名、规格、计量单位、单价、购货数量和金额等;
(五)原始凭证的填制单位和填制人员及其他有关人员的签名盖章;
(六)原始凭证的编号。

此外,有些原始凭证为了满足计划、统计或其他业务方面的需要还要列上有关的计划任务、合同号码等,以便使原始凭证能够发挥多方面的作用。

二、原始凭证的种类

原始凭证的种类很多,一般可按不同标准将其归纳为以下几类:

(一)原始凭证按其取得的来源不同可分为自制原始凭证和外来原始凭证

1. 自制原始凭证。是由本单位经办业务的部门或个人在办理某项经济业务时自行填制的凭证。如仓库验收材料时,由保管员填制的"收料单";生产部门领用材料时,由领料人填写的"领料单"等。"收料单"的一般格式如表7-1所示。

表7-1 收料单

年 月 日　　　　　　　　　　　　　　　　编号:

供应者:		发票	号	年	月	日收到	
编号	材料名称	规格	送验数	实收数	单位	单价	金额
备注				验收入盖章		合计	

会计主管:　　复核:　　记账:　　　　　　　　　　　　　　制单:

2. 外来原始凭证。是同外单位发生经济往来时从外单位取得的凭证。如企业购买材料从供货单位取得的"发票";从银行取得的银行"收款通知"等。"发票"的一般格式如表7-2所示。

表7-2 通用发票

客户：　　　　　　　　　　　　　年　月　日　　　　　　　　　　　　编号：

货号	品名及规格	数量	单位	单价	金额	备注
合计(大写)						
企业名称	（加盖发票专用章）					

会计主管：　　　会计：　　　出纳：　　　　　　　　　　　　　　制票：

（二）原始凭证按其用途不同可分为证明凭证和手续凭证

1. 证明凭证。是用来证明经济业务已经发生或完成情况的凭证。如"收料单"可以证明某种材料已经验收入库，"领料单"可以证明某种材料已经被领用等。

2. 手续凭证。是为了便于记账或为了计算某项指标而由会计人员根据已登记过的会计记录加工、整理而编制的凭证。如"制造费用分配表"、"产品成本计算单"等。"制造费用分配表"的一般格式如表7-3所示。

表7-3 制造费用分配表

成本计算对象	分配标准	分配率	分配金额
合　计			

制表：

（三）原始凭证按其填制方式不同可分为一次凭证和累计凭证

1. 一次凭证。是指填制手续一次完成的，用来记录一项或若干项同类经济业务的凭证，如"收料单"、"领料单"、"发票"等。外来原始凭证都是一次凭证。

2. 累计凭证。是指在一定时期内连续记录若干同类经济业务的凭证。这种凭证的填制手续不是一次完成的，而是随着同类经济业务的不断重复发生而多次进行的，如"限额领料单"等。"限额领料单"的一般格式如表7-4所示。

表7-4 限额领料单

材料类别	材料编号	材料名称及规格	计量单位	单价	领用限额	实际领用		备注
						数量	金额	

日期	请　领		实　发			退　回			限额结余
	数量	领料单位负责人盖章	数量	发料人签章	领料人签章	数量	收料人签章	退料人签章	

生产计划部门主管：　　　　供应部门主管：　　　　　　　　仓库主管：

（四）原始凭证按记载经济业务数量的多少不同，可分为单一凭证和汇总凭证

1. 单一凭证。是指记载的经济内容单一，只记载某一项经济业务的凭证，如"收料单""领料单"、"工资结算单"等。

2. 汇总凭证。是指将相同经济内容的单一凭证汇总编制的凭证，如"工资汇总表"、"材料耗用汇总表"等。材料耗用汇总表的一般格式如表7-5所示。

表7-5　材料耗用汇总表

年　月　　　　　　　　　　　　　　　附件　　张

应借科目	子目、细目	应贷科目（原材料）			合计
		甲材料	乙材料	……	
生产成本	A产品				
	B产品				
	……				
	小计				
制造费用	一车间				
	二车间				
	……				
	小计				
管理费用	物料消耗				
合　　计					

三、原始凭证的填制

为了保证原始凭证能够正确、及时、清晰地反映各项经济业务的真实情况，原始凭证的填制必须符合以下要求：

（一）记录真实

原始凭证中所记载的经济业务，必须与实际情况完全符合，不能弄虚作假、歪曲事实。因此，有关经办人员必须根据经济业务发生或完成的真实情况认真正确地填制，并在凭证上签名或盖章，对凭证的真实性负责。此外，对外开出的原始凭证，必须加盖本单位公章。

（二）内容完整

原始凭证必须全面、完整地反映所记录经济业务的具体内容。因此，有关经办人员应按照不同原始凭证的格式和规定的内容逐项填列齐全，不得遗漏。项目填写不全的原始凭证，不能作为经济业务发生或完成情况的合法证明，不能据以作为有效凭证记账。

（三）书写规范

原始凭证的填制要力求准确、清晰、不得涂改、挖补。具体应遵循如下书写规范：

1. 一式几联的原始凭证，必须用双面复写纸（本身具备复写纸功能的除外）套写；重要的原始凭证如发票、收据等必须连续编号，作废时应加盖"作废"戳记，连同存根一起保存，不得撕毁。

2. 阿拉伯金额数字应当一个一个地写,不得连笔写;阿拉伯金额数字前面应当书写货币币种符号,币种符号与阿拉伯金额数字之间不得留有空白;凡阿拉伯数字前写有币种符号的,数字后面不再写货币单位。

3. 所有以元为单位(其他货币种类为货币基本单位)的阿拉伯数字,除表示单价等情况外,一律填写到角分;无角分的,角位和分位可写"00",或者用符号"——"代替;有角无分的,分位应当写"0",不得用符号"——"代替。

4. 汉字大写数字金额如零、壹、贰、叁、肆、伍、陆、柒、捌、玖、拾、佰、仟、万、亿等,一律用正楷或行书体书写,不得用〇、一、二、三、四、五、六、七、八、九、十等简化字代替;大写金额数字到元或角为止的,在"元"或"角"字之后应当写"整"字;大写金额数字有分的,分字后面不写"整";大写金额数字前未印有货币名称的,应加填货币名称,货币名称与金额数字之间不得留有空白。

5. 阿拉伯金额数字中间有"0"时,汉字大写金额要写"零"字;阿拉伯金额数字中间连续有几个"0"时,汉字大写金额中可以只写一个"零"字;阿拉伯金额数元位是"0",或者数字中间连续有几个零、元位也是"0"但角位不是"0"时,汉字大写金额可以只写一个"零"字,也可以不写"零"字。

（四）填制及时

每一项经济业务发生或完成后,经办人员应及时填制原始凭证,并按规定的程序及时送交会计部门,以便及时记账。

四、原始凭证的审核

原始凭证的审核是发挥会计监督职能的重要手段。一切原始凭证都必须进行严格认真的审核,只有审核无误后的原始凭证,才能据以编制记账凭证,作为记账的依据。原始凭证的审核主要从以下两个方面进行:

（一）审核原始凭证所反映经济业务的合理性和合法性

主要审核原始凭证所反映的经济业务是否符合国家的方针、政策、法令及财务制度的规定;是否符合本单位的财务计划或预算;是否符合节约的原则;有无违反费用开支标准,铺张浪费,不讲经济效益;有无营私舞弊,贪污盗窃的不法行为等。

（二）审核原始凭证的填制是否符合规定的要求

主要审核原始凭证的手续是否完备,应填写的项目是否填列齐全;接受单位名称是否相符,凭证的联数是否正确;是否有经办人员的签章和填制单位的公章;是否经过主管部门领导审批同意;数量、单价、金额和合计数是否正确,大写金额与小写金额是否一致,有无涂改和伪造的痕迹等。

经过上述审核,对于合理合法、填制规范的原始凭证可以据以编制记账凭证、办理各项必要的手续;对于记载不准确、不完整的原始凭证,予以退回,要求经办人员更正、补充;对于不真实、不合法的原始凭证,不予受理;对于弄虚作假、严重违法的原始凭证,在不予受理的同时,应当予以扣留,并及时向单位领导人报告,请求查明原因,追究当事人的责任。

第三节 记账凭证

一、记账凭证的内容

在实际工作中,记账凭证的种类和格式多种多样。但作为登记账簿的直接依据,记账凭证都必须符合登记账簿的要求,具备以下基本内容:

(一)记账凭证的名称;

(二)填制凭证的日期;

(三)凭证的编号;

(四)经济业务的摘要;

(五)应借、应贷的会计科目及金额;

(六)所附原始凭证的张数;

(七)填制凭证人员、稽核人员、记账人员、会计主管人员的签名或盖章。收款和付款记账凭证还应当由出纳人员签名或盖章。

二、记账凭证的种类

(一)记账凭证按其使用的范围不同,可以分为通用记账凭证和专用记账凭证

1. 通用记账凭证

不管什么内容的经济业务都编制相同格式的记账凭证,这种记账凭证叫通用式记账凭证,其格式如表 7-6 所示。

表 7-6 记账凭证

年　月　日　　　　　　　　　　　编号:

摘要	一级科目	二级或明细科目	借方金额	贷方金额	账页
	合　　计				

附件　　张

会计主管:　　　　记账:　　　　审核:　　　　出纳:　　　　制单:

2. 专用记账凭证

专用记账凭证是按其所记录的经济业务是否与现金和银行存款的收付有关分别编制的不同格式的记账凭证,其可分为收款凭证、付款凭证和转账凭证三种。

收款凭证是用来记录现金和银行存款收入业务的记账凭证,具体又可分为现金收款凭证和银行存款收款凭证两种。

付款凭证是用来记录现金和银行存款付出业务的记账凭证,具体又可分为现金付款凭证

和银行存款付款凭证两种。

转账凭证是用来记录除现金、银行存款收、付业务以外的其他经济业务的记账凭证。

在实际工作中,为了便于识别及减少差错,通常将收款凭证、付款凭证和转账凭证用不同的颜色印刷。各种专用记账凭证的一般格式分别如表7-7,表7-8和表7-9所示。

表7-7 收款凭证

借方科目：　　　　　　　　　　年　月　日　　　　　　　　　　收字第　号

摘要	贷方科目		账页	金额	附件　张
	一级科目	二级或明细科目			
	合　计				

会计主管：　　　记账：　　　审核：　　　出纳：　　　制单：

表7-8 付款凭证

贷方科目：　　　　　　　　　　年　月　日　　　　　　　　　　付字第　号

摘要	借方科目		账页	金额	附件　张
	一级科目	二级或明细科目			
	合　计				

会计主管：　　　记账：　　　审核：　　　出纳：　　　制单：

表7-9 转账凭证

年　月　日　　　　　　　　　　转字第　号

摘要	会计科目		账页	借方金额	贷方金额	附件　张
	一级科目	二级或明细科目				
	合　计					

会计主管：　　　记账：　　　审核：　　　制单：

(二)记账凭证按填制方式不同,可以分为复式记账凭证和单式记账凭证

1. 复式记账凭证。就是将某类经济业务所涉及的借方账户和贷方账户集中填列在一张记账凭证上。复式记账凭证可以集中反映账户的对应关系,因而便于了解经济业务的全貌,同时可以减少凭证数量、节省凭证编制的工作量;但复式记账凭证不便于汇总计算每一会计账户的发生额。上述举例收款凭证、付款凭证和转账凭证的格式,就是复式记账凭证的格式。

2. 单式记账凭证。就是将同类经济业务的会计分录,按其所涉及的每个账户,分别编制的两张或两张以上的记账凭证。即每张记账凭证只填制一个账户名称,并只用于登记该账户。单式记账凭证便于汇总计算每一个会计科目的发生额。其格式如表7-10,表7-11,表7-12和表7-13所示。

表 7-10 收款凭证

2010年5月16日　　　银收字第10号

贷方科目	应收账款			
二级或明细科目		摘　要	账页	金额
长城厂		收到长城厂前欠贷款		1 500
合　计				1 500

附件1张

会计主管:　　　记账:　　　复核:　　　出纳:　　　制单:

表 7-11 付款凭证

2010年5月20日　　　银付字第25号

借方科目	其他应收款			
二级或明细科目		摘　要	账页	金额
李　平		李平借差旅费		1 000
合　计				1 000

附件1张

会计主管:　　　记账:　　　复核:　　　出纳:　　　制单:

表 7-12 借项转账凭证

2010年5月20日　　　银收字第$25\frac{1}{2}$号

借方科目	其他应收款			
二级或明细科目		摘　要	账页	金额
李　平		李平借差旅费		1 000
合　计				1 000

附件1张

会计主管:　　　记账:　　　复核:　　　出纳:　　　制单:

表 7-13 贷项转账凭证

2010年5月10日　　　银收字第$25\frac{2}{2}$号

贷方科目	应收账款			
二级或明细科目		摘　要	账页	金额
宏达公司		从宏达公司购进甲材料,款未付		30 000
合　计				30 000

附件1张

会计主管:　　　记账:　　　复核:　　　出纳:　　　制单:

三、记账凭证的填制

填制记账凭证时除了必须符合前述填制原始凭证的要求外,还必须遵循以下规范:

(一)各种记账凭证应按顺序连续编号。采用通用式记账凭证时,一般每月从"1号"开始统一编号;采用专用式记账凭证时,一般每月按凭证种类即现金收款凭证、现金付款凭证、银行存款收款凭证、银行存款付款凭证和转账凭证分别从"1号"开始分类编号。如果一笔经济业务需要填制两张以上记账凭证时,可采用分数编号法编号。例如,一笔经济业务需要填制两张转账凭证,而转账凭证的顺序号为12号,则可编为"转字第 $12\frac{1}{2}$ 号"和"转字第 $12\frac{2}{2}$ 号"。

(二)"摘要"栏应简明地填写经济业务的内容,以便查阅、核对和分析经济业务。

(三)记账凭证可以根据每一张原始凭证填制,或者根据若干张同类原始凭证汇总填制,也可以根据原始凭证汇总表填制,但不得将不同内容和类别的原始凭证汇总填制在一张记账凭证上。

(四)必须按统一规定的会计科目及其核算内容,根据经济业务的性质正确编制会计分录。

(五)除结账和更正错误的记账凭证可以不附原始凭证外,其他记账凭证必须附有原始凭证。

如果一张原始凭证涉及几张记账凭证,可以把原始凭证附在一张主要的记账凭证后面,并在其他记账凭证上注明附有该原始凭证的记账凭证的编号或者附原始凭证的复印件。

(六)记账凭证金额栏合计的第一位数字前面要填写货币符号,如人民币符号"¥"。

(七)记账凭证填制完经济事项后,如有空行,应当自金额栏最后一笔金额数字下的空行处至合计数上的空行处划线注销。

(八)采用专用记账凭证时,对于现金与银行存款之间划转的业务,如将现金送存银行,或从银行提取现金,只填制付款凭证,不填制收款凭证,以避免重复记账。

(九)采用专用记账凭证时,如果一项经济业务既有收(付)款业务,又有转账业务时,应当分别编制收(付)款凭证和转账凭证。

(十)记账凭证填写完毕后,要由填制人员签名或盖章,以明确责任。

四、记账凭证的审核

记账凭证编制完成之后,应经过专人进行必要的审核,审核无误后才能作为登记账簿的依据,以保证账簿记录的正确性。记账凭证的审核主要从以下几个方面进行:

(一)审核记账凭证所记录的经济内容,是否与所附原始凭证的内容相符,附件张数是否正确。

(二)审核记账凭证内所填列的应借、应贷会计科目是否正确,所记金额是否与原始凭证上的金额相符,并保持借、贷方金额平衡。

(三)审核记账凭证上的各项内容是否填列齐全,有关人员是否都已签名或盖章。在审核过程中,如发现记账凭证记录的内容与所附原始凭证不符,项目填列不齐全,应借、应贷科目使用不正确或金额不平衡等问题,应要求填制人员重新填制。如审核无误,则应由审核人员签名或盖章。只有审核无误的记账凭证,才能作为收付款和登记账簿的依据。

第四节 会计凭证的传递和保管

一、会计凭证的传递

会计凭证的传递是指会计凭证从填制或取得时起,经审核、记账到装订保管时止,在本单位内部各有关部门和人员之间的传递程序和传递时间。

由于各项经济业务的具体内容不同,经办具体业务所涉及的部门和人员以及办理凭证的要求不同,所以,各项经济业务的凭证传递程序和传递时间也不尽相同。因此,各单位应根据本单位具体情况,正确组织会计凭证的传递。这对于及时反映各项经济业务的发生或完成情况、加强经营管理工作中的岗位责任制以及实行有效的会计监督具有重要的意义。

各单位在组织会计凭证的传递时应注意如下问题:

(一)应当根据经济业务的特点、企业内部机构的设置和人员分工情况以及经营管理上的需要,具体规定反映主要经济业务的各种会计凭证的联数和传递程序,使有关部门和人员既按规定办理凭证手续,又能充分利用会计凭证资料进行管理活动。但一定要注意会计凭证传递流程合理,避免不必要的环节,以免影响传递速度,影响工作进程。

(二)应当根据各有关部门和人员对经济业务需要办理的各项必要手续(如过秤、检验、审核、登记等),确定凭证在各个环节的停留时间,不能过紧也不能过松。因为时间过紧会影响业务手续的完成,时间过松会延误业务完成的进度。

(三)应当通过调查研究,由会计主管人员会同本单位有关部门对主要经济业务规定会计凭证的传递程序和时间。

二、会计凭证的保管

由于会计凭证既是记录经济业务、明确经济责任的书面证明,又是登记账簿的依据,所以,它是重要的经济资料和会计档案。各单位必须对会计凭证进行妥善保管,以便日后查阅。

会计凭证的保管应遵循以下规范:

(一)会计凭证登记完毕后,应当按照分类和编号顺序保管,不得散乱丢失。

(二)记账凭证应当连同所附原始凭证或者原始凭证汇总表,按照编号顺序折叠整齐,按期装订成册,并加具封面,注明单位名称、年度、月份和起讫日期、凭证种类、起讫号码,由装订人在装订线封签处签名或者盖章。

(三)对于数量过多的原始凭证,可以单独装订保管,在封面上注明记账凭证日期、编号、种类,同时在记账凭证上注明"附件另订"和原始凭证的名称及编号。

(四)存出保证金收据以及涉外文件等重要原始凭证,应当另编目录,单独登记保管,并在有关的记账凭证和原始凭证上相互注明日期和编号。

(五)原始凭证不得外借,其他单位如因特殊原因需要使用原始凭证时,经本单位会计机构负责人、会计主管人员批准,可以复制。向外单位提供的原始凭证复制件,应当在专设的登记簿上登记,并由提供人员和收取人员共同签名或盖章。

(六)会计凭证的保管期限应按国家的有关规定执行,保存期满必须按规定履行有关手续后才能销毁。

自学指导

学习目的与要求

通过本章的学习,了解会计凭证的概念、种类,理解填制和审核会计凭证的重要性,掌握原始凭证的填制要求和审核内容,掌握记账凭证的填制要求和审核内容,了解会计凭证传递应注意的问题和会计凭证保管应遵循的规范。

内容提要

一、会计凭证概述

会计凭证是用来记录经济业务、明确经济责任的书面证明,是登记账簿的依据。会计凭证根据其填制程序和用途不同,可以分为原始凭证和记账凭证两种。

原始凭证是在经济业务发生或完成时有关业务经办人员取得或填制的,用来记录经济业务发生或完成情况,明确经济责任的书面证明。它是记账的原始依据。

记账凭证是会计人员根据审核无误的原始凭证或原始凭证汇总表,按照经济业务的内容进行归类整理,确定会计分录的凭证。它是记账的直接依据。

二、原始凭证

原始凭证按其取得的来源不同,可分为自制原始凭证和外来原始凭证;按其用途不同,可分为证明凭证和手续凭证;按其填制方法不同,可分为一次凭证和累计凭证;按其记载经济业务数量的多少,可分为单一凭证和汇总凭证。

原始凭证的填制要求:记录真实、内容完整、书写规范、填制及时。

原始凭证的审核内容:(1) 审核其所反映的经济业务的合理性和合法性;(2) 审核其填制是否符合规定的要求。

三、记账凭证

记账凭证按其使用的范围不同,可以分为通用记账凭证和专用记账凭证;专用记账凭证按其所记录的经济业务是否与现金和银行存款的收付有关,可分为收款凭证、付款凭证和转账凭证。

收款凭证是用来记录现金和银行存款收入业务的记账凭证;付款凭证是用来记录现金和银行存款付出业务的记账凭证;转账凭证是用来记录除现金、银行存款收付业务以外的其他经济业务的记账凭证。

记账凭证按其填制的方式不同,可分为复式凭证和单式凭证。

填制记账凭证时,除必须遵循填制原始凭证的要求外,还应遵循一些特有的规范。

记账凭证的审核主要从三个方面进行,即审核记账凭证所记录的经济内容是否与所附原始凭证的内容相符;审核记账凭证所填制的应借、应贷账户名称及其金额是否正确;审核记账凭证上的各项目内容是否填列齐全,有关人员是否签名盖章。

四、会计凭证的传递和保管

会计凭证的传递是指会计凭证从填制或取得时起,经审核、记账到装订保管时止,在本单位内部各有关部门和人员之间的传递程序和传递时间。

各单位应根据本单位经济业务的特点、内部机构设置和人员分工情况以及经营管理的需要,由会计主管人员会同本单位有关部门对主要经济业务规定会计凭证的传递程序和时间。正确组织会计凭证的传递,对于及时反映各项经济业务的发生和完成情况,加强经营管理工作中的岗位责任制以及实行有效的监督具有重要意义。

复习思考题

1. 填制和审核会计凭证在会计工作中有何重要作用?
2. 什么是原始凭证?原始凭证按不同标准如何分类?
3. 原始凭证的填制必须符合哪些要求?
4. 如何审核原始凭证?
5. 什么是记账凭证?记账凭证按不同标准如何分类?
6. 记账凭证的填制必须遵循哪些要求?
7. 如何审核记账凭证?
8. 为什么要重视会计凭证的传递和保管工作?

练习题

(一)目的:练习记账凭证的填制。
(二)资料:红星公司 2010 年 4 月份部分经济业务如下:

  1. 1 日销售甲产品 100 件,价款 40 000 元,款项已存入银行。(原始凭证 2 张)
  2. 5 日从银行提取现金 1 000 元备用。(原始凭证 1 张)
  3. 10 日采购员赵亮预借差旅费 800 元,以现金付讫。(原始凭证 1 张)
  4. 12 日以银行存款 2 300 元支付预提的短期借款利息。(原始凭证 1 张)
  5. 18 日采购员赵亮报销差旅费 720 元,交回多余现金 80 元。(原始凭证 2 张)
  6. 30 日计提本月固定资产折旧 30 000 元,其中:基本生产车间固定资产折旧 24 000 元,管理部门固定资产折旧 6 000 元。(原始凭证 1 张)

(三)要求:根据上述经济业务填制专用式记账凭证。

第八章 会计账簿

第一节 会计账簿的意义和种类

一、会计账簿的意义

会计账簿是由具有专门格式而又相互联结在一起的账页组成的,用来全面、连续、系统地记录和反映各项经济业务的簿籍,是会计信息的载体。实际上,账簿是个统称,而"账"和"簿"是有区别的。"账"所记录的会计数据一般以货币作为统一的计量单位,并且需要纳入对外报送的会计报表的正表部分;而"簿"所记录的会计数据不一定以货币作为计量单位,一般不需要纳入对外报送的会计报表的正表部分,但可能需要在会计报表的附注部分列示。

在会计核算中,各单位发生的经济业务,首先是通过会计凭证来反映的。但是,一张会计凭证只能对具体某项经济业务进行记录和反映,不能集中地反映某一时期各类经济活动的全貌和进行连续、系统的核算和监督。因此,就有必要设置账簿,把分散在会计凭证上的资料进行整理、归类和汇总,并登记到各相关账户中去。账簿记录不仅全面、连续、系统地反映了企业经济活动的发生情况,为企业的经营管理提供了丰富的信息,而且还为会计报表的编制和企业会计报表审计提供了直接依据。

设置和登记账簿是加工、整理、归类、汇总和储存会计信息的一种主要方法,是会计核算的重要环节。

二、会计账簿的种类

在实际工作中,由于各会计主体经济活动的内容和经营管理的要求不同,因而其设置的账簿以及这些账簿的格式和用途也不尽相同。为了便于了解和正确使用各种账簿,需要对账簿进行必要的分类。

(一) 会计账簿按其用途不同,分为序时账簿、分类账簿和备查账簿

1. 序时账簿。也称日记账,是按照经济业务发生的时间顺序逐日逐笔登记经济业务的账簿。目前在会计实务中采用的日记账主要是记录某一类经济业务的发生和完成情况,如现金日记账和银行存款日记账。

2. 分类账簿。也称分类账,是由按照会计科目开设的账户所组成的账簿。分类账簿按其开设的账户反映经济业务内容的详细程度不同,又可分为总分类账簿和明细分类账簿。总分类账簿由总分类账户组成,按一级会计科目开设账户提供总括的会计资料。明细分类账簿由明细分类账户组成,可以按二级会计科目或三级会计科目开设账户提供详细的会计资料。

3. 备查账簿。也称登记簿,是根据管理的需要设置的,用以登记序时账和分类账中无法登记或登记不全的经济业务发生情况的账簿,如"代销商品登记簿"、"租入固定资产登记簿"等。确切地说,备查账簿是"簿"而不是"账",其所记录的会计数据一般不列入会计报表的正表部分,但它可以提供表外业务的发生情况的信息,为企业的经营管理提供必要的查考资料。根据

会计报表使用者的要求,在会计报表的附注部分往往需要披露有关重要的表外业务的信息,这时备查账簿就会成为编制会计报表的重要依据。

(二) 会计账簿按其外表形式不同,分为订本式账簿、活页式账簿和卡片式账簿

1. 订本式账簿。也称订本账,是指在启用前就把许多具有一定格式和按顺序编好页码的账页固定装订成册的账簿。采用订本式账簿可以避免账页散失和防止抽换账页,能够起到很好的控制作用。其缺点是使用起来不够灵活,在同一时间只能由一个人登记或查阅账簿,不便于记账人员分工;同时,由于账簿启用前已装订,因此就不能根据各账户登记的业务量大小而增减账页。在实际工作中,总分类账簿、现金日记账簿和银行存款日记账簿都采用订本式账簿。

2. 活页式账簿。也称活页账,是指在启用前和使用过程中,由不固定装订在一起,也不编制页码,只是用活页夹夹起来的若干账页组成的账簿。采用活页式账簿便于记账人员分工;并可根据各账户登记的业务量的大小,随时将空白账页加入有关账户,或将多余的账页从有关账户中抽出,使用起来比较灵活。但使用活页式账簿,账页容易散失或被任意抽换,因此难以起到控制作用。在实际工作中,明细分类账簿和备查账簿常采用活页式账簿。

3. 卡片式账簿。也称卡片账,是指由一定数量的、具有专门固定格式并反映特定内容的卡片组成的账簿。这些卡片一般根据管理的需要事先设计好固定的内容和格式,当有关经济业务发生时,将卡片填制好,并放置于专用的卡片箱中。采用卡片式账簿实际是以卡代账,一张卡片就代表着一个账户记录。它主要适用于有关临时性、过渡性明细分类账户或可以跨年度长期使用,而无须更改记录的明细分类账户。如在途材料明细账和固定资产明细账就可以采用卡片式账簿。

第二节 会计账簿的设置和登记

一、会计账簿的设置原则和基本内容

(一) 会计账簿的设置原则

一般说来,设置账簿应遵循以下原则:

1. 账簿组织严密。各种账簿提供的资料既要联系紧密,勾稽关系严谨,又要避免重复设置。账簿组织应能既提供总括的核算资料,又能提供详细的、具体的核算资料,相互之间有统驭制约关系。

2. 满足管理需要。账簿的设置要能全面、系统地核算和监督企业经济活动和财务收支情况,它所提供的信息应既符合国家宏观管理的要求,满足有关方面了解企业财务状况和经营成果的需要,又满足企业自身经营管理的需要。

3. 符合单位实际。账簿设置应从本单位实际情况出发,有利于会计工作的分工和加强岗位责任制,要考虑到本单位经济活动的特点和规模大小,以及会计机构设置及会计人员配备情况等。

4. 简明、灵活、实用。账簿要在满足实际需要的前提下,力求简便易行,便于操作,账页格式清楚明了,避免繁琐复杂。账簿要力求直接为编制会计报表提供资料,增强账簿的实用性。

(二) 会计账簿的基本内容

虽然账簿的种类、格式多种多样,但它们一般都应具备下列基本内容:

1. 封面。用以载明账簿的名称和记账单位的名称。
2. 扉页。用以标明账簿的启用日期、截止日期、经管人员、交接情况、页数和目录等。
3. 账页。一般包括以下几项内容：
(1) 账户名称：一级会计科目或二级、三级科目。
(2) 日期栏：记账的年、月、日。
(3) 记账凭证的种类和编号。
(4) 摘要栏：经济业务内容的简要说明。
(5) 金额栏：包括借方金额栏、贷方金额栏和余额栏。
(6) 总页次和分户页次。

二、会计账簿的格式和登记方法

（一）日记账的格式和登记方法

日记账主要包括现金日记账和银行存款日记账。

现金日记账是用来反映库存现金的收入、支出和结余情况的账簿。其格式通常采用收入、支出和结余三栏式，由出纳员根据现金收款凭证（简称现收凭证）、付款凭证（简称现付凭证）按凭证编号顺序逐日逐笔登记。对于从银行提取现金的业务，由于习惯上编制银行存款付款凭证（简称银付凭证），而不是编制现金收款凭证，因此，应根据编制的银行存款付款凭证在现金日记账中登记。每日终了，应结出当日余额，并与库存现金的实存数核对。现举例说明三栏式现金日记账的格式和登记方法，如表8-1所示。

表8-1 现金日记账

第1页

××年		凭证号数	摘要	对方账户	收入	支出	结余
月	日						
1	1		上年结余				1 000
1	1	银付1	提现，备发工资	银行存款	9 452		
1	1	现收1	收包装物押金	其他应付款	3 000		
1	1	现付1	张华借差旅费	其他应收款		1 000	
1	1	现付2	发放工资	应付职工薪酬		9 452	
1	1		本日合计		12 452	10 452	3 000

银行存款日记账是用来反映银行存款增加、减少和结存情况的账簿。其格式也通常采用收入、支出和结余三栏式，并应按开户银行和其他金融机构分别设置。由出纳员根据银行存款收款凭证（简称银收凭证）、付款凭证（简称银付凭证）按凭证编号逐日逐笔登记。对于向银行送存现金的业务，由于习惯上编制现金付款凭证，而不是编制银行存款的收款凭证，因此，应根据编制的现金付款凭证在银行存款日记账中登记。每日终了，应结出当日余额，并定期与银行对账单逐笔核对。三栏式银行存款日记账的格式和登记方法与上述现金日记账基本相同，这里不再举例说明。

为了反映现金（或银行存款）每笔收入的来源和支出的用途，便于资金的管理和登记总账，现金日记账(或银行存款日记账)也可采用多栏式。即将收入栏、支出栏分别按照对方账户设置若干专栏,也就是收入栏按贷方账户设置专栏;支出栏按借方账户设置专栏。这样每一专栏的账户对应关系十分清楚。平时记账员根据现金(或银行存款)的收款凭证、付款凭证,按凭证编号逐日逐笔登记,将发生额记入现金日记账(或银行存款日记账)收入栏和支出栏的对方账户专栏。月末(或定期)汇总各专栏的发生额,然后将收入栏各专栏的汇总数过入对方账户(总分类账户)的贷方,将支出栏各专栏的汇总数过入对方账户(总分类账户)的借方,便可简化登记总账工作。现仍用上例说明多栏式现金日记账的格式和登记方法,如表8-2所示。

表8-2 现金日记账

第1页

××年		凭证号数	摘要	收入				支出				结余
月	日			银行存款①	其他应付款	…	合计	其他应收款	应付职工薪酬	…	合计	
1	1		上年结余									1 000
1	1	银付1	提现,备发工资	9 452			9 452					
1	1	现收1	收包装物押金		3 000		3 000					
1	1	现付1	张华借差旅费					1 000			1 000	
1	1	现付2	发放工资						9 452		9 452	
1	1		本日合计	9 452	3 000		12 452	1 000	9 452		10 452	3 000

注:①现金日记账的收入栏和支出栏中,"银行存款"专栏本月合计数无需过账,下同。

现金日记账(或银行存款日记账)采用多栏式,由于对方账户较多,所以账页往往过宽。为解决这个问题,可分别设置现金(或银行存款)的多栏式收入日记账和支出日记账。平时发生现金(或银行存款)的收入业务在收入日记账记载;发生现金(或银行存款)的支出业务在支出日记账记载。每日(或定期)将支出日记账的支出合计数转入收入日记账中的支出合计栏内,以结出账面余额。现举例说明多栏式现金收入日记账和支出日记账的格式和登记方法,如表8-3,表8-4所示。

表8-3 现金收入日记账

第1页

××年		凭证号数	摘要	收入					支出合计数	余额
月	日			银行存款	其他应付款	主营业务收入	…	合计		
1	1		上年结余							1 000
1	1	银付1	提现,备发工资	9 452				9 452		
1	1	现收1	收包装物押金		3 000			3 000		
1	1		本日合计	9 452	3 000			12 452	10 452	3 000

表8-4 现金支出日记账

第1页

××年		凭证号数	摘要	支出					
月	日			其他应收款	应付职工薪酬	管理费用	销售费用	…	支出合计
1	1		上年结余						
1	1	现付1	张华借差旅费	1 000					1 000
1	1	现付2	发放工资		9 452				9 452
1	1		本日合计	1 000	9 452				10 452

（二）分类账的格式和登记方法

分类账是会计账簿的主体，它提供的核算资料是编制会计报表的主要依据。分类账按其所反映经济内容的详细程度不同，可分为总分类账和明细分类账。

1. 总分类账的格式和登记方法

总分类账是按照一级会计科目设置账户，用以总括地反映全部经济业务的发生和完成情况的账簿。其格式一般采用借方、贷方和余额三栏式，各单位可根据需要设置"对方账户"栏或在借方、贷方两栏内分别设置"对方账户"栏。总分类账的格式如表8-5，表8-6和表8-7所示。

表8-5 总分类账

账户名称： 第 页

××年		凭证号数	摘要	借方	贷方	借或贷	余额
月	日						

表8-6 总分类账

账户名称： 第 页

××年		凭证号数	摘要	对方账户	借方	贷方	借或贷	余额
月	日							

表 8-7　总分类账

账户名称：　　　　　　　　　　　　　　　　　　　　　　　　　　　　　　　　　　第　页

××年		凭证号数	摘　要	借方		贷方		借或贷	余额
月	日			对方账户	金额	对方账户	金额		

总分类账可以直接根据各种记账凭证登记，既可以根据记账凭证汇总编制成的科目汇总表或汇总记账凭证登记，也可以根据多栏式日记账和转账凭证登记。总分类账采取什么方法登记，取决于企业所采用的会计核算程序，具体内容将在第九章详细说明。

2. 明细分类账的格式和登记方法

明细分类账是根据某个总分类科目的二级或明细科目设置账户，用以反映某类经济业务的详细核算资料的账簿。根据管理上的要求和核算的内容不同，明细分类账的格式有三栏式、数量金额式和多栏式三种。

（1）三栏式明细分类账。这种明细分类账金额栏设"借方"、"贷方"和"余额"三栏。它适用于只要求进行金额核算的明细分类账，如"应收账款"、"应付账款"、"短期借款"、"实收资本"等明细账。其格式如表 8-8 所示。

表 8-8　（一级科目）明细分类账

账户名称：　　　　　　　　　　　　　　　　　　　　　　　　　　　　　　　　　　第　页

××年		凭证号数	摘　要	对方账户	借方	贷方	借或贷	余额
月	日							

（2）数量金额式明细分类账。这种明细分类账设"收入"、"发出"和"结存"三栏，并且三栏均需再分设"数量"、"单价"和"金额"等栏目。它适用于既要运用实物量度反映数量，又要运用货币量度反映金额的各种实物财产明细分类账，如"固定资产"、"原材料"、"库存商品"、"包装物"等明细分类账。其格式如表 8-9 所示。

表 8-9　（一级科目）明细分类账

编号：　　　　　　　　　　　　　　　　　　　　　　　计量单位：
类别：　　　　　　　　　　　　　　　　　　　　　　　储备定额：
品名：　　　　　　　　　　　　　　　　　　　　　　　存放地点：
账户名称：　　　　　　　　　　　　　　　　　　　　　　　　第　　页

××年		凭证号数	摘要	对方账户	收入			发出			结存		
月	日				数量	单价	金额	数量	单价	金额	数量	单价	金额

（3）多栏式明细分类账。这种明细分类账根据经济业务的特点和管理的要求，在"借方"或"贷方"分设若干个专栏用以集中反映有关明细科目或明细项目的核算资料。它适用于"生产成本"、"管理费用"、"本年利润"等成本类、损益类账户的明细核算。在实际工作中，"生产成本"、"制造费用"以及损益类科目中的费用支出类明细分类账户，一般只设借方，而不设贷方，并在借方按成本、费用或支出的项目设置若干专栏。如需结转或调减有关成本、费用或支出，则可在借方有关栏目用红字登记。"主营业务收入"等收入类明细分类账户可在贷方设置若干专栏，而"投资收益"、"本年利润"明细分类账户则可在借方和贷方均设置有关专栏进行明细分类核算。下面举例说明多栏式明细分类账的格式，如表 8-10，表 8-11 所示。

表 8-10　生产成本明细分类账

账户名称：　　　　　　　　　　　　　　　　　　　　　　　　　　　　　　第　　页

××年		凭证号数	摘要	借方				合计
月	日			直接材料费用	直接人工费用	其他直接费用	制造费用	

明细分类账一般可根据记账凭证、原始凭证（或原始凭证汇总表）及时登记。各种明细分类账在每次登记完毕后，应结出余额，以便及时进行账务核对和账务查询。

表 8-11 本年利润明细分类账

账户名称：   第　页

××年		凭证号数	摘要	借方						贷方						余额
月	日			主营业务成本	销售费用	管理费用	财务费用	…	合计	主营业务收入	其他业务收入	营业外收入	投资收益	…	合计	

3. 总分类账户和明细分类账户的平行登记

总分类账户是根据一级会计科目在总分类账中开设的户头，明细分类账户是按照二级或三级会计科目在明细分类账中开设的户头。总分类账户与所属的明细分类账户核算的经济内容是相同的，只是提供核算资料的详细程度不同。他们之间是统驭与被统驭的关系。在登记总分类账户与明细分类账户时，必须采用平行登记的方法。

平行登记的方法包括以下三个基本要点：

(1) 同时期登记。对发生的经济业务，应根据会计凭证，在同一会计期间既要在有关总分类账户中登记，也要在其所属的明细分类账户中登记。

(2) 同方向登记。对发生的经济业务，记入有关总分类账户的借贷方向，应与记入它所属的明细分类账户的借贷方向一致。

(3) 同金额登记。对发生的经济业务，记入有关总分类账户的金额，应与记入它所属的明细分类账户的金额之和相等。

总分类账户和所属的明细分类账户通过平行登记，其结果有如下的数量关系：

(1) 总分类账户的本期借贷方发生额合计数，与它所属各明细分类账户的借贷方发生额合计数之和相等。

(2) 总分类账户的期末余额，与它所属各明细分类账户的期末余额之和相等。

由于存在上述等量关系，便可以进行总分类账户与其所属明细分类账户之间的账务核对。具体做法是：在月末结出各账户本期发生额及余额后，编制"明细分类账户本期发生额及余额表"，并将其与有关的总分类账户相核对。"明细分类账户本期发生额及余额表"的格式有两种，分别如表 8-12，表 8-13 所示。

表 8-12 明细分类账户本期发生额及余额表

账户名称：　　　　　　　　　　　　　年　月

明细分类账户名称	期初余额		本期发生额		期末余额	
	借方	贷方	借方	贷方	借方	贷方
合计						

表 8-13 明细分类账户本期发生额及余额表

账户名称：　　　　　　　　　　　　　年　月

明细分类账户名称	计量单位	单位	期初余额		本期发生额				期末余额	
					收入		发出			
			数量	金额	数量	金额	数量	金额	数量	金额
合计										

第三节　记账规则与查错

一、记账规则

记账规则是指登记账簿时应遵循的规范。登记账簿是会计核算的基础工作和重要环节，为了保证账簿记录的正确、完整和清晰，明确记账责任，记账必须符合一定的规范要求。

（一）账簿启用规则

账簿作为各单位贮存经济业务数据资料的重要档案，要由专人负责登记，以明确记账责任，保证账簿资料的合法性和完整性。启用账簿时，应在账簿扉页上填列"账簿启用和经管人员一览表"，其具体格式参见表 8-14 所示。如更换记账员，应办理交接手续，在表中填列交接日期、交接人员和监交人员的姓名，并由各有关人员签章。

（二）账簿登记规则

1. 为使账簿记录保持清晰、整洁，防止篡改，便于日后查考使用，记账时必须使用钢笔并用蓝黑墨水书写，不得使用圆珠笔或铅笔记账，红色墨水只能在结账时划线、冲账或更正错账时使用。

表 8-14　账簿启用和经管人员一览表

账簿名称：_____　　　　　　　　　　　　　　　　　　　单位名称：_____
账簿页数：_____　　　　　　　　　　　　　　　　　　　账簿册数：_____
账簿编号：_____　　　　　　　　　　　　　　　　　　　启用日期：_____
会计主管(签章)：_____　　　　　　　　　　　　　　　记账员(签章)：_____

移交日期			移交人		接管日期			接管人		会计主管	
年	月	日	姓名	盖章	年	月	日	姓名	盖章	姓名	盖章

2. 为保证账簿记录的正确性，记账必须以经过审核无误的会计凭证为依据。为便于账证核对，应将记账凭证的号数记入账簿，并在记账凭证上注明该笔账项过入账簿的页码，或作"√"符号表示已经登记入账，以防止漏记或重复记账。

3. 登记账簿时，应按会计凭证的日期、编号、业务内容摘要、金额等逐项记入账内，做到登记及时、摘要简明扼要、数字正确。

4. 为提供在法律上有证明效力的核算资料，保证账簿记录的真实可靠，各种账簿必须逐页逐行登记，不得隔页、跳行。如不慎发生隔页、跳行，应加盖"作废"的戳记，或用红色墨水划斜线予以注销，并由记账员签章，以明确责任。对订本账，不得随意撕毁；对活页账一经编号，也不得随意抽换账页。账簿记录不得涂改、刮擦、挖补或用化学药水修改，如发生记账错误，应采用正确的方法予以更正。

5. 为便于核对和查阅账目，每张账页的第一行和最后一行应留出用于办理转页手续。即在账页最后一行结出本页本月借方、贷方发生额合计和余额，并在摘要栏注明"转下页"的字样；在下页第一行转入上页借方、贷方发生额合计和余额，并在摘要栏注明"承上页"字样。

6. 年度结束旧账启用新账时，应将旧账各账户的余额结转记入新账有关账户的第一行，并在摘要栏注明"上年结转"或"年初余额"字样；同时在旧账最后一行"摘要栏"注明"结转下年"的字样。

（三）错账更正规则

发现账簿记录有错误时，必须根据具体情况，采用适当的方法予以更正。错账更正的方法一般有下列三种：

1. 划线更正法。即划红线注销错误的记录，另在其上作正确记录的更正方法。在结账之前发现账簿记录中存在文字或数字错误，而记账凭证并没有错误时，可采用这种方法。更正时，先在错误的文字或数字上划一条红线表示注销，但应使原有的记录仍可辨认；然后在红线上方空白处写上正确的文字或数字，并由记账员盖章，以明确责任。对错误的数字，必须全部划红线更正，而不能只划线更正全部数字中的个别或部分错误数字。如：若误将 1 561 写成 1 651，划线时应将 1 651 整个数字划去，而不能只划 65 两个数字。

2. 红字更正法。即用红字金额冲减原记金额，以更正或调整账簿记录的方法。它适用于以下两种情况：

(1) 记账以后(不论是否已结账),如发现记账凭证中会计科目有错,账簿登记随之串户。更正的方法是:先填制一张红字金额的与错误凭证分录相同的记账凭证,并用红字登记入账,以冲销原来的记录;再填制一张正确的记账凭证,并据以登记入账。现举例说明如下:

[例 8-1] 某企业向某公司购进甲材料 10 000 元,增值税 1 700 元,发票账单已到,货已验收入库,但货款尚未支付。编制的记账凭证为:

借:原材料——甲材料　　　　　　　　　　　10 000
　　应交税费——应交增值税　　　　　　　　 1 700
　　贷:应收账款——某公司　　　　　　　　　　　　　11 700

该记账凭证已登记入账。

显然,这张记账凭证的编制是错误的,贷方科目应为"应付账款"。由于错误的记账凭证已登记入账,因此,应采用红字更正法。方法为:先编制一张与上述错误记账凭证分录相同但金额为红字(用"□"表示)的记账凭证,并用红字金额登记入账。

借:原材料——甲材料　　　　　　　　　　　|10 000|
　　应交税费——应交增值税　　　　　　　　 |1 700|
　　贷:应收账款——某公司　　　　　　　　　　　　　|11 700|

再编制一张正确的记账凭证,并登记入账。会计分录为:

借:原材料——甲材料　　　　　　　　　　　10 000
　　应交税费——应交增值税　　　　　　　　 1 700
　　贷:应付账款——某公司　　　　　　　　　　　　　11 700

上述错账更正的方法如表 8-15 所示。

表 8-15　红字更正法更正错账示意表(一)

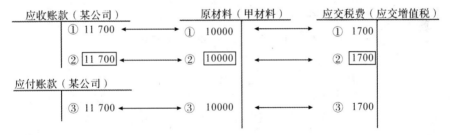

(2) 记账以后,发现账簿登记的错误是由于记账凭证所填金额大于应记金额造成的,而借贷方会计科目并无错误,这时也可用红字更正法更正。更正的方法是:以多记金额,再编制一张金额为红字但借贷方科目相同的记账凭证,并登记入账,将多记的金额冲销即可。现举例说明如下:

[例 8-2] 某企业以现金 50 元购买办公用品,当即领用。编制的记账凭证为:

借:管理费用——办公费　　　　　　　　　　60
　　贷:库存现金　　　　　　　　　　　　　　　　　　60

该记账凭证已登记入账。

显然,记账凭证中账户名称是正确的,但所填金额大于应记金额 10 元,引起账簿记录也多记了 10 元。因此,可采用红字更正法。方法为:将多记金额 10 元用红字编制一张记账凭证,并据以用红字金额登记入账,就可以冲销多记金额。

111

借:管理费用——办公费　　　　　　　　　　　　　　　10
　　贷:库存现金　　　　　　　　　　　　　　　　　　　　　10

上述错账更正的方法如表 8-16 所示。

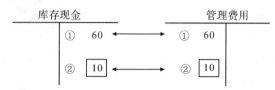

表 8-16　红字更正法更正错账示意表(二)

3. 补充登记法。即用增记金额更正错账的方法。它适用于在记账以后,发现账簿登记错误是由于记账凭证所填金额小于应记金额,而借贷方会计科目并无错误的错账。更正的方法是:以少记金额,再编制一张借贷方会计科目相同的记账凭证,并登记入账,将少记金额补充入账即可。现举例说明如下:

[例 8-3]　某企业以现金 500 元支付业务招待费,编制的记账凭证为:
借:管理费用——业务招待费　　　　　　　　　　　400
　　贷:库存现金　　　　　　　　　　　　　　　　　　　　400

该凭证已登记入账。

显然,记账凭证中账户名称是正确的,但所填金额小于应记金额 100 元。因此,可采用补充登记法。方法为:将少记金额 100 元用蓝字按原应借、应贷账户名称编制一张记账凭证,并据以登记入账。

借:管理费用——业务招待费　　　　　　　　　　　100
　　贷:库存现金　　　　　　　　　　　　　　　　　　　　100

上述错账更正的方法如表 8-17 所示。

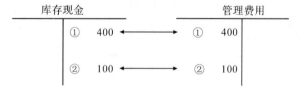

表 8-17　补充登记法更正错账示意表

二、查错

会计人员在记账、算账过程中难免发生差错。如果在对账和试算平衡时发现账务不一致或不平衡,说明存在错账,应及时将其查找出来。在查错过程中,应先确定金额错误的差数和范围,然后把差错的金额与有关情况联系起来寻找线索,逐步缩小查找范围,使查错工作有针对性地进行。

查错一般应按下列步骤和方法进行:

(一)检查"本期发生额及余额试算平衡表"

1. 复核试算平衡表内本期借方、贷方发生额和余额合计数是否相等;

2. 核对本期试算平衡表各账户的期初余额与上期试算平衡表各账户的期末余额,看其是否相等;

3. 核对试算平衡表内各账户的期初余额,加(或减)本期借贷方发生额后,是否等于期末余额;

4. 复核试算平衡表中每个账户的各栏金额与账簿记录是否相符,看各栏金额有无抄错。特别要注意金额方向在编表时是否抄反。

(二) 检查分类账中试算不平衡的账户

1. 复算账户余额计算是否正确,特别要注意在办理转页手续时有无计算错误;
2. 检查各总分类账户及其所属明细分类账户的发生额及余额是否相符;
3. 检查分析某些账户的余额有无异常现象,以便从中寻找线索。

(三) 经上述步骤仍未找出差错,可能是账簿登记错误,可用下列方法继续查找

1. 差数法。这种方法适用于查找在过账时,将借方账户和贷方账户其中之一漏记或重记的错账。即根据错账的差数,查找所发生的全部经济业务中,是否有一笔经济业务的发生额与差数正好相同;如果有,则再进一步检查是否漏记或重记了借方(或贷方)账户。

2. 除2法。这种方法适用于查找在过账时,将应借金额记入账户贷方,或将应贷金额记入账户的借方的错账。即先将错账的差数除2得到一个商数,然后查找在发生的全部经济业务中,是否有一笔经济业务的发生额正好与这个商数相同,如果有,再进一步检查是否在过账时将借方账户或贷方账户的金额方向记反了。

3. 除9法。这种方法适用于查找数字错位或数字颠倒而造成的错账。数字错位是指数字的位数向前或向后移位,如把4 100写成41 000或410,数字分别向前、向后错了一位;写成410 000或41,数字分别向前、向后错了两位。一般情况下,数字错两位或两位以上的可能性极小。如果数字向前移动一位,产生的差数将是正确数的9倍;如果向后移动一位,产生的差数比正确数小9倍。据此,在查错时先将差数除9,其商数就是正确的数字或错位后的错误数字,如果是错误数字,将其扩大10倍,即为正确的数字;然后在账簿中查找是否有一笔经济业务的发生额与其相同;如果有,则应进一步查明是否存在数字错位了。

数字颠倒是指把一个数的相邻几位数字位置顺序弄颠倒了,如把51 280写成51 820或58 210。显然,相邻的三位或更多位的数字颠倒的可能性很小。当错数是颠倒了个位数字和十位数字时,差数一定能被9除尽,且得到的商数就是个位数字与十位数字之差的绝对值。如将51 429错写成51 492,则差数为63,差数除9后得商数7,正好是个位数字9与十位数字2差额的绝对值。实际上,如差数为63,除9后得商数7,则可能是将个位数字和十位数字颠倒了,且有四种可能:2和9,9和2,1和8,8和1。差数除9后,如得到的商数是十位数,则可能是将十位数字与百位数字弄颠倒了;得到的商数如是百位数,则可能是将百位数字与千位数字弄颠倒了……依此类推。据此,在查错时,可先将差数除9,然后根据所得到的商数来判断数字颠倒的位次和可能的颠倒数字。

如果采用上述方法仍不能查出错误所在,就要采用全面检查的方法。即按照账务处理的程序,从原始凭证、记账凭证中的有关数据,逐笔核对总分类账户、明细分类账户,直至会计报表;或按照账务处理程序的相反方向,从会计报表中的有关数据,逐项和总分类账户、明细分类账户,直至记账凭证、原始凭证相核对。

第四节　对账与结账

一、对账

对账,简单地说,就是核对账目。为了保证账簿记录的正确,会计人员不但要认真做好日常的记账和算账工作,还必须定期或不定期地核对账簿记录,以确保账证相符、账账相符和账实相符。对账的主要内容包括:

1. 账证核对。即将各种账簿记录与有关记账凭证和原始凭证进行核对。一般在日常编制会计凭证和登记账簿过程中就要进行账证核对。月终,还要将本月入账的原始凭证和记账凭证与账簿记录逐笔核对或抽查核对,如发现账证不符,应及时采用适当的方法进行更正,以保证账证相符。

2. 账账核对。即将各种账簿之间的数据进行核对。主要包括:

（1）总分类账户与所属明细分类账户核对。通过编制"明细分类账户本期发生额及余额表",并将其本期借方、贷方发生额合计数和期末余额合计数与总分类账户进行核对,以保证总分类账户与所属明细分类账户相符。

（2）日记账与有关总分类账核对。将现金日记账、银行存款日记账中的本期借方、贷方发生额合计和期末余额分别与现金总分类账户、银行存款总分类账户进行核对,以保证日记账与有关的总分类账户相符。

（3）登记簿与有关明细分类账户核对。将各种财产物资明细分类账与财产物资保管使用部门的有关财产物资登记簿相核对,以保证登记簿与有关的明细分类账户相符。

3. 账实核对。即将各种财产的账面余额与实际结存数进行核对。主要包括:

（1）将现金日记账账面余额与现金实际库存数相核对;

（2）将银行存款日记账账面余额与开户银行转来的对账单相核对;

（3）将各种财产物资明细分类账（包括存货、固定资产等）账面余额与财产物资实际库存数相核对;

（4）将各种债权、债务（如应收账款、应付账款等）的账面余额与有关债权人、债务人相核对。

二、结账

结账,就是在把一定时期内所发生的经济业务全部登记入账的基础上,计算出各个账户的本期借方发生额、本期贷方发生额和期末余额,并将期末余额结转下期的工作。通过结账,可以正确、及时地反映一定时期的经济活动情况及其结果,并为编制会计报表提供依据。因此,各单位都必须在月份、季度、年度终了时,进行结账。

在结账前,应做好下列工作:

（1）检查本期内日常发生的经济业务是否全部填制会计凭证,并据以登记入账。

（2）账项调整。即根据权责发生制原则,计提本期已实现但尚未入账的收入和已发生但尚未入账的费用,填制有关会计凭证并据以登记入账。如计提在本期持有并存续的有价证券的利息,摊销本期应负担的待摊费用,预提应由本期负担而尚未支付的费用等。

（3）检查各项资产、负债是否账实相符。即通过财产清查检查企业各项有形的财产物资是否账实相符,通过账务核对的方法检查各项债权性资产和无实物形态的资产及各项负债是否账实相符。

(4)试算平衡。即在全部经济业务登记入账的基础上,编制"总分类账户本期发生额及余额表"和"明细分类账户本期发生额及余额表",检查本期总分类账户的本期发生额和期末余额是否平衡,以及明细分类账户与总分类账户的本期发生额和期末余额是否相符。

结账通常可分为月结、季结和年结。其具体做法是:

每月末进行月结时,在各账户本月份的最后一笔经济业务下面划一道红线;然后在红线下结算出本月借、贷方发生额和月末余额(如无余额,可以在"余额"栏写上"平"或"0"字样),并在"摘要"栏注明"本月发生额及余额"或"本月合计"字样;再在月结数下划一道通栏红线,以划分本月记录和下月记录。对于每月只发生一笔经济业务的账户,在结账时,只要在该笔经济业务发生额下划一道通栏红线,表示本月记录结束,不要结计本月发生额合计。若某个账户本月份没有发生经济业务,则无需结账。

每季末进行季结时,应在月结的下一行再结算出本季发生额及季末余额,并在"摘要"栏注明"第×季度发生额及余额"或"本季合计"字样,再在下一行计算出年初至本季末的累计发生额及余额,并在"摘要"栏注明"第×季度累计发生额及余额"或"本季累计"字样,然后在季结行下划一道通栏红线。

年终进行年结时,可在第四季度季结的下一行结算出全年发生额和年末余额,在"摘要"栏注明"本年发生额及年末余额"或"本年累计"字样,将本年余额结转下年度时,在"摘要"栏注明"结转下年"字样;在下一行划两道通栏红线,表示结束全年的账簿记录,在下一年度新建有关账簿的第一行余额栏内填写上年结转的余额,并在"摘要"栏注明"上年结转"字样。

结账一般在月末、季末和年末的最后一天营业结束后进行,任何单位不能为赶编会计报表而提前结账,也不能先编制会计报表,然后结账。结账的方法如表8-18所示。

表8-18 总分类账

账户名称:库存现金　　　　　　　　　　　　　　　　　　　　　　　　　　第　页

××年		凭证号数	摘要	借方	贷方	借或贷	余额
月	日						
2	1		上月结转	2 000		借	2 000
2	6	现付1	张华借差旅费		1 200	借	800
2	12	现收1	收取客户保证金	1 000		借	1 800
2	28	现付2	购办公用品		800	借	1 000
2	28		本月合计	1 000	2 000	借	1 000
2	28		本月累计	3 000	2 000	借	1 000
3	2	银付1	提取备用金	2 000		借	3 000
12	31	现付10	购会计账册		1 600	借	1 000
12	31		本月合计	4 000	3 600	借	1 000
12	31		全年累计	34 000	33 000	借	1 000
12	31		结转下年		1 000		

注:虚线表示红线,双波纹线表示省略。

自学指导

学习目的和要求

通过本章的学习,要求了解会计账簿的意义和种类,掌握会计账簿的设置和登记方法,理解记账规则,掌握查找错账并更正错账、对账和结账的方法。

内容提要

会计账簿是会计信息的载体,它不仅全面、连续、系统地反映企业经济活动的发生情况,为企业的经营管理提供丰富的信息,而且为会计报表的编制和审计提供直接依据。设置和登记账簿是加工、整理、归类、汇总和储存会计信息的一种主要方法,是会计核算的主要环节。会计账簿按用途不同可分为序时账簿、分类账簿和备查账簿。序时账簿又称日记账;分类账簿包括总分类账簿和明细分类账簿。会计账簿按其外表形式可分为订本式账簿、活页式账簿和卡片式账簿三种。

设置会计账簿应遵循以下原则:(1)账簿组织严密;(2)满足管理需要;(3)符合单位实际;(4)简明、灵活、实用。

日记账主要指现金日记账和银行存款日记账,其格式主要有三栏式和多栏式两种。

总分类账一般采用三栏式格式。明细分类账的格式可根据核算和管理的需要,分别采用三栏式、数量金额式和多栏式。三栏式适用于只进行金额核算的明细分类账户;数量金额式适用于既进行金额核算又要反映数量的明细分类账户;多栏式适用于按具体项目核算的成本类、费用支出类和本年利润明细分类账户。在登记总分类账和所属的明细分类账户时,必须采用平行登记的方法。平行登记的要点是:同时期登记、同方向登记和同金额登记。平行登记的结果必然存在两个数量关系:总分类账户本期借贷方发生额合计数,与它所属的各明细分类账户的借贷方发生额合计数之和相等;总分类账户的期末余额,与它所属的各明细分类账户的期末余额之和相等。存在的这种等量关系是进行总分类账户与其所属的明细分类账户进行核对的理论依据。

为了保证账簿记录的正确、完整、清晰,保证会计核算的质量,账簿启用和登记时应符合记账规则。对记账、算账过程中发生的差错,应及时按一定的方法和步骤进行查找,并根据错账的不同情况,分别采用划线更正法、红字更正法和补充登记法进行更正。

为了保证会计账簿记录的正确性,为编制会计报表提供可靠的依据,会计人员必须定期或不定期地进行对账工作,以确保账证相符、账账相符、账实相符。为了正确、及时地反映一定时期的经济活动情况及其结果,并为编制会计报表提供依据,会计人员必须在月度、季度和年度终了时,在将所发生的经济业务全部登记入账的基础上,进行结账工作,计算出各个账户的本期借贷方发生额和期末余额,并结转下期。

复习思考题

1. 设置和登记账簿有什么重要意义?
2. 会计账簿按用途可分为哪几类? 按外表形式又分为哪几类?

3. 设置账簿应遵循哪些原则?
4. 简要说明日记账、总分类账和明细分类账的格式和登记方法。
5. 总分类账户与其所属的明细分类账户平行登记的要点是什么?平行登记的结果存在哪些数量关系?
6. 启用和登记账簿的一般规则是什么?
7. 错账更正的方法有哪几种?如何正确使用这些方法?
8. 记账、算账过程中发生的差错应如何查找?
9. 什么是对账?对账的主要内容是什么?
10. 什么是结账?结账的一般程序和方法是什么?

练习题

习题一

(一)目的:练习总分类账户和明细分类账户的平行登记(为简化,暂不考虑增值税)。

(二)资料:某企业 2010 年 6 月 1 日"应付账款"总分类账户的期初贷方余额为 80 000 元,其中:武胜厂 70 000 元,永定厂 10 000 元,该企业 6 月份发生如下经济业务:

1. 2 日从三洋公司购入 C 材料 100 千克,每千克 6 元,货款尚未支付;
2. 3 日以银行存款归还上月欠武胜厂货款 70 000 元;
3. 7 日以银行存款归还上月欠永定厂货款 10 000 元;
4. 11 日从武胜厂购入 D 材料 200 千克,每千克 4 元,货款暂欠;
5. 14 日以银行存款归还前欠三洋公司 6 月 2 日的购货款;
6. 16 日从三洋公司购入 C 材料 200 千克,每千克 5 元,货款尚未支付;
7. 20 日从永定厂购入 E 材料 4 000 千克,每千克 5 元,货款暂欠;
8. 23 日以银行存款归还前欠武胜厂 6 月 11 日的货款;
9. 28 日以银行存款归还前欠永定厂 6 月 20 日的货款。

(三)要求:

1. 根据上述经济业务编制会计分录;
2. 根据有关记账凭证登记"应付账款"总分类账户及其所属明细分类账户(采用"T"型账户);
3. 编制"应付账款明细分类账户本期发生额及余额表",并与"应付账款"总分类账户相核对。

习题二

(一)目的:练习错账更正的方法

(二)资料:

1. 某企业从仓库领出 A 材料 200 千克,价值 980 元,用于甲产品的生产,结账前发现记账凭证和账户记录的内容如下:

记账凭证为:

借:生产成本——甲产品 980
　　贷:原材料——A 材料 980

账户记录为:

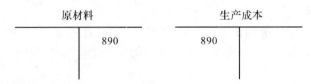

2. 某企业购入一台机床,价款 23 000 元,增值税 3 910 元,机床已交付使用,同时开出银行转账支票 26 910 元。结账后发现记账凭证和账户记录如下：

记账凭证为：

借:固定资产——机床　　　　　　　　　　　　23 000
　　应交税费——应交增值税　　　　　　　　　 3 910
　　贷:银行存款　　　　　　　　　　　　　　　　　　　26 910

账户记录为：

银行存款	固定资产	应交税费(应交增值税)
31 910	28 000	3 910

3. 某企业销售 100 000 公斤 A 产品,每公斤 1.2 元,款项已存入银行,记账凭证和账户记录如下：

记账凭证为：

借:应收账款——某公司　　　　　　　　　　　140 400
　　贷:主营业务收入——A 产品　　　　　　　　　　　120 000
　　　　应交税费——应交增值税　　　　　　　　　　　 20 400

账户记录为：

主营业务收入	应收账款	应交税费(应交增值税)
120 000	140 400	20 400

(三) 要求:请说明应采用哪种方法进行更正,写出更正时应编制的会计分录,并在"T 型"账户中进行登记。

第九章 会计报表

第一节 会计报表的意义和种类

一、会计报表的意义

会计报表是对会计主体的日常会计核算资料进行进一步加工、整理和汇总形成的,用来综合地反映其在会计期末的财务状况和会计期间内的经营成果和财务状况变动情况的书面文件。编制会计报表是会计核算工作的一个重要方面。

会计的目标是向企业管理当局和企业外部有关方面提供会计信息,以满足其管理和决策时的信息需求。企业的经济活动和财务收支,经过填制和审核凭证、登记账簿等日常会计核算工作,已在账簿中作了全面、系统的分类记录和归集。但账簿资料所表达的会计信息过于分散,不能全面地、综合地集中表达和披露企业的会计信息。出于保守商业秘密的考虑,企业也不能将账簿资料所反映的会计信息全部对外披露。因此,要实现会计目标还必须按照会计准则和会计制度的统一要求,对企业的账簿资料作进一步的加工整理,并编制和报送会计报表。

会计报表提供的信息主要包括企业财务状况、经营情况和财务状况变动情况等三个方面,这些信息对于企业管理当局、企业的投资人、债权人、政府有关部门都具有重要意义。具体地说:

(一)企业管理当局可以利用会计报表提供的信息,分析企业在经营管理过程中所面临的机遇和各种问题,以便作出正确的经营决策、筹资决策和投资决策,控制企业的经营风险和财务风险。

(二)企业的投资人(包括潜在的投资人)可以利用会计报表提供的信息,分析企业盈利能力和经营风险,以便作出正确的投资决策,控制投资风险。

(三)企业的债权人(包括商业银行和企业的主要供应商)可以利用会计报表提供的信息,分析企业的偿债能力和财务风险,以便作出正确的信用决策,保证信贷资金的安全。

(四)政府有关部门(包括财政、税务、审计、工商行政管理、国有资产管理、企业主管部门等)可以利用会计报表提供的信息,检查企业是否遵守国家财经法纪和有关方针政策,以加强宏观经济的调控和管理。

二、会计报表的组成及其分类

(一)会计报表的组成

会计报表是对企业财务状况、经营成果和现金流量的结构性表述。一套完整的会计报表报表至少应当包括资产负债表、利润表、现金流量表、所有者权益(或股东权益,下同)变动表以及附注。

资产负债表、利润表和现金流量表分别从不同角度反映企业的财务状况、经营成果和现金流量。资产负债表反映企业在某一特定日期所拥有的资产、需偿还的债务以及股东(投资者)拥有的净资产情况;利润表反映企业在一定会计期间的经营成果,即利润或亏损的情况,表明企业运用所拥有的资产的获利能力;现金流量表反映企业在一定会计期间现金和现金等价物流入和流出的情况。

所有者权益变动表反映构成所有者权益的各组成部分当期的增减变动情况。企业的净利润及其分配情况是所有者权益变动的组成部分,相关信息已经在所有者权益变动表及其附注中反映,企业不需要再单独编制利润分配表。

附注是会计报表不可或缺的组成部分,是对在资产负债表、利润表、现金流量表和所有者权益变动表等报表中列示项目的文字描述或明细资料,以及对未能在这些报表中列示项目的说明等。

(二)会计报表的分类

1. 按会计报表反映的价值运动的状态分类

(1)静态报表。是反映企业价值运动处于相对静止状态的会计报表,如资产负债表。静态报表主要根据有关账户的期末余额编制。

(2)动态报表。是反映企业价值运动的动态过程的报表,如利润表、现金流量表。动态报表主要通过分析有关账户的发生额来编制。

2. 按会计报表编制的时间分类

(1)年度会计报表。是全面反映企业一定会计年度的财务状况、经营成果、财务状况变动情况以及利润分配情况的报表。年度会计报表于会计年度末(在我国为12月31日)结账后编制。由于企业一般按会计年度进行财务决算,因此年度会计报表也称年度决算报表。它包括企业需要编制的所有会计报表,如资产负债表、损益表和现金流量表以及利润分配表等有关附表。

(2)中期会计报表。是反映企业一定会计年度上半年度、季度或月份的财务状况和经营成果的报表。中期会计报表于会计年度中期、季度或月份结账后编制,主要包括资产负债表、利润表及有关附表。

3. 按会计报表编制的主体分类

(1)个别会计报表。是指独立核算单位根据本企业账簿记录和其他有关资料编制而成的会计报表。

(2)汇总会计报表。是指企业主管部门根据管辖范围内各企业编制的个别会计报表汇总编制而成的,反映整个系统财务状况和经营情况的会计报表。

(3)合并会计报表。是以母公司和子公司组成的企业集团为会计主体,以母公司和子公司单独编制的个别会计报表为基础,由母公司编制的综合反映企业集团经营成果、财务状况及其变动情况的会计报表。

汇总会计报表和合并会计报表都是根据个别会计报表编制而成的,两者的区别是:汇总会计报表是企业主管部门编制的,其与所管辖的企业之间是行政隶属关系;合并会计报表是企业集团编制的,其与所属企业之间一般是以产权为纽带的控制与被控制关系。合并会计报表的编制需抵消集团内部的交易,而汇总会计报表则不需要抵消系统内各企业间的内部交易。

三、会计报表的编制要求

为了保证会计报表提供的信息能及时、准确、完整地反映企业的经营成果和财务状况及其变动情况,会计报表应根据下列基本要求进行编制:

(一)数字真实

会计报表所披露的会计信息主要用于企业管理当局和外部有关方面的管理和决策。如果会计报表中的数字不真实、不可靠,甚至是虚假的,那么会计报表不仅不能发挥其应有的作用,反而会误导报表使用者作出错误的分析和判断,导致决策失误并带来损失。因此,编制会计报表之前,必须认真做好结账、对账和财产清查工作,切实做到账证相符、账账相符、账实相符,然后再根据正确无误的账簿资料编制各种会计报表。在编制以后,还要进行认真的复核,做到账表相符、表表衔接。

(二) 内容完整

会计报表应当全面反映企业的经营成果和财务状况及其变动情况,反映企业经济活动的全貌。为此,企业必须按照会计准则和会计制度统一规定的类别、格式和内容来编制会计报表。凡是应当编制的各种会计报表,必须编报齐全;凡是应当填列的报表项目,无论是表内项目,还是表外补充资料,必须全部填列;凡是应当汇总(或合并)的所属各单位的会计报表,必须全部汇总(或合并)。

(三) 编报及时

会计报表只有及时编制和报送,才能充分发挥会计报表的作用。即使会计报表是真实、可靠、完整的,由于编制、报送不及时,也会使其失去利用价值,甚至延误决策时机,给报表使用者带来损失。为此,企业必须加强日常的会计核算,做好记账、算账、对账、结账和财产清查工作,便于在会计期间结束后能及时编制会计报表。同时,在编制会计报表过程中,会计人员还应密切配合,加强协作,并在规定期限内编制完毕,及时上报。

第二节 资产负债表

一、资产负债表的意义

资产负债表是反映企业在一定会计期末(如月末、季末、年末)财务状况的会计报表。它是根据"资产=负债+所有者权益"的会计平衡公式,按照规定的分类标准并以资金流动性的大小为顺序,把企业在会计期末的各资产类、负债类和所有者权益类项目予以适当的排列而成的。它表明企业在某会计期末所拥有或控制的经济资源和所承担的各项经济义务。

资产负债表提供的会计信息,不仅可以使报表使用者了解企业拥有或控制的经济资源总量以及企业分别对债权人和投资人所承担经济义务总额,而且通过资产类、负债类和所有者权益类项目按流动性大小排列的分类列示,可以使报表使用者进一步分析企业资产、负债和所有者权益的结构及其对称性,了解企业偿还即期债务和长期债务的能力以及未来通过负债融资或资本融资的可能性。

二、资产负债表的结构和基本内容

(一) 资产负债表的结构

资产负债表包括表首和正表两个部分。

表首部分列明报表的名称、编制单位、截止日期(一般为该会计期间的最后一天,也称资产负债表日)、记账本位币及其计量单位,它说明资产负债表反映的会计信息的主要标志。

正表部分是资产负债表的主体和核心。其结构主要有"左右账户式"和"上下报告式"两种。"左右账户式"是根据"资产=负债+所有者权益"的会计平衡公式设置的,左方列示各资产类项目,右方自上而下分别列示负债类项目和所有者权益类项目。"上下报告式"是根据"资产-负债=所有者权益"的会计平衡公式设置的,首先列示资产类项目,然后列示负债类项目,最后列示所有者权益类项目。

我国会计准则规定,企业编制的资产负债表采用"左右账户式"结构,并且正表部分需要设置"年初数"和"期末数"两栏分别反映年初和本期期末的财务状况。

资产负债表的基本格式如表9-1所示。

表9-1 资产负债表

编制单位： 　　　　　　　　　　　年　月　日　　　　　　　　　　　单位:元

资产	期末余额	年初余额	负债和所有者权益(或股东权益)	期末余额	年初余额
流动资产：			流动负债：		
货币资金			短期借款		
交易性金融资产			交易性金融负债		
应收票据			应付票据		
应收账款			应付账款		
预付账款			预收账款		
应收利息			应付职工薪酬		
应收股利			应交税费		
其他应收款			应付利息		
存货			应付股利		
一年内到期的非流动资产			其他应付款		
其他流动资产			一年内到期的非流动负债		
流动资产合计			其他流动负债		
非流动资产：			流动负债合计		
可供出售金融资产			非流动负债：		
持有至到期投资			长期借款		
长期应收款			应付债券		
长期股权投资			长期应付款		
投资性房地产			专项应付款		
固定资产			预计负债		
在建工程			递延所得税负债		
工程物资			其他非流动负债		
固定资产清理			非流动负债合计		
生产性生物资产			负债合计		
油气资产			所有者权益(或股东权益)：		
无形资产			实收资本(或股本)		
开发支出			资本公积		

续表 9-1

资产	期末余额	年初余额	负债和所有者权益(或股东权益)	期末余额	年初余额
商誉			减:库存股		
长期待摊费用			盈余公积		
递延所得税资产			未分配利润		
其他非流动资产			所有者权益(或股东权益)总计		
非流动资产合计					
资产总计			负债和所有者权益(或股东权益)总计		

单位负责人：　　　　　财务负责人：　　　　　制单人：　　　　　填制日期：

(二) 资产负债表的基本内容

资产负债表"期末余额"各项目的具体内容和填列方法如下：

1. "货币资金"项目，反映企业会计报告期末库存现金、银行存款、其他货币资金的合计数。本项目应根据"库存现金"、"银行存款"、"其他货币资金"账户的期末借方余额合计数填列。

2. "交易性金融资产"项目，反映企业持有的以公允价值计量且其变动计入当期损益的为交易目的而持有的债券投资、股票投资、基金投资、权证投资等交易性金融资产。本项目应根据"交易性金融资产"账户的期末余额填列。

3. "应收票据"项目，反映企业收到的未到期收款而且也未向银行贴现的商业承兑汇票和银行承兑汇票等应收票据余额，减去已计提的坏账准备后的净额。本项目应根据"应收票据"账户的期末余额减去"坏账准备"账户中有关应收票据计提的坏账准备期末余额后的金额填列。

4. "应收账款"项目，反映企业因销售商品、提供劳务等而应向购买单位收取的各种款项，减去已计提的坏账准备后的净额。本项目应根据"应收账款"和"预收账款"账户所属各明细账户的期末借方余额合计，减去"应收账款"计提的"坏账准备"账户的贷方余额后的差额填列。

5. "预付账款"项目，反映企业预收的款项，减去已计提的坏账准备后的净额。本项目根据"预付账款"和"应付账款"账户所属各明细账户的期末借方余额合计，减去"坏账准备"账户中有关预付账款计提的坏账准备期末余额后的金额填列。如果"预付账款"账户所属细账户的期末为贷方余额的，应在本表"应付账款"项目填列。

6. "应收利息"项目，反映企业因持有交易性金融资产、持有至到期投资和可供出售金融资产等应收取的利息。本项目应根据"应收利息"账户的期末余额减去"坏账准备"科目中有关应收利息计提的坏账准备期末余额后的金额填列。

7. "应收股利"项目，反映企业应收取的现金股利和应收取其他单位分配的利润。本项目根据"应收股利"账户期末余额减去"坏账准备"科目中有关应收股利计提的坏账准备期末余额后的金额填列。

8. "其他应收款"项目，反映企业除应收票据、应收账款、预付账款、应收股利、应收利息等经营活动以外的其他各种应收和暂付的款项，减去已计提的坏账准备后的净额。本项目应根据"其他应收款"账户的期末余额，减去"坏账准备"账户中有关其他应收款计提的坏账准备期末余额后的金额填列。

9. "存货"项目，反映企业期末在库、在途和在加工中的各项存货的可变现净值，包括各种原材料、商品、在产品、半成品、发出商品、包装物、低值易耗品和委托代销商品等。本项目应根据"在途物资(材料采购)"、"原材料"、"低值易耗品"、"库存商品"、"周转材料"、"委托加工物资"、"委托代销商品"、"生产成本"和"劳务成本"等账户的期末余额合计,减去"受托代销商品款"、"存货跌价准备"账户期末余额后的金额填列。

10. "一年内到期的非流动资产"项目,反映企业非流动资产项目中在一年内到期的金额,包括一年内到期的"持有至到期投资"、一年内摊销的"长期待摊费用"和一年内可收回的"长期应收款"。本项目应根据上述账户余额之和分析计算后填列。

11. "其他流动资产"项目,反映企业除以上流动资产项目外的其他流动资产,本项目应根据有关账户的期末余额填列。如果其他流动资产价值较大的,应在财务报表附注中披露其内容和金额。

12. "可供出售金融资产"项目,反映企业持有的可供出售金融资产的公允价值。包括划分为可供出售的股票投资、债券投资等金融资产。本项目根据"可供出售金融资产"账户期末借方余额减去"可供出售金融资产减值准备"账户期末贷方余额填列。

13. "持有至到期投资"项目,反映企业持有至到期投资的摊余成本。本项目根据"持有至到期投资"账户期末借方余额减去一年内到期的投资部分和"持有至到期投资减值准备"账户期末贷方余额后的净额填列。

14. "长期应收款"项目,反映企业融资租赁产生的应收款项、采取递延方式具有融资性质的销售商品和提供劳务等产生的长期应收款项等。本项目根据"长期应收款"期末余额,减去一年内到期的部分、"未确认融资收益"账户期末余额、"坏账准备"账户中按长期应收款计提的坏账损失后的金额填列。

15. "长期股权投资"项目,反映企业可供出售金融资产的公允价值,包括划分为可供出售的股票投资、债券投资等金融资产。本项目应根据"长期股权投资"账户的期末借方余额减去"长期股权投资减值准备"账户期末贷方余额后填列。

16. "固定资产"项目,反映企业固定资产的净值。本项目根据"固定资产"账户期末借方余额,减去"累计折旧"和"固定资产减值准备"账户期末贷方余额后填列。融资租入固定资产的净值也包括在内。

17. "在建工程"项目,反映企业尚未达到预定可使用状态的在建工程价值。本项目根据"在建工程"账户期末余额,减去"在建工程减值准备"账户期末余额后填列。

18. "工程物资"项目,反映企业为在建工程准备的各种物资的实际成本。本项目根据"工程物资"账户期末余额,减去"工程物资减值准备"账户期末余额后填列。

19. "固定资产清理"项目,反映企业因出售、毁损、报废等原因转入清理但尚未清理完毕的固定资产的账面价值,以及固定资产清理过程中所发生的清理费用和变价收入等各项金额的差额。本项目应根据"固定资产清理"账户的期末借方余额填列;如"固定资产清理"账户期末为贷方余额,以"一"号填列。

20. "生产性生物资产"项目,反映企业(农业)持有的生产性生物资产净价,本项目根据"生产性生物资产"项目,反映企业持有的生产性生物资产。本项目根据"生产性生物资产"账户期末余额,减去"生产性生物资产累计折旧"和"生产性生物资产减值准备"账户期末贷方余额后填列。

21. "无形资产"项目,反映企业持有的各项无形资产的净值。本项目应根据"无形资产"账户期末借方余额,减去"累计摊销"和"无形资产减值准备"账户的期末贷方余额填列。

22. "开发支出"项目,反映企业开发无形资产过程中发生的、尚未形成无形资产成本的支出。本项目根据"研发支出"科目中所属的"资本化支出"明细科目期末余额填列。

23."商誉"项目,反映企业商誉的价值。本项目根据"商誉"账户期末余额减去相应减值准备填列。

24."长期待摊费用"项目,反映小企业尚未摊销的摊销期限在1年以上(不含1年)的各项费用。本项目应根据"长期待摊费用"账户的期末余额减去将于1年内(含1年)摊销的数额后的金额填列。

25."递延所得税资产"项目,反映企业应可抵扣暂时性差异形成的递延所得税资产。本项目根据"递延所得税资产"账户期末余额填列。

26."其他非流动资产"项目,反映企业除以上资产以外的其他非流动资产。本项目应根据有关账户的期末余额填列。

27."短期借款"项目,反映企业借入尚未归还的1年期以下(含1年)的借款。本项目应根据"短期借款"账户的期末贷方余额填列。

28."交易性金融负债"项目,反映企业发行短期债券等所形成的交易性金融负债公允价值。本项目根据"交易性金融负债"账户期末余额填列。

29."应付票据"项目,反映企业为了抵付货款等而开出并承兑的、尚未到期付款的应付票据,包括银行承兑汇票和商业承兑汇票。本项目应根据"应付票据"账户的期末贷方余额填列。

30."应付账款"项目,反映企业购买原材料、商品和接受劳务供应等而应付给供应单位的款项。本项目应根据"应付账款"和"预付账款"账户所属各明细账户的期末贷方余额合计填列。

31."预收账款"项目,反映企业按合同规定预收的款项。本项目根据"预收账款"和"应收账款"账户所属各明细账户的期末贷方余额合计填列。

32."应付职工薪酬"项目,反映企业应付未付的工资和社会保险费等职工薪酬。本项目应根据"应付职工薪酬"账户的期末贷方余额填列,如"应付职工薪酬"账户期末为借方余额,以"一"号填列。

33."应交税费"项目,反映企业期末未交、多交或未抵扣的各种税金。本项目应根据"应交税费"账户的期末贷方余额填列;如"应交税费"账户期末为借方余额,以"一"号填列。

34."应付利息"项目,反映企业应付未付的各种利息。本项目根据"应付利息"账户期末余额填列。

35."应付股利"项目,反映企业尚未支付的现金股利或利润。本项目应根据"应付股利"账户的期末余额填列。不包括企业分派的股票股利。

36."其他应付款"项目,反映企业所有应付和暂收其他单位和个人的款项。本项目应根据"其他应付款"账户的期末余额填列。

37."一年内到期的非流动负债"项目,反映企业各种非流动负债在一年之内到期的金额,包括一年内到期的长期借款、长期应付款和应付债券、预计负债。本项目应根据上述账户分析计算后填列。

38."其他流动负债"项目,反映企业除以上流动负债以外的其他流动负债。本项目应根据有关账户的期末余额填列。

39."长期借款"项目,反映企业借入尚未归还的1年期以上(不含1年)的各期借款。本项目应根据"长期借款"账户的期末余额减去一年内到期部分的金额填列。

40."应付债券"项目,反映企业尚未偿还的长期债券摊余价值。本项目根据"应付债券"账户期末贷方余额减去一年内到期部分的金额填列。

41."长期应付款"项目,反映企业除长期借款、应付债券以外的各种长期应付款。本项目应根据"长期应付款"账户的期末余额,减去"未确认融资费用"账户期末余额和一年内到期部分的长期应付款后填列。

42. "专项应付款"项目,反映企业取得政府作为企业所有者投入的具有专项或特定用途的款项。本项目应根据"专项应付款"科目的期末余额填列。

43. "预计负债"项目,反映企业计提的各种预计负债。本项目根据"预计负债"账户期末贷方余额填列。

44. "递延所得税负债"项目,反映企业根据应纳税暂时性差异确认的递延所得税负债。本项目根据"递延所得税负债"账户期末贷方余额填列。

45. "其他非流动负债"项目,反映企业除长期借款、应付债券等负债以外的其他非流动负债。本项目应根据有关账户的期末余额填列。

46. "实收资本(股本)"项目,反映企业各投资者实际投入的资本总额。本项目应根据"股本(实收资本)"账户的期末贷方余额填列。

47. "资本公积"项目,反映企业资本公积的期末余额。本项目应根据"资本公积"账户的期末贷方余额填列。

48. "盈余公积"项目,反映企业盈余公积的期末余额。本项目应根据"盈余公积"账户的期末贷方余额填列。

49. "未分配利润"项目,反映企业尚未分配的利润。本项目应根据"本年利润"账户和"利润分配"账户的期末余额计算填列,如为未弥补的亏损,在本项目内以"－"号填列。

三、资产负债表的编制方法

(一) 资产负债表"年初数"的编制方法

资产负债表中"年初数"栏内各项目数字,应根据上年末资产负债表"期末数"栏内所列各相同项目数字填列。如果本年度资产负债表规定的各个项目的名称和内容与上年度不一致,应对上年末资产负债表各项目的名称和数字按照本年度的规定进行调整,填入本表"年初数"栏内。在上年度决算未经批准或董事会审查确认以前,按上年末资产负债表的数字填列,上年度决算审批以后,应按审批意见调整修改后填列。

(二) 资产负债表"期末数"的编制方法

资产负债表是静态会计报表,其各项目的期末数主要是根据有关账户的期末余额填列的,这是编制资产负债表的基本方法。

1. 根据总账余额直接填列。如"交易性金融资产"、"短期借款"、"应付票据"、"应付职工薪酬"各总账科目的余额直接填列;

2. 根据几个总账科目的期末余额计算填列。如"货币资金"项目,需根据"库存现金"、"银行存款"、"其他货币资金"三个总账科目的期末余额的合计数填列。(注:备用金不属于其他货币资金,属于其他应收款)

3. 根据明细账科目余额计算填列。

(1) "应收账款"项目,应根据"应收账款"和"预收账款"科目所属的明细科目的期末借方余额合计数,减去"坏账准备"科目中有关应收账款计提的坏账准备余额后的金额填列。

(2) "预收款项"项目,应根据"应收账款"和"预收账款"科目所属的明细科目的期末贷方余额合计数填列。

(3) "预付款项"项目,应根据"应付账款"和"预付账款"科目所属的明细科目的期末借方余额合计数,减去"坏账准备"科目中有关预付账款计提的坏账准备余额后的金额填列。

（4）"应付账款"项目,应根据"应付账款"和"预付账款"科目所属的明细科目的期末贷方余额合计数填列。

4. 根据总账科目和明细账科目余额分析计算填列。如"长期借款"项目,需要根据"长期借款"总账科目余额扣除"长期借款"科目所属的明细科目中将在一年内到期的长期借款后的金额计算填列。

5. 根据有关科目余额减去其备抵科目余额后的净额填列。如资产负债表中的"应收票据"、"应收账款"、"长期股权投资"、"在建工程"等项目,应当根据"应收票据"、"应收账款"、"长期股权投资"、"在建工程"等项目的期末余额减去"坏账准备"、"长期股权投资减值准备"、"在建工程减值准备"等科目余额后的净额填列；"固定资产"项目,应当根据"固定资产"科目的期末余额减去"累计折旧"、"固定资产减值准备"备抵科目余额后的净额填列；"无形资产"项目,应当根据"无形资产"科目的期末余额,减去"累计摊销"、"无形资产减值准备"备抵科目余额后的净额填列。

6. 综合运用上述填列方法分析填列。如资产负债表中的"存货"项目,需要根据"原材料"、"委托加工物资"、"周转材料"、"材料采购"、"在途物资"、"发出商品"、"材料成本差异"等总账科目期末余额的分析汇总数,再减去"存货跌价准备"科目余额后的净额填列。

第三节 利润表

一、利润表的意义

利润表是反映企业在一定会计期间（如某月、某季度、某年）的经营成果的报表。

利润表提供的会计信息,可以使报表使用者了解企业在本会计期间的各项收入的实现和各项成本费用的发生情况,以及本会计期间所取得的经营成果（利润或亏损）,从而便于考核企业的盈利能力、经营者的经营业绩和对成本费用的控制情况；分析企业利润增减变动的原因,促进企业改善经营管理,不断提高盈利水平。

二、利润表的结构和基本内容

（一）利润表的结构

利润表包括表首和正表两个部分。

表首部分列明报表的名称、编制单位、会计期间（某月,某季或某年）、记账本位币及其计量单位,它是说明利润表反映的会计信息的主要标志。

正表部分是利润表的主体和核心。其结构主要有"多步式"和"单步式"两种。多步式利润表在反映净利润的形成时,设置若干中间步骤分别反映主营业务利润、营业利润、利润总额和净利润。具体步骤如下：

第一步:反映企业主营业务利润的形成,计算公式如下：

主营业务利润＝主营业务收入－主营业务成本－营业税金及附加

第二步:反映企业营业利润的形成,计算公式如下：

营业利润＝主营业务利润＋其他业务利润－管理费用－财务费用－销售费用－
资产减值损失＋公允价值变动损益

第三步:反映企业利润总额的形成,计算公式如下:

利润总额＝营业利润＋投资收益＋营业外收入－营业外支出

第四步:反映企业净利润的形成,计算公式如下:

净利润＝利润总额－所得税费用

而单步式利润表在反映净利润的形成时,不设置中间步骤,直接列示并比较企业当期实现的各项收入(包括营业外收入)和发生的各项成本费用及计入当前损益的营业外支出,计算出企业当前实现的净利润。

我国会计准则规定:企业编制的利润表采用"多步式"结构,并且正表部分需设置"本月数"和"本年累计数"两栏,以便反映企业编制月份利润的形成情况和到编制月份为止累计的利润形成情况。

利润表补充资料部分根据规定披露正表部分有关项目的具体情况。

利润表的格式如表9-2所示。

表9-2 利润表

编制单位: 　　　　　　　年　月　日　　　　　　　单位:元

项 目	本期金额	上期金额
一、营业收入		
减:营业成本		
营业税金及附加		
销售费用		
管理费用		
财务费用		
资产减值损失		
加:公允价值变动收益(损失以"－"号填列)		
投资收益(损失以"－"号填列)		
其中:对联营企业和合营企业的投资收益		
二、营业利润(亏损以"－"号填列)		
加:营业外收入		
减:营业外支出		
其中:非流动资产处置损失		
三、利润总额(亏损总额以"－"号填列)		
减:所得税费用		
四、净利润(净亏损额以"－"号填列)		
五、每股收益		
(一)基本每股收益		
(二)稀释每股收益		

单位负责人:　　　　　　财务负责人:　　　　　　制单人:　　　　　　填制日期:

(二) 利润表的基本内容及编制方法

利润表依据"收入－费用＝利润"来编制，主要反映一定时期内公司的营业收入减去营业支出之后的净收益。通过利润表，我们一般可以对上市公司的经营业绩、管理的成功程度作出评估，从而评价投资者的投资价值和报酬。利润表包括两个方面：一部分反映公司的收入及费用，说明公司在一定时期内的利润或亏损数额，据以分析公司的经济效益及盈利能力，评价公司的管理业绩；另一部分反映公司财务成果的来源，说明公司的各种利润来源在利润总额中占的比例，以及这些来源之间的相互关系。

利润表中各个项目的数据来源主要是根据损益类科目的发生额分析填列。

1. "上年金额"栏内各数字，根据上年度利润表"本期金额"栏填列或调整填列。
2. "本年金额"栏的填列方法：

(1)"营业收入"项目，反映企业经营主要业务和其他业务所确认的收入总额。本项目应根据"主营业务收入"和"其他业务收入"科目的发生额分析填列。

(2)"营业成本"项目，反映企业经营主要业务和其他业务所发生的成本总额。本项目应根据"主营业务成本"和"其他业务成本"科目的发生额分析填列。

(3)"营业税金及附加"项目，反映企业经营业务应负担的消费税、营业税、城市建设维护税、资源税、土地增值税和教育费附加等。本项目应根据"营业税金及附加"科目的发生额分析填列。

(4)"销售费用"项目，反映企业在销售商品过程中发生的包装费、广告费等费用和为销售本企业商品而专设的销售机构的职工薪酬、业务费等经营费用。本项目应根据"销售费用"科目的发生额分析填列。

(5)"管理费用"项目，反映企业为组织和管理生产经营发生的管理费用。本项目应根据"管理费用"的发生额分析填列。

(6)"财务费用"项目，反映企业筹集生产经营所需资金等而发生的筹资费用。本项目应根据"财务费用"科目的发生额分析填列。

(7)"资产减值损失"项目，反映企业各项资产发生的减值损失。本项目应根据"资产减值损失"科目的发生额分析填列。

(8)"公允价值变动收益"项目，反映企业应当计入当期损益的资产或负债公允价值变动收益。本项目应根据"公允价值变动损益"科目的发生额分析填列，如为净损失，本项目以"－"号填列。

(9)"投资收益"项目，反映企业以各种方式对外投资所取得的收益。本项目应根据"投资收益"科目的发生额分析填列。如为投资损失，本项目以"－"号填列。

(10)"营业利润"项目，反映企业实现的营业利润。如为亏损，本项目以"－"号填列。

(11)"营业外收入"项目，反映企业发生的与经营业务无直接关系的各项收入。本项目应根据"营业外收入"科目的发生额分析填列。

(12)"营业外支出"项目，反映企业发生的与经营业务无直接关系的各项支出。本项目应根据"营业外支出"科目的发生额分析填列。

(13)"利润总额"项目，反映企业实现的利润。如为亏损，本项目以"－"号填列。

(14)"所得税费用"项目，反映企业应从当期利润总额中扣除的所得税费用。本项目应根据"所得税费用"科目的发生额分析填列。

(15)"净利润"项目，反映企业实现的净利润。如为亏损，本项目以"－"号填列。

第四节 现金流量表

一、现金流量表的意义

现金流量表是反映企业在某一特定会计年度内现金流入量、流出量和现金流量净额的报表。这里的"现金"是指企业所拥有或控制的、能直接用于清偿企业即将到期债务并为债权人所乐于接受的库存现金、可以随时用于支付的各种存款(银行存款和其他货币资金)以及现金等价物。现金等价物通常指企业购买的在3个月或更短时间内即到期或即可转换为现金的有价证券。

如前所述,资产负债表反映企业在会计期初、会计期末的静态的财务状况,利润表反映企业在一定会计期间的经营成果。而企业的财务状况和经营成果之间存在着密切的联系。企业收入的实现、成本费用和各种支出的发生以及利润分配会对企业的财务状况产生重大影响;同时,企业财务状况的有利或不利的变动,也直接影响着企业当前和以后各期的经营成果及其分配。而无论是资产负债表,还是利润表均无法反映企业财务状况的变动情况。为了完整地揭示企业财务状况和经营情况,就需要编制另一张报表来沟通资产负债表和利润表,反映企业财务状况的变动情况。为了防范投资(信贷)风险,报表使用人普遍关注企业现金的变动情况;同时从短期来看,现金的变动情况更能反映企业财务状况的变动情况,因此,客观上需要企业编制并对外报送的现金流量表。

把现金流量表和其他会计报表结合起来,有助于报表使用者进行以下几个方面的分析和评价:(1)评价企业在未来会计期间获得净现金流量的能力;(2)分析企业的利润与营业活动所产生的净现金流量之间出现差异的原因;(3)评价企业偿还债务、支付投资人投资报酬的能力;(4)评价企业在一定时期进行现金和非现金投资以及筹资业务对财务状况的影响。

二、现金流量表的结构和基本内容

(一)现金流量表的结构

现金流量表分为表首和正表两个部分。

表首部分列明报表的名称、编制单位、会计期间(某年)、记账本位币及其计量单位,它是说明现金流量表反映的会计信息的主要标志。

正表部分是现金流量表的主体和核心。它把企业的业务活动划分为经营活动、投资活动和筹资活动,并分项列示会计年度内企业在经营活动、投资活动和筹资活动中流入的现金、流出的现金和产生的现金流量净额,最后汇总列示企业总的现金净增加额。

现金流量表的格式,如表9-3所示。

表9-3 现金流量表

编制单位:　　　　　　　　　　　年度　　　　　　　　　　　单位:元

项 目	行次	本年金额	上年金额
一、经营活动产生的现金流量			
销售商品、提供劳务收到的现金			
收到的税费返还			
收到其他与经营活动有关的现金			

续表 9-3

项 目	行 次	本年金额	上年金额
经营活动现金流入小计			
购买商品、接受劳务支付的现金			
支付给职工以及为职工支付的现金			
支付的各项税费			
支付其他与经营活动有关的现金			
经营活动现金流出小计			
经营活动产生的现金流量净额			
二、投资活动产生的现金流量			
收回投资收到的现金			
取得投资收益收到的现金			
处置固定资产、无形资产和其他长期资产收回的现金净额			
处置子公司及其他营业单位收到的现金净额			
收到其他与投资活动有关的现金			
投资活动现金流入小计			
购建固定资产、无形资产和其他长期资产支付的现金			
投资支付的现金			
取得子公司及其他营业单位支付的现金净额			
支付其他与投资活动有关的现金			
投资活动现金流出小计			
投资活动产生的现金流量净额			
三、筹资活动产生的现金流量			
吸收投资收到的现金			
取得借款收到的现金			
收到其他与筹资活动有关的现金			
筹资活动现金流入小计			
偿还债务支付的现金			
分配股利、利润或偿付利息支付的现金			
支付其他与筹资活动有关的现金			
筹资活动现金流出小计			
筹资活动产生的现金流量净额			
四、汇率变动对现金及现金等价物的影响			
五、现金及现金等价物净增加额			
加:年初现金及现金等价物余额			
六、年末现金及现金等价物余额			

单位负责人：　　　　　财务负责人：　　　　　制单人：　　　　　填制日期：

（二）现金流量表的基本内容与编制方法

企业应当采用直接法列示经营活动现金流量。在具体编制时，可以采用工作底稿法或 T 型账户法，也可以根据有关科目记录分析填列。现金流量表主要项目说明：

1. 经营活动产生的现金流量

（1）"销售商品、提供劳务收到的现金"项目，反映企业本年销售商品、提供劳务收到的现金，以及前期销售商品、提供劳务本期收到的现金（包括应向购买者收取的增值税销项税额）和本期预收的款项，减去本年销售本期退回商品和前期销售本期退回商品支付的现金。企业销售材料和代购代销业务收到的现金，也在本项目反映。

公式：销售商品、提供劳务收到的现金＝当期销售商品、提供劳务收到的现金＋当期收回前期的应收账款和应收票据＋当期预收的款项－当期销售退回支付的现金＋当期收回前期核销的坏账损失

（2）"收到的税费返还"项目，反映企业收到返还的所得税、增值税、营业税、消费税、关税和教育费附加等各种税费返还款。

（3）"收到其他与经营活动有关的现金"项目，反映企业经营租赁收到的租金等其他与经营活动有关的现金流入，金额较大的应当单独列示。

（4）"购买商品、接受劳务支付的现金"项目，反映企业本期购买商品、接受劳务实际支付的现金（包括增值税进项税额），以及本期支付前期购买商品、接受劳务的未付款项和本期预付款项，减去本期发生的购货退回收到的现金。企业购买材料和代购代销业务支付的现金，也在本项目反映。

公式：购买商品、接受劳务支付的现金＝当期购买商品、接受劳务支付的现金＋当期支付前期的应付账款和应付票据＋当期预付的款项－当期因购货退回收到的现金

（5）"支付给职工以及为职工支付的现金"项目，反映企业实际支付给职工的工资、资金、各种津贴和补贴等职工薪酬（包括代扣代缴的职工个人所得税）。

（6）"支付的各项税费"项目，反映企业本年发生并支付、以前各年发生本年支付以及预交的各项税费，包括所得税、增值税、营业税、消费税、印花税、房产税、土地增值税、车船税、教育费附加等。

（7）"支付其他与经营活动有关的现金"项目，反映企业经营租赁支付的租金、支付的差旅费、业务招待费、保险费、罚款支出等其他与经营活动有关的现金流出，金额较大的应当单独列示。

2. 投资活动产生的现金流量

（1）"收回投资收到的现金"项目，反映企业出售、转让或到期收回除现金等价物以外的对其他企业长期股权投资而收到的现金，但处置子公司及其他营业单位收到的现金净额除外。

（2）"取得投资收益收到的现金"项目，反映企业除现金等价物以外的对其他企业的长期股权投资等分回的现金股利和利息等。

（3）"处置固定资产、无形资产和其他长期资产收回的现金净额"项目，反映企业出售、报废固定资产、无形资产和其他长期资产所取得的现金（包括因资产毁损而收到的保险赔偿收入），减去为处置这些资产而支付的有关费用后的净额。

（4）"处置子公司及其他营业单位收到的现金净额"项目，反映企业处置子公司及其他营业单位所取得的现金，减去相关处置费用以及子公司及其他营业单位持有的现金和现金等价物后的净额。

（5）"购建固定资产、无形资产和其他长期资产支付的现金"项目，反映企业购买、建造固定资产、取得无形资产和其他长期资产所支付的现金（含不允许抵扣的增值税款等），以及用现金

支付的应由在建工程和无形资产负担的职工薪酬。

(6)"投资支付的现金"项目,反映企业取得除现金等价物以外的对其他企业的长期股权投资所支付的现金以及支付的佣金、手续费等附加费用,但取得子公司及其他营业单位支付的现金净额除外。

(7)"取得子公司及其他营业单位支付的现金净额"项目,反映企业购买子公司及其他营业单位购买出价中以现金支付的部分,减去子公司及其他营业单位持有的现金和现金等价物后的净额。

(8)"收到其他与投资活动有关的现金"、"支付其他与投资活动有关的现金"项目,反映企业除上述(1)至(7)项目外收到或支付的其他与投资活动有关的现金,金额较大的应当单独列示。

3. 筹资活动产生的现金流量

(1)"吸收投资收到的现金"项目,反映企业以发行股票、债券等方式筹集资金实际收到的款项,减去直接支付的佣金、手续费、宣传费、咨询费、印刷费等发行费用后的净额。

(2)"取得借款收到的现金"项目,反映企业举借各种短期、长期借款而收到的现金。

(3)"偿还债务支付的现金"项目,反映企业为偿还债务本金而支付的现金。

(4)"分配股利、利润或偿付利息支付的现金"项目,反映企业实际支付的现金股利、支付给其他投资单位的利润或用现金支付的借款利息、债券利息。

(5)"收到其他与筹资活动有关的现金"、"支付其他与筹资活动有关的现金"项目,反映企业除上述(1)至(4)项目外收到或支付的其他与筹资活动有关的现金,金额较大的应当单独列示。

第五节　所有者权益变动表

一、所有者权益变动表的意义

所有者权益变动表是反映公司本期(年度或中期)内至截至期末所有者权益变动情况的报表。其中,所有者权益变动表应当全面反映一定时期所有者权益变动的情况。

(1)所有者权益总量的增减变动。

(2)所有者权益增减变动的重要结构性信息。

(3)直接计入所有者权益的利得和损失。

2007年以前,公司所有者权益变动情况是以资产负债表附表形式予以体现的。新准则颁布后,要求上市公司于2007年正式对外呈报所有者权益变动表,所有者权益变动表将成为与资产负债表、利润表和现金流量表并列披露的第四张财务报表。在所有者权益变动表中,企业还应当单独列示反映下列信息的项目:

(1)净利润;

(2)直接计入所有者权益的利得和损失项目及其总额;

(3)会计政策变更和差错更正的累积影响金额;

(4)所有者投入资本和向所有者分配利润等;

(5)提取的盈余公积;

(6)实收资本或股本、资本公积、盈余公积、未分配利润的期初和期末余额及其调节情况。

其中,反映"直接计入所有者权益的得利和损失"的项目即为其他综合收益项目。

所有者权益变动表以矩阵的形式列示:一方面,列示导致所有者权益变动的交易或事项,即所有者权益变动的来源,对一定时期所有者权益的变动情况进行全面反映;另一方面,按照所有者权益各组成部分(即实收资本、资本公积、盈余公积、未分配利润和库存股)列示交易或事项对所有者权益各部分的影响。

二、所有者权益变动表的结构

所有者权益变动表全面反映了企业的股东权益在年度内的变化情况,便于会计信息使用者深入分析企业股东权益的增减变化情况,并进而对企业的资本保值增值情况作出正确判断,从而提供对决策有用的信息。

所有者权益变动表包括表首、正表两部分。其中,表首说明报表名称、编制单位、编制日期、报表编号、货币名称、计量单位等;正表是所有者权益变动表的主体,具体说明所有者权益变动表的各项内容,包括股本(实收资本)、资本公积、法定和任意盈余公积、法定公益金、未分配利润等。每个项目中,又分为年初余额、本年增加数、本年减少数、年末余额四小项,每个小项中,又分别具体情况列示其不同内容。

所有者权益变动表各项目应根据"股本"、"资本公积"、"盈余公积"、"未分配利润"等科目的发生额分析填列。

所有者权益变动表的格式,如表9-4所示。

表9-4 所有者权益权变动表

编制单位:　　　　　　　　　　　年度　　　　　　　　　　　单位:元

项　目	本年金额						上年金额					
	实收资本(或股本)	资本公积	减:库存股	盈余公积	未分配利润	所有者权益合计	实收资本(或股本)	资本公积	减:库存股	盈余公积	未分配利润	所有者权益合计
一、上年年末余额												
加:会计政策变更												
前期差错更正												
二、本年年初余额												
三、本年增减变动金额(减少以"一"号填列)												
(一)净利润												
(二)直接计入所有者权益的利得和损失												
1. 可供出售金融资产公允价值变动净额												
2. 权益法下被投资单位其他所有者权益变动的影响												
3. 与计入所有者权益项目相关的所得税影响												
4. 其他												
上述(一)和(二)小计												

续表 9-4

项　目	本年金额						上年金额					
	实收资本（或股本）	资本公积	减:库存股	盈余公积	未分配利润	所有者权益合计	实收资本（或股本）	资本公积	减:库存股	盈余公积	未分配利润	所有者权益合计
（三）所有者投入和减少资本												
1. 所有者投入资本												
2. 股份支付计入所有者权益的金额												
3. 其他												
（四）利润分配												
1. 提取盈余公积												
2. 对所有者（或股东）的分配												
3. 其他												
（五）所有者权益内部结转												
1. 资本公积转增资本（或股本）												
2. 盈余公积转增资本（或股本）												
3. 盈余公积弥补亏损												
4. 其他												
四、本年年末余额												

单位负责人：　　　　　财务负责人：　　　　　制单人：　　　　　填制日期：

三、所有者权益变动表的编制原理

（一）编制原理

所有者权益变动表中涉及的是所有者权益类的各个账户，反映企业所有者权益各项目的增减变化。各项目应根据"实收资本（股本）"、"资本公积"、"盈余公积"、"库存股"、"利润分配"各明细账户的本年年初余额、借方发生额、贷方发生额、年末余额分析填列，增加金额用正号填列，减少金额用负号填列。

（二）各项目的填列内容

1. 实收资本（股本）

"实收资本"账户主要反映企业接受投资者投入的实收资本。该账户的贷方反映实收资本的增加数，包括接受货币资金或实物资产投资、发放股票股利增加资本、资本公积或盈余公积转增资本、可转换公司债券转为资本、债务重组转为资本等；该账户的借方反映实收资本的减少数，包括减少注册资本、中外合作企业在合作期间归还投资者投资等。

2. 资本公积

"资本公积"账户主要反映企业收到投资者出资额超过其在注册资本或股本所占份额的部

分及直接计入所有者权益的利得或损失。"资本公积"账户分别"资本溢价（股本溢价）"、"其他资本公积"进行明细核算。

3. 库存股

"库存股"账户主要反映企业收购、转让或注销本公司股份的金额。企业减少注册资本而收购本公司股份的，借记"库存股"科目，贷记"银行存款"等科目；转让库存股的，按实际收到的金额，借记"银行存款"，按转让库存股的账面余额，贷记"库存股"，按其差额，借记或贷记"资本公积——股本溢价"等账户；注销库存股的，按股票面值和注销股数计算的股票面值总额，借记"股本"，按库存股的账面余额，贷记"库存股"，按其差额，借记"资本公积——股本溢价"，股本溢价不足冲减的，借记"盈余公积"、"利润分配——未分配利润"科目。

4. 盈余公积

"盈余公积"账户主要反映企业利润分配过程中所提取的盈余公积的金额，分别按"法定盈余公积"和"任意盈余公积"进行明细核算。

5. 未分配利润

"利润分配"账户核算企业利润的分配（或亏损的弥补）和历年分配（或弥补）后的余额，利润分配的余额主要在"利润分配——未分配利润"明细账户反映。"利润分配"应当分别按"提取法定盈余公积"、"提取任意盈余公积""应付现金股利或利润"、"转作股本的股利"、"盈余公积补亏"、"未分配利润"等进行明细核算。

6. 会计政策变更

"会计政策变更"项目，主要反映由于会计政策变更采用追溯调整法的情况下，会计政策变更的累积影响数对企业期初留存收益的影响金额，影响的项目主要涉及"盈余公积"、"未分配利润"项目。填列时，要根据"盈余公积"、"利润分配"账户的发生额。

7. 前期差错更正

前期差错，是指由于没有运用或错误运用可靠信息，而对前期财务报表造成省略或错报，通常包括计算错误、应用会计政策错误、疏忽或曲解事实以及舞弊产生的影响以及存货、固定资产盘盈等。《企业会计准则第 28 号——会计政策、会计估计变更和差错更正》中规定，企业应当采用追溯重述法更正重要的前期差错，但确定前期差错累积影响数不切实可行的除外。追溯重述法，是指在发现前期差错时，视同该项前期差错从未发生过，从而对财务报表相关项目进行更正的方法。在追溯重述法下，需要调整财务报表最早期间的留存收益的期初余额，影响的项目主要涉及"盈余公积"、"未分配利润"项目。填列时，要根据"盈余公积"、"利润分配"账户的发生额进行分析填列。

8. 净利润

"净利润"项目主要反映企业当期实现的净利润或发生的净亏损，若是净亏损，应以负号填列。

9. 直接计入所有者权益的利得和损失

"直接计入所有者权益的利得和损失"项目主要涉及的是"资本公积"账户，根据"资本公积"账户的发生额分析填列。

"可供出售金融资产公允价值变动净额"项目反映可供出售金融资产在资产负债表日公允价值与账面余额的差额对"资本公积——其他资本公积"的影响金额。

"权益法下被投资单位其他所有者权益变动的影响"项目反映投资方长期股权投资采用权益法核算的情况下，被投资方除净损益外其他所有者权益变动对投资方"资本公积——其他资本公积"的影响金额。

"与计入所有者权益项目相关的所得税影响"项目反映与直接计入所有者权益的交易或事项相关的递延所得税资产和递延所得税负债，发生递延所得税资产，贷记"资本公积——其他资本公积"，发生递延所得税负债，借记"资本公积——其他资本公积"。

10. 所有者投入和减少资本

"所有者投入和减少资本"项目主要根据"实收资本"、"资本公积"账户的发生额分析填列。

"所有者投入资本"项目反映所有者投入的资本金额，投资者在所有者权益或股本中所占的份额部分计入"实收资本"，超过实收资本的金额，计入"资本公积——资本溢价或股本溢价"。

"股份支付计入所有者权益的金额"项目反映以权益结算的股份支付换取职工或其他方提供服务的内容。首先按照确定的金额，借记"管理费用"等科目，贷记"资本公积——其他资本公积"；在行权日，按实际行权的权益工具数量计算确定的金额，借记"资本公积——其他资本公积"，按应计入实收资本或股本的金额，贷记"实收资本"或"股本"，按其差额，贷记"资本公积——资本溢价或股本溢价"。

11. 利润分配

本项目所涉及的内容主要反映企业当期的利润分配情况，根据"利润分配"账户的发生额分析填列。

"提取盈余公积"项目反映企业本期提取的法定盈余公积及任意盈余公积。提取的会计处理为：借记"利润分配——提取法定盈余公积、任意盈余公积"科目，贷记"盈余公积——法定盈余公积、任意盈余公积"。

"对所有者（或股东）的分配"项目反映经股东大会或类似机构决议，分配给投资者的现金股利、利润或股票股利。分配现金股利或利润，借记"利润分配——应付现金股利或利润"，贷记"应付股利"；分配股票股利，借记"利润分配——转作股本的股利"，贷记"股本"等科目。

12. 所有者权益内部结转

本项目反映实收资本（股本）、资本公积、盈余公积、库存股、利润分配等各项目内部结转的金额。

"资本公积转增资本（或股本）"项目反映经股东大会或类似机构决议，资本公积转增资本的金额，借记"资本公积——资本溢价或股本溢价"，贷记"实收资本"或"股本"。

"盈余公积转增资本（或股本）"项目反映经股东大会或类似机构决议，用盈余公积转增资本的金额，借记"盈余公积"，贷记"实收资本"或"股本"。

"盈余公积弥补亏损"项目反映经股东大会或类似机构决议，用盈余公积弥补亏损的金额，借记"盈余公积"，贷记"利润分配——盈余公积补亏"。

自学指导

学习目的和要求

通过本章的学习，要求理解会计报表的概念和编制会计报表的意义，掌握会计报表的分类和编制要求；理解资产负债表、利润表、现金流量表和所有者权益变动表的概念、编制的意义及其结构和基本内容，并掌握资产负债表、利润表的编制方法。

内容提要

一、会计报表的意义、种类和编制要求

会计报表是对会计主体的日常会计核算资料进行进一步的加工、整理和汇总形成的，用来总括地反映其在会计期末的财务状况和会计期间内的经营成果和财务状况变动情况的书面文件。编制会计报表是会计核算工作的一个重要方面。

会计报表提供的信息主要包括企业财务状况、经营情况和财务状况变动情况等三个方面，这些信息对于企业管理当局、企业的投资人、债权人、政府有关部门都具有重要意义。

会计报表按其所反映的会计信息的内容不同，可分为反映企业财务状况信息的会计报表和反映企业经营成果信息的会计报表；按会计报表反映的价值运动的状态不同，可分为静态报表和动态报表；按会计报表编制的时间不同，可分为年度会计报表、中期会计报表、季度会计报表和月份会计报表；按会计报表编制的主体不同，可分为个别会计报表、汇总会计报表和合并会计报表。

会计报表的编制要求做到：数字真实、内容完整、编报及时。

二、资产负债表的意义、结构、基本内容和编制方法

资产负债表是反映企业在一定会计期末（如月末、季末、年末）财务状况的会计报表。它是根据"资产＝负债＋所有者权益"的会计平衡公式，按照规定的分类标准并以资金的流动性大小为顺序，把企业在会计期末的各资产类、负债类和所有者权益类项目予以适当的排列而成的。资产负债表提供的会计信息，可以使报表使用者了解企业拥有或控制的经济资源总量以及企业分别对债权人和投资人所承担经济义务总额；可以使报表使用者分析企业资产、负债和所有者权益的结构及其对称性，了解企业偿还即期债务和长期债务的能力以及未来通过负债融资或资本融资的可能性。

资产负债表包括表首和正表两个部分。表首部分说明资产负债表反映的会计信息的主要标志；正表部分是资产负债表的主体和核心，其结构主要有"左右账户式"和"上下报告式"两种。我国会计制度规定，企业编制的资产负债表采用"左右账户式"结构，并且正表部分需要设置"年初数"和"期末数"两栏分别反映年初和本期期末的财务状况。

资产负债表的左方反映资产，按资产的流动性由大到小的顺序，自上而下分别列示了企业的各项流动资产和长期资产。流动资产项目主要包括："货币资金"、"交易性金融资产"、"应收票据"、"应收账款"、"预付账款"、"其他应收款"、"存货"等；非流动资产项目主要包括："长期股权投资"、"固定资产"、"在建工程"、"无形资产"等。

资产负债表的右方反映负债及所有者权益，按负债的流动性由大到小的顺序，自上而下分别列示企业的各项流动负债和长期负债，最后列示企业的所有者权益。流动负债项目主要包括："短期借款"、"应付票据"、"应付账款"、"预收账款"、"其他应付款"、"应付职工薪酬"、"应交税费"、"应付利润"等；非流动负债项目主要包括"长期借款"、"应付债券"、"长期应付款"等；所有者权益项目主要包括"实收资本"、"资本公积"、"盈余公积"、"未分配利润"等。

资产负债表各项目的"年初数"根据上年末资产负债表"期末数"栏内所列各相同项目数字填列。"期末数"主要根据资产类、负债类、所有者权益和成本类账户的期末余额填列，而大多数项目根据有关总分类账户的期末余额直接填列；有些项目则根据有关总分类账户或明细分类账户期末余额加总或相减计算后填列。补充资料各项目的数字一般根据有关明细分类账户的余额、发生额或其他有关资料分析填列。

三、利润表的意义、结构、基本内容和编制方法

利润表是反映企业在一定会计期间(如某月、某季度、某年)的经营成果的报表。利润表提供的会计信息,可以使报表使用者了解企业在本会计期间的各项收入的实现和各项成本费用的发生情况,以及本会计期间所取得的经营成果(利润或亏损),从而便于考核企业的盈利能力、经营者的经营业绩和对成本费用的控制情况;分析企业利润增减变动的原因,促进企业改善经营管理,不断提高盈利水平。

利润表包括表首和正表两个部分。表首部分说明利润表反映的会计信息的主要标志。正表部分是利润表的主体和核心,其结构主要有"多步式"和"单步式"两种。多步式利润表在反映净利润的形成时,设置若干中间步骤分别反映主营业务利润、营业利润、利润总额和净利润;单步式利润表在反映净利润的形成时,则不设置中间步骤,直接列示并比较企业当期实现的各项收入和发生的各项费用支出,计算出企业当前实现的净利润。我国会计制度规定:企业编制的利润表采用"多步式"结构,并且正表部分需设置"本月数"和"本年累计数"两栏,以便反映企业编制月份利润的形成情况和到编制月份为止累计的利润形成情况。

利润表分步反映企业的主营业务利润、营业利润、利润总额和净利润,主要包括"营业收入"、"营业成本"、"营业费用"、"营业税金及附加"、"其他业务利润"、"管理费用"、"财务费用"、"投资收益"、"营业外收入"、"营业外支出"、"所得税费用"等项目。

利润表"本月数"栏根据损益类账户的本期发生额填列,其中"其他业务利润"项目根据"其他业务收入"账户和"其他业务支出"账户的本期发生额相减后填列;在编制年度利润表时,应将"本月数"栏改为"上年数"栏,填列上年全年累计实际发生数。"本年累计数"栏根据本年上月利润表的"本年累计数"和本月利润表的"本月数"之和填列。补充资料部分根据有关明细分类账户的发生额分析填列。

四、现金流量表的意义、结构和基本内容

现金流量表是反映企业在某一特定会计年度内现金流入量、流出量和现金流量净额的报表。"现金"是指企业所拥有或控制的能直接用于清偿企业即将到期债务的库存现金,可以随时用于支付的各种存款(银行存款和其他货币资金)以及现金等价物。现金等价物通常指企业购买的在3个月或更短时间内即到期或即可转换为现金的有价证券。

企业的财务状况和经营成果之间存在着密切的联系。企业收入的实现、成本费用和各种支出的发生以及利润分配会对企业的财务状况产生重大影响;同时,企业财务状况的有利或不利的变动,也直接影响着企业当前和以后各期的经营成果及其分配。而无论是资产负债表,还是利润表均无法反映企业财务状况的变动情况。为了完整地揭示企业财务状况和经营情况,就需要编制现金流量表来沟通资产负债表和利润表,反映企业财务状况的变动情况。为了防范投资(信贷)风险,报表使用人普遍关注企业现金的变动情况;同时从短期来看,现金的变动情况更能反映企业财务状况的变动情况,因此,客观上需要企业编制并对外报送现金流量表。

把现金流量表和其他会计报表结合起来,有助于报表使用者进行以下几个方面的分析和评价:(1)评价企业在未来会计期间获得净现金流量的能力;(2)分析企业的利润与营业活动所产生的净现金流量之间出现差异的原因;(3)评价企业偿还债务、支付投资人投资报酬的能力;(4)评价企业在一定时期进行现金和非现金投资以及筹资业务对财务状况的影响。

现金流量表分为表首和正表两个部分。表首部分是说明现金流量表反映的会计信息的主要标志。正表部分是现金流量表的主体和核心,它把企业的业务活动划分为经营活动、投资活动和筹资活动,并分项列示会计年度内企业在经营活动、投资活动和筹资活动中流入的现金、

流出的现金和产生的现金流量净额,并汇总列示企业总的现金净增加额。补充资料部分主要披露正表部分无法反映的、企业在会计年度内发生的不涉及现金收支但对企业的财务状况有重大影响的投资和筹资活动,并对正表部分的经营活动的现金净流量和总的现金净增加额进行验算和证明。

企业经营活动产生现金流入包括企业销售产品、商品或对外提供劳务收到的现金,经营性租赁收取的租金,收到的税费返还等;现金流出包括企业购买货物或接受劳务供应支付的现金,经营性租赁支付的租金,支付给职工以及为职工支付的现金,实际交纳各项税金等。

企业投资活动产生的现金流入包括收回投资收到的现金,分得股利、利润和取得利息收入收到的现金,处置长期资产收回的现金等;现金流出包括购建长期资产所支付的现金,对外投资所支付的现金等。企业对外投资购入并持有的有价证券,如属于现金等价物范围内的,所支付的现金实际上是现金形态的变化,并没有引起现金的变动。

企业筹资活动产生的现金流入包括吸收投资收到的现金,发行债券收到的现金,借入款项收到的现金等;现金流出包括偿还债务所支付的现金,减少注册资本支付的现金,发生筹资费用支付的现金,分配利润和偿付利息所支付的现金等。

五、所有者权益变动表的意义、结构和基本内容

所有者权益变动表是反映公司本期(年度或中期)内至截至期末所有者权益变动情况的报表。其中,所有者权益变动表应当全面反映一定时期所有者权益变动的情况。包括:(1)所有者权益总量的增减变动;(2)所有者权益增减变动的重要结构性信息;(3)直接计入所有者权益的利得和损失。

所有者权益变动表将成为与资产负债表、利润表和现金流量表并列披露的第四张财务报表。在所有者权益变动表中,企业还应当单独列示反映下列信息的项目:(1)净利润;(2)直接计入所有者权益的利得和损失项目及其总额;(3)会计政策变更和差错更正的累积影响金额;(4)所有者投入资本和向所有者分配利润等;(5)提取的盈余公积;(6)实收资本或股本、资本公积、盈余公积、未分配利润的期初和期末余额及其调节情况。其中,反映"直接计入所有者权益的得利和损失"的项目即为其他综合收益项目。

所有者权益变动表以矩阵的形式列示:一方面,列示导致所有者权益变动的交易或事项,即所有者权益权益变动的来源,对一定时期所有者权益的变动情况进行全面反映;另一方面,按照所有者权益各组成部分(即实收资本、资本公积、盈余公积、未分配利润和库存股)列示交易或事项对所有者权益各部分的影响。

复习思考题

1. 简述会计报表的概念和编制的意义。
2. 会计报表按不同标志如何分类?
3. 会计报表的编制应符合哪些要求?
4. 什么叫资产负债表?编制资产负债表有什么意义?
5. 简述资产负债表的结构。
6. 资产负债表正表部分包括哪些内容(列举有关项目进行说明)?
7. 什么叫利润表?编制利润表有什么意义?
8. 简述利润表的结构。
9. "多步式"利润表是如何分步反映净利润的形成的?

10. 什么叫所有者权益变动表？编制所有者权益变动表有什么意义？
11. 简述所有者权益变动表的结构。
12. 什么叫现金流量表？编制现金流量表有什么意义？
13. 现金流量表对企业的现金流量是如何分类的？（举例说明）

练习题

习题一

（一）目的：练习资产负债表的编制

（二）资料：某企业2010年12月31日有关总分类账户和明细分类账户的余额资料如下：

账户名称	余额方向	账户余额	科目名称	余额方向	账户余额
库存现金	借	1 500	在建工程	借	350 000
银行存款	借	3 580 000	无形资产	借	150 000
其他货币资金	借	12 000	累计摊销	贷	18 000
交易性金融资产	借	15 000	工程物资	借	50 000
应收账款	借	256 320	短期借款	贷	500 000
预付账款	借	96 820	应付账款	贷	286 350
其中：恒大公司	贷	63 180	预收账款	贷	146 320
其他明细账户	借	160 000	其中：明达公司	借	53 680
其他应收款	借	1 200	其他明细账户	贷	200 000
原材料	借	659 350	其他应付款	贷	80 000
低值易耗品	借	35 840	应付职工薪酬	贷	3 400
在途物资	借	12 000	应交税费	贷	385 000
库存商品	借	156 800	应付利润	贷	395 000
生产成本	借	253 450	预提费用	贷	68 900
待摊费用	借	58 630	长期借款	贷	3 000 000
长期股权投资	借	150 000	其中：一年内到期的长期借款	贷	500 000
其中：一年内到期的长期投资	借	50 000	实收资本	贷	6 000 000
固定资产	借	3 998 720	资本公积	贷	1 000 000
其中：融资租入固定资产	借	1 000 000	盈余公积	贷	2 000 000
累计折旧	贷	1 132 000	利润分配	贷	756 830

（三）要求：根据上述资料编制该企业2010年12月31日的资产负债表。

习题二

（一）目的：练习利润表的编制

（二）资料：某企业2010年度损益类账户和利润分配账户有关明细分类账户的本年累计发生额

如下表所示。

账户名称	本年累计发生额	账户名称	本年累计发生额
主营业务收入	14 563 000	公允价值变动损益	74 000
主营业务成本	7 213 600	管理费用	2 350 000
销售费用	354 000	财务费用	560 000
营业税金及附加	243 860	投资收益	135 689
其他业务收入	1 654 320	营业外收入	45 000
其他业务成本	768 100	营业外支出	1 256 000
资产减值损失	50 000	所得税费用	1 232 449

（三）要求：根据上述资料编制该企业2010年度利润表

第十章 会计核算程序

第一节 会计核算程序的意义和种类

一、会计核算程序的意义

在实际工作中,填制和审核会计凭证、设置和登记会计账户以及编制会计报表等方法都不是孤立运用的,而是以一定的形式相互联系、相互结合,成为一个完整的会计方法体系。会计核算程序是指在会计核算过程中,将凭证组织、账簿组织和记账步骤相互结合的方式。凭证组织是指会计凭证的种类、格式和各种凭证之间的关系;账簿组织是指账簿的种类、格式和各种账簿之间的关系;记账步骤是指从凭证的整理和传递到账簿的设置和登记,直至编制会计报表的整个过程。不同的凭证组织、账簿组织和记账步骤,形成不同的会计核算程序。

建立科学合理的会计核算程序,可以确保会计核算的正确、及时和完整,提高会计核算的质量;促进会计核算的规范化和合理分工,减少不必要的核算环节和手续,提高会计核算的效率;有利于加强企业内部牵制和会计监督。

二、企业会计核算的一般步骤

企业会计核算在各会计期间循环进行,一般包括以下几个步骤:

1. 取得并审核已经发生的经济业务的原始凭证。企业的经济业务在发生过程中,会形成有关原始凭证。会计人员取得原始凭证后,应首先对照有关法律和制度的规定,从形式和内容两个方面对其进行审核。

2. 编制记账凭证。即根据审核无误的原始凭证,确定将经济业务记入什么账户(包括总分类账户和明细分类账户)、记在借方还是贷方以及入账金额。记账凭证应按类别和编制的先后顺序编号。相应的原始凭证作为记账凭证的附件,粘贴于其后,并在记账凭证上注明附件的张数。记账凭证编好后,一般应换人进行复核,并由会计主管进行审核。

3. 过账。即根据记账凭证登记日记账、分类账。日记账包括现金日记账和银行存款日记账,由出纳员在收讫或付讫现金、银行存款并在记账凭证上办理签章手续后,逐笔序时登记。分类账包括明细分类账和总分类账。明细分类账一般由记账员根据编制的记账凭证及时地逐笔登记,总分类账则只须根据管理上需要定期登记(如每隔五天、每旬或半个月登记一次)。

4. 账项调整。在会计期末,还须经过必要的账项调整程序。所谓账项调整是指在会计期末,为了按照权责发生制原则和配比原则核算本期的经营成果,对应归属于本期的各项收入、成本费用加以确认和计量,在进行账户分析和计算的基础上,编制记账凭证、调整有关账户记录的账务处理过程。如计提固定资产折旧费、计提本期存续的存贷款利息收入和支出、待摊费用的摊销等。与日常发生的经济业务不同,账项调整没有业务部门提交的原始凭证,需要财会人员根据有关账户记录,并按照会计原则和方法进行计算后登记入账。

5. 试算平衡。根据记账凭证过账后,期末计算出每一个账户的本期借、贷方发生额合计以及年初至本会计期末的累计发生额和余额,并编制试算平衡表,以确定过账的正确性。

6.编制会计报表。即根据总分类账户和明细分类账户的记录编制会计报表,年终还要总结财务状况和经营成果,编写"财务情况说明书"。

三、会计核算程序的种类

由于各个企业在业务性质上存在差别,在经营规模上也有大有小,因此其对会计凭证、会计账簿、会计报表以及记账步骤通常需要作出专门的设计和安排。在实际工作中,按照登记总分类账的依据不同,会计核算程序可以划分为以下四种:

1. 记账凭证核算程序;
2. 科目汇总表核算程序;
3. 汇总记账凭证核算程序;
4. 日记账核算程序。

第二节 记账凭证核算程序

一、记账凭证核算程序的特点

记账凭证核算程序是最基本的会计核算程序,其他几种会计核算程序都是在记账凭证核算程序的基础上演变发展而来的。它的主要特点是:先根据原始凭证或原始凭证汇总表编制记账凭证,然后根据记账凭证直接地、逐笔地登记总分类账。

在记账凭证核算程序下,记账凭证可以采用通用式格式,也可按照经济业务类型(收款业务、付款业务和转账业务),分别采用收款凭证、付款凭证和转账凭证三种格式(凭证格式参见第四章)。设置的账簿一般包括现金日记账、银行存款日记账、总分类账和明细分类账。其中,现金日记账、银行存款日记账和总分类账一般采用三栏式;明细分类账根据需要可以分别采用三栏式、多栏式和数量金额式等(账簿格式参见第八章)。

二、记账凭证核算程序的基本步骤

第一步:根据审核无误的原始凭证,按照经济业务不同的性质,分别编制收款凭证、付款凭证和转账凭证。为了简化核算手续,减少记账凭证的编制,应尽量把业务内容相同的原始凭证先汇总编制原始凭证汇总表,然后据以编制记账凭证;

第二步:根据现金和银行存款的收款凭证和付款凭证,逐笔登记现金日记账和银行存款日记账;

第三步:根据原始凭证、原始凭证汇总表或记账凭证登记有关明细分类账;

第四步:根据记账凭证逐笔登记总分类账;

第五步:月终将现金日记账、银行存款日记账余额以及各明细分类账户余额的合计数,与总分类账有关账户余额核对相符;

第六步:月终根据总分类账和明细分类账的记录编制会计报表。

记账凭证核算程序的基本步骤如图10-1所示:

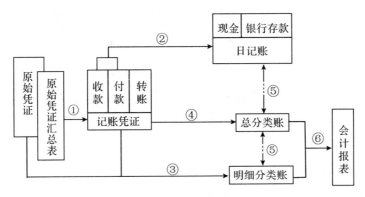

图 10-1 记账凭证核算程序示意图

(注:实线箭头表示填制或登记;虚线双箭头表示核对)

采用记账凭证核算程序,记账层次清楚,手续简便,便于理解。由于根据记账凭证逐笔登记总分类账,因而各总分类账户可以比较详细地记录和反映经济业务发生或完成情况,但是在业务量较大的情况下,就会使登记总账的工作量增大。随着企业规模和业务量的不断增加,这种核算程序就难以适应。因此,这种核算程序一般适用于规模较小、业务量少的企业。

三、记账凭证核算程序应用举例

[例 10-1] 某企业 2010 年 12 月初各账户的余额如表 10-1 所示,各损益类账户 1 至 11 月份借贷方累计发生额如表 10-2 所示。

表 10-1 2010 年 12 月初总分类账户余额表 单位:元

账户名称	借方余额	账户名称	贷方余额
现金	1 940	短期借款	800 000
银行存款	803 000	应付账款	526 900
交易性金融资产	589 500	其他应付款	25 000
应收账款	222 550	应付职工薪酬	55 000
其他应收款	2 500	累计摊销	10 000
在途物资	200 000	应交税费	18 300
原材料	1 350 000	应付利息	500
库存商品	350 000	实收资本	3 000 000
待摊费用	50 000	盈余公积	75 000
固定资产	3 750 000	本年利润	3 568 790
在建工程	750 000	利润分配	0
无形资产	210 000	累计折旧	200 000
合 计	8 279 490	合 计	8 279 490

表 10-2 2010 年 1 至 11 月损益类账户累计发生额

费用支出类账户	发生额累计	收入类账户	发生额累计
主营业务成本	4 563 200	主营业务收入	9 158 900
销售费用	320 000	其他业务收入	1 350 000
营业税金及附加	120 000	投资收益	75 600
其他业务成本	560 000	营业外收入	53 200
管理费用	385 000		
财务费用	121 000		
营业外支出	16 710		
所得税费用	983 000		
合　计	7 068 910	合　计	10 637 700

该企业 2010 年 12 月份发生的经济业务如下（为了简化，暂不考虑增值税）：

1. 12 月 1 日购入甲材料 75 000 元，款项已经银行支付，材料尚未运到。

2. 12 月 2 日向金陵厂销售 A 产品 200 000 元，款项尚未收到。

3. 12 月 3 日收到红光厂预付货款 150 000 元。

4. 12 月 4 日销售 A 产品 350 000 元，款项已送存银行。

5. 12 月 5 日用银行存款归还银行短期借款 125 000 元。

6. 12 月 6 日支付银行短期借款利息 6 250 元，款项已从存款账户划出。

7. 12 月 7 日从银行提取现金 150 000 元，备发工资。

8. 12 月 8 日以现金向职工发放工资 150 000 元。

9. 12 月 15 日销售 B 产品 375 000 元，款项已收存银行。

10. 12 月 22 日支付前欠华联公司货款 200 000 元。

11. 12 月 31 日分配本月工资费用。本月职工工资总额为 150 000 元。经计算，本月 A 产品生产工资费用为 80 000 元，B 产品生产工资费用为 57 500 元，分厂管理人员工资费用为 5 000 元，企业管理人员工资费用为 7 500 元。

12. 12 月 31 日按职工工资总额 14% 的比例计提本月职工福利费 21 000 元。

13. 12 月 31 日分配本月材料费用。本月生产消耗甲材料 350 000 元。其中，A 产品生产消耗 200 000 元，B 产品生产消耗 150 000 元。

14. 12 月 31 日计提本月固定资产折旧费用。本月计提固定资产折旧费 50 000 元，其中分厂固定资产折旧费 40 000 元，企业管理部门计提固定资产折旧费 10 000 元。

15. 12 月 31 日结转本月分厂制造费用。本月分厂发生的制造费用总额为 45 700 元。经计算，A 产品负担 25 000 元，B 产品负担 20 700 元。

16. 12 月 31 日结转本月完工产品成本。A 产品和 B 产品月初结存的生产成本为零（即均无在产品），本月 A 产品发生生产成本 316 200 元，B 产品发生生产成本 236 250 元，A 产品和 B 产品月末均无在产品。因此，本月完工入库 A 产品成本为 316 200 元，B 产品成本为 236 250 元。

17. 12 月 31 日结转本月销售的产品成本。经汇总产成品出库单，本月销售的 A 产品成本为 295 000 元，B 产品成本为 200 000 元。

18. 12 月 31 日计提本月营业税金及附加。经计算，本年应交营业税为 24 000 元。

19. 12月31日预提本月借款利息费用10 750元。
20. 12月31日结转本月各项收入。本月实现的主营业务收入925 000元,其中A产品销售收入550 000元,B产品销售收入375 000元,从主营业务收入账户转入本年利润账户。
21. 12月31日按25%的税率计提本月所得税。经计算,本月应纳税所得额为376 700元,所得税费用和应交所得税为94 175元。
22. 12月31日缴纳各项税金136 475元。其中,营业税42 300元(含上月应交18 300元),所得税94 175元。
23. 12月31日结转本期各项费用(支出)。本月期间费用(支出)共642 475元,其中主营业务成本495 000元(A产品销售成本295 000元,B产品销售成本200 000元),营业税金及附加24 000元,管理费用18 550元,财务费用10 750元,所得税费用94 175元。
24. 12月31日结转本年利润。经计算,本年共实现税后净利润3 851 315元,将其从本年利润账户的借方转入"利润分配——未分配利润"账户的贷方。
25. 12月31日按本年税后净利润的10%计提法定盈余公积金385 132元。
26. 12月31日向投资人分配利润。经董事会研究决定,分配利润3 000 000元,其中正华公司2 000 000元,江山公司1 000 000元。
27. 12月31日结算本年未分配利润。将计提的法定盈余公积金和向投资人分配的利润分别从"利润分配——提取盈余公积"账户和"利润分配——应付利润"账户的贷方转入"利润分配——未分配利润"账户的借方。

第一步:根据上述经济业务发生时填制或取得的原始凭证或原始凭证汇总表,编制记账凭证。编制的收款凭证如表10-3至表10-5所示,编制的付款凭证如表10-6至表10-12所示,编制的转账凭证如表10-13至表10-29所示。

表10-3 收款凭证(1)

借方科目:银行存款　　　　2010年12月3日　　　　收字第1号

摘 要	贷方科目		账页	金 额	
	一级科目	明细科目			
收到红光厂预付货款	应收账款	红光厂		150 000	附件1张
合 计				150 000	

会计主管:　　　记账:　　　审核:　　　出纳:　　　制单:

表10-4 收款凭证(2)

借方科目:银行存款　　　　2010年12月4日　　　　收字第2号

摘 要	贷方科目		账页	金 额	
	一级科目	明细科目			
销售A产品收入	主营业务收入	A产品		350 000	附件2张
合 计				350 000	

会计主管:　　　记账:　　　审核:　　　出纳:　　　制单:

表10-5 收款凭证(3)

借方科目：银行存款　　　　　　2010年12月15日　　　　　　收字第3号

摘要	贷方科目		账页	金额	
	一级科目	明细科目			
销售B产品收入	主营业务收入	B产品		375 000	附件2张
合　　计				375 000	

会计主管：　　　记账：　　　审核：　　　出纳：　　　制单：

表10-6 付款凭证(1)

贷方科目：银行存款　　　　　　2010年12月1日　　　　　　付字第1号

摘要	借方科目		账页	金额	
	一级科目	明细科目			
购甲材料，未到货	在途物资	甲材料		75 000	附件4张
合　　计				75 000	

会计主管：　　　记账：　　　审核：　　　出纳：　　　制单：

表10-7 付款凭证(2)

贷方科目：银行存款　　　　　　2010年12月5日　　　　　　付字第2号

摘要	借方科目		账页	金额	
	一级科目	明细科目			
归还银行短期借款	短期借款	生产周转借款		125 000	附件2张
合　　计				125 000	

会计主管：　　　记账：　　　审核：　　　出纳：　　　制单：

表10-8 付款凭证(3)

贷方科目：银行存款　　　　　　2010年12月6日　　　　　　付字第3号

摘要	借方科目		账页	金额	
	一级科目	明细科目			
支付银行借款利息	应付利息	借款利息		6 250	附件1张
合　　计				6 250	

会计主管：　　　记账：　　　审核：　　　出纳：　　　制单：

表 10-9　付款凭证(4)

贷方科目：银行存款　　　　　　　2010 年 12 月 7 日　　　　　　　付字第 4 号

摘　要	贷方科目		账页	金　额
	一级科目	明细科目		
提取现金备发工资	库存现金			150 000
合　计				150 000

附件 1 张

会计主管：　　　记账：　　　审核：　　　出纳：　　　制单：

表 10-10　付款凭证(5)

贷方科目：库存现金　　　　　　　2010 年 12 月 8 日　　　　　　　付字第 5 号

摘　要	借方科目		账页	金　额
	一级科目	明细科目		
发工资	应付职工薪酬	工资		150 000
合　计				150 000

附件 6 张

会计主管：　　　记账：　　　审核：　　　出纳：　　　制单：

表 10-11　付款凭证(6)

贷方科目：银行存款　　　　　　　2010 年 12 月 22 日　　　　　　付字第 6 号

摘　要	借方科目		账页	金　额
	一级科目	明细科目		
支付华联公司欠款	应付账款	华联公司		200 000
合　计				200 000

附件 2 张

会计主管：　　　记账：　　　审核：　　　出纳：　　　制单：

表 10-12　付款凭证(7)

贷方科目：银行存款　　　　　　　2010 年 12 月 31 日　　　　　　付字第 7 号

摘　要	贷方科目		账页	金　额
	一级科目	明细科目		
缴纳税金	应交税费	应交营业税		42 300
	应交税费	应交所得税		94 175
合　计				136 475

附件 7 张

会计主管：　　　记账：　　　审核：　　　出纳：　　　制单：

表 10-13 转账凭证(1)

2010 年 12 月 2 日　　　　　　　　　　　　转字第 1 号

摘 要	会计科目		账页	借方金额	贷方金额
	一级科目	二级或明细科目			
销售 A 产品收入	应收账款	金陵厂		200 000	
	主营业务收入	A 产品			200 000
合　计				200 000	200 000

附件 2 张

会计主管：　　　记账：　　　审核：　　　出纳：　　　制单：

表 10-14 转账凭证(2)

2010 年 12 月 31 日　　　　　　　　　　　转字第 2 号

摘 要	会计科目		账页	借方金额	贷方金额
	一级科目	二级或明细科目			
分配工资费用	生产成本	A 产品(直接工资)		80 000	
	生产成本	B 产品(直接工资)		57 500	
	制造费用	工资及福利费		5 000	
	管理费用	工资及福利费		7 500	
	应付职工薪酬	工资			150 000
合　计				150 000	150 000

附件 3 张

会计主管：　　　记账：　　　审核：　　　出纳：　　　制单：

表 10-15 转账凭证(3)

2010 年 12 月 31 日　　　　　　　　　　　转字第 3 号

摘 要	会计科目		账页	借方金额	贷方金额
	一级科目	二级或明细科目			
计提福利费用	生产成本	A 产品(其他直接支出)		11 200	
	生产成本	B 产品(其他直接支出)		8 050	
	制造费用	工资及福利费		700	
	管理费用	工资及福利费		1 050	
	应付职工薪酬	福利费			21 000
合　计				21 000	21 000

附件 1 张

会计主管：　　　记账：　　　审核：　　　出纳：　　　制单：

表 10-16 转账凭证(4)

2010 年 12 月 31 日　　　　　　　　　　　　　　　转字第 4 号

摘要	会计科目		账页	借方金额	贷方金额	
	一级科目	二级或明细科目				
分配材料费用	生产成本	A产品(直接材料)		200 000		附件3张
	生产成本	B产品(直接材料)		150 000		
	原材料	甲材料			350 000	
合　　计				350 000	350 000	

会计主管：　　　　记账：　　　　审核：　　　　出纳：　　　　制单：

表 10-17 转账凭证(5)

2010 年 12 月 31 日　　　　　　　　　　　　　　　转字第 5 号

摘要	会计科目		账页	借方金额	贷方金额	
	一级科目	二级或明细科目				
计提折旧费用	制造费用	折旧费		40 000		附件3张
	管理费用	折旧费		10 000		
	累计折旧				50 000	
合　　计				50 000	50 000	

会计主管：　　　　记账：　　　　审核：　　　　出纳：　　　　制单：

表 10-18 转账凭证(6)

2010 年 12 月 31 日　　　　　　　　　　　　　　　转字第 6 号

摘要	会计科目		账页	借方金额	贷方金额	
	一级科目	二级或明细科目				
结转制造费用	生产成本	A产品		25 000		附件1张
	生产成本	B产品		20 700		
	制造费用	制造费用			45 700	
合　　计				45 700	45 700	

会计主管：　　　　记账：　　　　审核：　　　　出纳：　　　　制单：

表 10-19 转账凭证(7)

2010年12月31日　　　　　　　　　　　　　　　　　　转字第7号

摘要	会计科目		账页	借方金额	贷方金额
	一级科目	二级或明细科目			
结转完工产品成本	库存商品	A产品		316 200	
	库存商品	B产品		236 250	
	生产成本	A产品			316 200
	生产成本	B产品			236 250
	合　　计			552 450	552 450

会计主管：　　　　记账：　　　　审核：　　　　出纳：　　　　制单：

附件2张

表 10-20 转账凭证(8)

2010年12月31日　　　　　　　　　　　　　　　　　　转字第8号

摘要	会计科目		账页	借方金额	贷方金额
	一级科目	二级或明细科目			
结转销售产品生产成本	主营业务成本	A产品		295 000	
	主营业务成本	B产品		200 000	
	库存商品	A产品			295 000
	库存商品	B产品			200 000
	合　　计			495 000	495 000

会计主管：　　　　记账：　　　　审核：　　　　出纳：　　　　制单：

附件2张

表 10-21 转账凭证(9)

2010年12月31日　　　　　　　　　　　　　　　　　　转字第9号

摘要	会计科目		账页	借方金额	贷方金额
	一级科目	二级或明细科目			
计提销售税金	营业税金及附加			240 00	
	应交税费	应交营业税			24 000
	合　　计			24 000	24 000

会计主管：　　　　记账：　　　　审核：　　　　出纳：　　　　制单：

附件2张

表 10-22 转账凭证(10)

2010 年 12 月 31 日　　　　　　　　　　转字第 10 号

摘要	会计科目		账页	借方金额	贷方金额	
	一级科目	二级或明细科目				
计提利息费用	财务费用	利息费用		10 750		附件1张
	应付利息	利息费用			10 750	
合　　计				10 750	10 750	

会计主管：　　　　记账：　　　　审核：　　　　出纳：　　　　制单：

表 10-23 转账凭证(11)

2010 年 12 月 31 日　　　　　　　　　　转字第 11 号

摘要	会计科目		账页	借方金额	贷方金额	
	一级科目	二级或明细科目				
结转收入类科目	主营业务收入	A产品		550 000		附件1张
	主营业务收入	B产品		375 000		
	本年利润	本年利润			925 000	
合　　计				925 000	925 000	

会计主管：　　　　记账：　　　　审核：　　　　出纳：　　　　制单：

表 10-24 转账凭证(12)

2010 年 12 月 31 日　　　　　　　　　　转字第 12 号

摘要	会计科目		账页	借方金额	贷方金额	
	一级科目	二级或明细科目				
计提所得税费用	所得税费用	所得税		94 175		附件1张
	应交税费	应交所得税			94 175	
合　　计				94 175	94 175	

会计主管：　　　　记账：　　　　审核：　　　　出纳：　　　　制单：

表 10-25 转账凭证(13)

2010年12月31日　　　　　　　　　　　　转字第13号

摘要	会计科目		账页	借方金额	贷方金额
	一级科目	二级或明细科目			
结转费用支出类科目	本年利润	本年利润		642 475	
	主营业务成本	A产品			295 000
	主营业务成本	B产品			200 000
	营业税金及附加				24 000
	管理费用	管理费用			18 550
	财务费用	财务费用			10 750
	所得税费用	所得税			94 175
合　计				642 475	642 475

附件1张

会计主管：　　　记账：　　　审核：　　　出纳：　　　制单：

表 10-26 转账凭证(14)

2010年12月31日　　　　　　　　　　　　转字第14号

摘要	会计科目		账页	借方金额	贷方金额
	一级科目	二级或明细科目			
结转本年利润	本年利润	本年利润		3 851 315	
	利润分配	未分配利润			3 851 315
合　计				3 851 315	3 851 315

附件1张

会计主管：　　　记账：　　　审核：　　　出纳：　　　制单：

表 10-27 转账凭证(15)

2010年12月31日　　　　　　　　　　　　转字第15号

摘要	会计科目		账页	借方金额	贷方金额
	一级科目	二级或明细科目			
提取盈余公积	利润分配	提取盈余公积		385 132	
	盈余公积	一般盈余公积			385 132
合　计				385 132	385 132

附件1张

会计主管：　　　记账：　　　审核：　　　出纳：　　　制单：

表 10-28 转账凭证(16)

2010 年 12 月 31 日　　　　　　　　　　　　　　　　转字第 16 号

摘要	会计科目		账页	借方金额	贷方金额	
	一级科目	二级或明细科目				
向投资人分配利润	利润分配	应付利润		3 000 000		附件1张
	应付利润	正华公司			2 000 000	
	应付利润	江山公司			1 000 000	
合　计				3 000 000	3 000 000	

会计主管：　　　记账：　　　审核：　　　出纳：　　　制单：

表 10-29 转账凭证(17)

2010 年 12 月 31 日　　　　　　　　　　　　　　　　转字第 17 号

摘要	会计科目		账页	借方金额	贷方金额	
	一级科目	二级或明细科目				
结算未分配利润	利润分配	未分配利润		3 385 132		附件1张
	利润分配	提取盈余公积			385 132	
	利润分配	应付利润			3 000 000	
合　计				3 385 132	3 385 132	

会计主管：　　　记账：　　　审核：　　　出纳：　　　制单：

第二步：根据现金、银行存款的收款凭证和付款凭证,逐笔登记现金日记账和银行存款日记账。登记日记账后,现金日记账的记录如表 10-30 所示,银行存款日记账的记录如表 10-31 所示。

表 10-30 现金日记账

第 45 页

2010 年		凭证号数	摘要	对方账户	收入	支出	结余
月	日						
12	1		上月结余				1 940
12	7	付4	提取现金备发工资	银行存款	150 000		
12	8	付5	发工资	应付职工薪酬		150 000	
12	31		本月发生额及余额		150 000	150 000	1 940

表 10-31 银行存款日记账

第 98 页

2010年		凭证号数	摘要	结算方式		收入	发出	结存
月	日			种类	号数			
12	1		上月结余					803 000
12	1	付1	购甲材料,未到货	信汇	♯125		75 000	728 000
12	3	收1	收到红光厂预付货款	银汇	♯015	150 000		878 000
12	4	收2	销售A产品收入	转支	♯047	350 000		1 228 000
12	5	付2	归还银行短期借款	转支	♯022		125 000	1 103 000
12	6	付3	支付银行借款利息	转支	♯023		6 250	1 096 750
12	7	付4	提取现金备发工资	现支	♯045		150 000	946 750
12	15	收3	销售B产品收入	委收	♯078	375 000		1 321 750
12	22	付6	支付华联公司欠款	转支	♯024		200 000	1 121 750
12	31	付7	缴纳税费	转支	♯025		136 475	985 275
12	31		本月发生额及余额			875 000	692 725	985 275

第三步:根据原始凭证、原始凭证汇总表和各种记账凭证登记有关明细分类账。登记明细分类账后,应收账款、应付账款和生产成本明细账的记录如表 10-32 至表 10-36 所示。

表 10-32 (应收账款)明细分类账

二级或明细账户:红光厂

第 10 页

2010年		凭证号数	摘要	对方账户	借方	贷方	借或贷	余额
月	日							
12	1		上月结余				借	200 000
12	3	收1	收到红光厂预付货款	银行存款		150 000	借	50 000
12	31		本月发生额及余额		0	150 000	借	50 000

表 10-33 (应收账款)明细分类账

二级或明细账户:金陵厂

第 10 页

2010年		凭证号数	摘要	对方账户	借方	贷方	借或贷	余额
月	日							
12	1		上月结余				借	22 550
12	2	转1	销售A产品收入	主营业务收入	200 000		借	222 550
12	31		本月发生额及余额		200 000	0	借	222 550

表 10-34 （应付账款）明细分类账

二级或明细账户：华联公司　　　　　　　　　　　　　　　　　　　　　第 18 页

2010年		凭证号数	摘　要	对方账户	借　方	贷　方	借或贷	余　额
月	日							
12	1		上月结余				贷	526 900
12	22	付6	支付华联公司欠款	银行存款	200 000		贷	326 900
12	31		本月发生额及余额		200 000	0	贷	326 900

表 10-35 （生产成本）明细分类账

账户名称：A产品　　　　　　　　　　　　　　　　　　　　　　　　　　第 28 页

2010年		凭证号数	摘　要	借　方				合　计
月	日			直接材料	直接工资	其他直接支出	制造费用	
12	1		上月结余	—	—	—	—	—
12	31	转2	分配工资费用		80 000			80 000
12	31	转3	计提福利费用			11 200		11 200
12	31	转4	分配材料费用	200 000				200 000
12	31	转6	结转制造费用				25 000	25 000
12	31		本月合计	200 000	80 000	11 200	25 000	316 200
12	31	转7	结转完工产品成本	200 000	80 000	11 200	25 000	316 200
12	31		月末在产品成本	—	—	—	—	—

表 10-36 （生产成本）明细分类账

账户名称：B产品　　　　　　　　　　　　　　　　　　　　　　　　　　第 58 页

2010年		凭证号数	摘　要	借　方				合　计
月	日			直接材料	直接工资	其他直接支出	制造费用	
12	1		上月结余	—	—	—	—	—
12	31	转2	分配工资费用		57 500			57 500
12	31	转3	计提福利费用			8 050		8 050
12	31	转4	分配材料费用	150 000				150 000
12	31	转6	结转制造费用				20 700	20 700
12	31		本月合计	150 000	57 500	8 050	20 700	236 250
12	31	转7	结转完工产品成本	150 000	57 500	8 050	20 700	236 250
12	31		月末在产品成本	—	—	—	—	—

第四步:根据收款凭证、付款凭证和转账凭证逐笔登记总分类账。登记总分类账后,各账户的记录如表10-37至表10-75所示。

表10-37 总分类账(1)

账户名称:库存现金　　　　　　　　　　　　　　　　　　　　　　　　　　　　　第10页

2010年		凭证号数	摘　要	借　方	贷　方	借或贷	余额
月	日						
12	1		上月结余			借	1 940
12	7	付4	提取现金备发工资	150 000			
12	8	付5	发工资		150 000		
12	31		本月发生额及余额	150 000	150 000	借	1 940

表10-38 总分类账(2)

账户名称:银行存款　　　　　　　　　　　　　　　　　　　　　　　　　　　　　第35页

2010年		凭证号数	摘　要	借　方	贷　方	借或贷	余额
月	日						
12	1		上月结余			借	803 000
12	1	付1	购甲材料,未到货		75 000		
12	3	收1	收到红光厂预付货款	150 000			
12	4	收2	销售A产品收入	350 000			
12	5	付2	归还银行短期借款		125 000		
12	6	付3	支付银行借款利息		6 250		
12	7	付4	提取现金备发工资		150 000	借	946 750
12	15	收3	销售B产品收入	375 000		借	1 321 750
12	22	付6	支付华联公司欠款		200 000		
12	31	付7	缴纳税金		136 475	借	985 275
12	31		本月发生额及余额	875 000	692 725	借	985 275

表10-39 总分类账(3)

账户名称:交易性金融资产　　　　　　　　　　　　　　　　　　　　　　　　　　第38页

2010年		凭证号数	摘　要	借　方	贷　方	借或贷	余额
月	日						
12	1		上月结余			借	589 500
12	31		本月发生额及余额	—	—	借	589 500

表 10-40 总分类账(4)

账户名称:应收账款　　　　　　　　　　　　　　　　　　　　　　　　　　　　第 40 页

2010年		凭证号数	摘　要	借　方	贷　方	借或贷	余额
月	日						
12	1		上月结余			借	222 550
12	2	转1	销售A产品收入	200 000			
12	3	收1	收到红光厂预付货款		150 000		
12	31		本月发生额及余额	200 000	150 000	借	272 550

表 10-41 总分类账(5)

账户名称:其他应收款　　　　　　　　　　　　　　　　　　　　　　　　　　　第 45 页

2010年		凭证号数	摘　要	借　方	贷　方	借或贷	余额
月	日						
12	1		上月结余			借	2 500
12	31		本月发生额及余额	—	—	借	2 500

表 10-42 总分类账(6)

账户名称:在途物资　　　　　　　　　　　　　　　　　　　　　　　　　　　　第 47 页

2010年		凭证号数	摘　要	借　方	贷　方	借或贷	余额
月	日						
12	1		上月结余			借	200 000
12	1	付1	购入甲材料,货未到	75 000			
12	31		本月发生额及余额	75 000	—	借	275 000

表 10-43 总分类账(7)

账户名称:原材料　　　　　　　　　　　　　　　　　　　　　　　　　　　　　第 58 页

2010年		凭证号数	摘　要	借　方	贷　方	借或贷	余额
月	日						
12	1		上月结余			借	1 350 000
12	31	转4	分配材料费用		350 000		
12	31		本月发生额及余额	—	350 000	借	1 000 000

表 10-44 总分类账(8)

账户名称:库存商品　　　　　　　　　　　　　　　　　　　　　　　　　　　　第 78 页

2010年		凭证号数	摘　要	借　方	贷　方	借或贷	余额
月	日						
12	1		上月结余			借	350 000
12	31	转7	结转完工产品成本	552 450			
12	31	转8	结转销售产品生产成本		495 000		
12	31		本月发生额及余额	552 450	495 000	借	407 450

表 10-45 总分类账(9)

账户名称:待摊费用　　　　　　　　　　　　　　　　　　　　　　　　　　　第90页

2010年		凭证号数	摘　要	借　方	贷　方	借或贷	余额
月	日						
12	1		上月结余			借	50 000
12	31		本月发生额及余额	—	—	借	50 000

表 10-46 总分类账(10)

账户名称:固定资产　　　　　　　　　　　　　　　　　　　　　　　　　　　第92页

2010年		凭证号数	摘　要	借　方	贷　方	借或贷	余额
月	日						
12	1		上月结余			借	3 750 000
12	31		本月发生额及余额	—	—	借	3 750 000

表 10-47 总分类账(11)

账户名称:累计折旧　　　　　　　　　　　　　　　　　　　　　　　　　　　第94页

2010年		凭证号数	摘　要	借　方	贷　方	借或贷	余额
月	日						
12	1		上月结余			贷	200 000
12	31	转5	计提折旧费用		50 000		
12	31		本月发生额及余额	—	50 000	贷	250 000

表 10-48 总分类账(12)

账户名称:在建工程　　　　　　　　　　　　　　　　　　　　　　　　　　　第96页

2010年		凭证号数	摘　要	借　方	贷　方	借或贷	余额
月	日						
12	1		上月结余			借	750 000
12	31		本月发生额及余额	—	—	借	750 000

表 10-49 总分类账(13)

账户名称:无形资产　　　　　　　　　　　　　　　　　　　　　　　　　　　第98页

2010年		凭证号数	摘　要	借　方	贷　方	借或贷	余额
月	日						
12	1		上月结余			借	200 000
12	31		本月发生额及余额	—	—	借	200 000

表 10－50　总分类账(14)

账户名称:短期借款　　　　　　　　　　　　　　　　　　　　　　　　　　第 100 页

2010 年		凭证号数	摘要	借方	贷方	借或贷	余额
月	日						
12	1		上月结余			贷	800 000
12	5	付 2	归还银行短期借款	125 000			
12	31		本月发生额及余额	125 000	—	贷	675 000

表 10－51　总分类账(15)

账户名称:应付账款　　　　　　　　　　　　　　　　　　　　　　　　　　第 102 页

2010 年		凭证号数	摘要	借方	贷方	借或贷	余额
月	日						
12	1		上月结余			贷	52 6900
12	22	付 6	支付华联公司欠款	200 000			
12	31		本月发生额及余额	200 000	—	贷	326 900

表 10－52　总分类账(16)

账户名称:其他应付款　　　　　　　　　　　　　　　　　　　　　　　　　第 104 页

2010 年		凭证号数	摘要	借方	贷方	借或贷	余额
月	日						
12	1		上月结余			贷	25 000
12	31		本月发生额及余额	—	—	贷	25 000

表 10－53　总分类账(17)

账户名称:应付职工薪酬　　　　　　　　　　　　　　　　　　　　　　　　第 106 页

2010 年		凭证号数	摘要	借方	贷方	借或贷	余额
月	日						
12	1		上月结余			贷	55 000
12	8	付 5	发工资	150 000			
12	31	转 2	分配工资费用		150 000		
12	31	转 3	计提本月福利费用		21 000		
12	31		本月发生额及余额	150 000	171 000	贷	76 000

表 10-54　总分类账(18)

账户名称：应交税费　　　　　　　　　　　　　　　　　　　　　　　　　　　第 118 页

2010 年		凭证号数	摘 要	借 方	贷 方	借或贷	余 额
月	日						
12	1		上月结余			贷	18 300
12	31	转 9	计提销售税金		24 000		
12	31	转 12	计提所得税费用		94 175		
12	31	付 7	缴纳税金	136 475			
12	31		本月发生额及余额	136 475	118 175	平	—

表 10-55　总分类账(19)

账户名称：应付利润　　　　　　　　　　　　　　　　　　　　　　　　　　　第 125 页

2010 年		凭证号数	摘 要	借 方	贷 方	借或贷	余 额
月	日						
12	1		上月结余			平	—
12	31	转 16	向投资人分配利润		3 000 000		
12	31		本月发生额及余额	—	3 000 000	贷	3 000 000

表 10-56　总分类账(20)

账户名称：应付利息　　　　　　　　　　　　　　　　　　　　　　　　　　　第 128 页

2010 年		凭证号数	摘 要	借 方	贷 方	借或贷	余 额
月	日						
12	1		上月结余			贷	500
12	6	付 3	支付银行借款利息	6 250			
12	31	转 10	计提利息费用		10 750		
12	31		本月发生额及余额	6 250	10 750	贷	5 000

表 10-57　总分类账(21)

账户名称：实收资本　　　　　　　　　　　　　　　　　　　　　　　　　　　第 135 页

2010 年		凭证号数	摘 要	借 方	贷 方	借或贷	余 额
月	日						
12	1		上月结余			贷	3 000 000
12	31		本月发生额及余额	—	—	贷	3 000 000

表 10-58　总分类账(22)

账户名称：盈余公积　　　　　　　　　　　　　　　　　　　　　　　　　　　　第 136 页

2010年		凭证号数	摘　要	借　方	贷　方	借或贷	余　额
月	日						
12	1		上月结余			贷	75 000
12	31	转 15	提取盈余公积		385 132		
12	31		本月发生额及余额	—	385 132	贷	460 132

表 10-59　总分类账(23)

账户名称：生产成本　　　　　　　　　　　　　　　　　　　　　　　　　　　　第 137 页

2010年		凭证号数	摘　要	借　方	贷　方	借或贷	余　额
月	日						
12	1		上月结余			平	—
12	31	转 2	分配工资费用	137 500			
12	31	转 3	计提福利费用	19 250			
12	31	转 4	分配材料费用	350 000			
12	31	转 6	结转制造费用	45 700			
12	31	转 7	结转完工产品成本		552 450		
12	31		本月发生额及余额	552 450	552 450	平	—

表 10-60　总分类账(24)

账户名称：制造费用　　　　　　　　　　　　　　　　　　　　　　　　　　　　第 168 页

2010年		凭证号数	摘　要	借　方	贷　方	借或贷	余　额
月	日						
12	1		上月结余			平	—
12	31	转 2	分配工资费用	5 000			
12	31	转 3	计提福利费用	700			
12	31	转 5	计提折旧费用	40 000			
12	31	转 6	结转制造费用		45 700		
12	31		本月发生额及余额	45 700	45 700	平	—

表 10-61　总分类账(25)

账户名称：主营业务收入　　　　　　　　　　　　　　　　　　　　　　　　　　第 179 页

2010年		凭证号数	摘　要	借　方	贷　方	借或贷	余　额
月	日						
12	1		至11月底累计发生额	9 158 900	9 158 900	平	—
12	2	转 1	销售 A 产品收入		200 000		
12	4	收 2	销售 A 产品收入		350 000		
12	15	收 3	销售 B 产品收入		375 000		
12	31	转 11	结转收入类科目		925 000		
12	31		本月发生额及余额	925 000	925 000	平	—
12	31		本年累计发生额	10 083 900	10 083 900	平	—

表 10-62 总分类账(26)

账户名称:主营业务成本　　　　　　　　　　　　　　　　　　　　　　第 189 页

2010年		凭证号数	摘　要	借　方	贷　方	借或贷	余额
月	日						
12	1		至11月底累计发生额	4 563 200	4 563 200	平	—
12	31	转 8	结转销售产品生产成本	495 000			
12	31	转 13	结转费用支出类科目		495 000		
12	31		本月发生额及余额	495 000	495 000	平	—
12	31		本年累计发生额	5 058 200	5 058 200	平	—

表 10-63 总分类账(27)

账户名称:销售费用　　　　　　　　　　　　　　　　　　　　　　　　第 191 页

2010年		凭证号数	摘　要	借　方	贷　方	借或贷	余额
月	日						
12	1		至11月底累计发生额	320 000	320 000	平	—
12	31		本年累计发生额	320 000	320 000	平	—

表 10-64 总分类账(28)

账户名称:营业税金及附加　　　　　　　　　　　　　　　　　　　　　第 198 页

2010年		凭证号数	摘　要	借　方	贷　方	借或贷	余额
月	日						
12	1		至11月底累计发生额	120 000	120 000	平	—
12	31	转 9	计提销售税金	24 000			
12	31	转 13	结转费用支出类科目		24 000		
12	31		本月发生额及余额	24 000	24 000	平	—
12	31		本年累计发生额	144 000	144 000	平	—

表 10-65 总分类账(29)

账户名称:其他业务收入　　　　　　　　　　　　　　　　　　　　　　第 208 页

2010年		凭证号数	摘　要	借　方	贷　方	借或贷	余额
月	日						
12	1		至11月底累计发生额	1 350 000	1 350 000	平	—
12	31		本年累计发生额	1 350 000	1 350 000	平	—

表 10-66 总分类账(30)

账户名称:其他业务成本　　　　　　　　　　　　　　　　　　　　　　第 228 页

2010年		凭证号数	摘　要	借　方	贷　方	借或贷	余额
月	日						
12	1		至11月底累计发生额	16 710	16 710	平	—
12	31		本年累计发生额	16 710	16 710	平	—

表10－67　总分类账(31)

账户名称：管理费用　　　　　　　　　　　　　　　　　　　　　　　　　　　　第248页

2010年		凭证号数	摘　要	借　方	贷　方	借或贷	余额
月	日						
12	1		至11月底累计发生额	385 000	385 000	平	—
12	31	转2	分配工资费用	7 500			
12	31	转3	计提福利费用	1 050			
12	31	转5	计提折旧费用	10 000			
12	31	转13	结转费用支出类科目		18 550		
12	31		本月发生额及余额	18 550	18 550	平	—
12	31		本年累计发生额	403 550	403 550	平	—

表10－68　总分类账(32)

账户名称：财务费用　　　　　　　　　　　　　　　　　　　　　　　　　　　　第258页

2010年		凭证号数	摘　要	借　方	贷　方	借或贷	余额
月	日						
12	1		至11月底累计发生额	121 000	121 000	平	—
12	31	转10	计提利息费用	10 750			
12	31	转13	结转费用支出类科目		10 750		
12	31		本月发生额及余额	10 750	10 750	平	—
12	31		本年累计发生额	131 750	131 750	平	—

表10－69　总分类账(33)

账户名称：投资收益　　　　　　　　　　　　　　　　　　　　　　　　　　　　第262页

2010年		凭证号数	摘　要	借　方	贷　方	借或贷	余额
月	日						
12	1		至11月底累计发生额	75 600	75 600	平	—
12	31		本年累计发生额	75 600	75 600	平	—

表10－70　总分类账(34)

账户名称：营业外收入　　　　　　　　　　　　　　　　　　　　　　　　　　　第264页

2010年		凭证号数	摘　要	借　方	贷　方	借或贷	余额
月	日						
12	1		至11月底累计发生额	53 200	53 200	平	—
12	31		本年累计发生额	53 200	53 200	平	—

表10-71 总分类账(35)

账户名称:营业外支出　　　　　　　　　　　　　　　　　　　　　　　　　　第266页

2010年		凭证号数	摘要	借方	贷方	借或贷	余额
月	日						
12	1		至11月底累计发生额	16 710	16 710	平	—
12	31		本年累计发生额	16 710	16 710	平	—

表10-72 总分类账(36)

账户名称:所得税费用　　　　　　　　　　　　　　　　　　　　　　　　　　第268页

2010年		凭证号数	摘要	借方	贷方	借或贷	余额
月	日						
12	1		至11月底累计发生额	983 000	983 000	平	—
12	31	转12	计提所得税费用	94 175			
12	31	转13	结转费用支出类科目		94 175		
12	31		本月发生额及余额	94 175	94 175		
12	31		本年累计发生额	1 077 175	1 077 175	平	—

表10-73 总分类账(37)

账户名称:本年利润　　　　　　　　　　　　　　　　　　　　　　　　　　　第278页

2010年		凭证号数	摘要	借方	贷方	借或贷	余额
月	日						
12	1		上月余额			贷	3 568 790
12	31	转11	结转收入类科目		925 000		
12	31	转13	结转费用支出类科目	642 475			
12	31	转14	结转本年利润	3 851 315			
12	31		本月发生额及余额	4 493 790	925 000	平	—

表10-74 总分类账(38)

账户名称:利润分配　　　　　　　　　　　　　　　　　　　　　　　　　　　第282页

2010年		凭证号数	摘要	借方	贷方	借或贷	余额
月	日						
12	1		上月余额			平	
12	31	转14	结转本年利润		3 851 315		
12	31	转15	提取盈余公积	385 132			
12	31	转16	向投资人分配利润	3 000 000			
12	31	转17	结算未分配利润	3 385 132			
12	31	转17	结算未分配利润		3 385 132		
12	31		本月发生额及余额	6 770 264	7 236 447	贷	466 183

第五步：月终将现金日记账、银行存款日记账余额以及各明细分类账户余额的合计数，与总分类账有关账户余额相核对。如银行存款日记账余额和银行存款总账账户余额均为985 275元；应收账款"红光厂"和"金陵厂"明细账户余额分别为50 000元和222 550元，它们的合计数与应收账款总账余额272 550元相符等。

第六步：月终根据总分类账和明细分类账的记录，编制会计报表。在本例中，编制了该企业2010年度会计报表。2010年12月31日的资产负债表如表10-75所示，2010年12月的利润表如表10-76所示。

表10-75 资产负债表

编制单位：某企业　　　　2010年12月31日　　　　　　单位：人民币元

资　产	期末余额	年初余额	负债和所有者权益（或股东权益）	期末余额	年初余额
流动资产：			流动负债：		
货币资金		987 215	短期借款		675 000
交易性金融资产		589 500	交易性金融负债		
应收票据			应付票据		
应收账款		272 550	应付账款		326 900
预付款项		50 000	预收款项		
应收利息			应付职工薪酬		76 000
应收股利			应交税费		
其他应收款		2 500	应付利息		5 000
存货		1 682 450	应付股利		3 000 000
一年内到期的非流动资产			其他应付款		25 000
其他流动资产			一年内到期的非流动负债		
流动资产合计		3 584 215	其他流动负债		
非流动资产：			流动负债合计		4 107 900
可供出售金融资产			非流动负债：		
持有至到期投资			长期借款		
长期应收款			应付债券		
长期股权投资			长期应付款		
投资性房地产			专项应付款		
固定资产		3 500 000	预计负债		
在建工程		750 000	递延所得税负债		
工程物资			其他非流动负债		
固定资产清理			非流动负债合计		0
生产性生物资产			负债合计		4 107 900
油气资产			所有者权益（或股东权益）		

续表 10-75

无形资产	200 000	实收资本(或股本)	3 000 000
开发支出		资本公积	
商誉		减:库存股	
长期待摊费用		盈余公积	460 132
递延所得税资产		未分配利润	466 183
其他非流动资产		所有者权益(或股东权益)总计	3 862 679
非流动资产合计	4 450 000		
资产总计	8 034 215	负债和所有者权益(或股东权益)总计	8 034 215

单位负责人： 财务负责人： 制单人： 填制日期：

表 10-76 利润表

编制单位：某企业　　　　　2010 年 12 月 31 日　　　　　单位：人民币元

项　目	本期金额	本年累计数
一、营业收入	925 000	11 433 900
减：营业成本	495 000	5 618 200
营业税金及附加	24 000	144 000
销售费用		320 000
管理费用	18 550	403 550
财务费用	10 750	131 750
资产减值损失		
加：公允价值变动收益(损失以"—"号填列)		
投资收益(损失以"—"号填列)		75 600
其中：对联营企业和合营企业的投资收益		
二、营业利润(亏损以"—"号填列)	376 700	4 892 000
加：营业外收入		53 200
减：营业外支出		16 710
其中：非流动资产处置损失		
三、利润总额(亏损总额以"—"号填列)	376 700	4 928 490
减：所得税费用	94 175	1 077 175
四、净利润(净亏损以"—"号填列)	282 525	3 851 315
五、每股收益		
(一)基本每股收益		
(二)稀释每股收益		

单位负责人： 财务负责人： 制单人： 填制日期：

第三节 科目汇总表核算程序

一、科目汇总表核算程序的特点

科目汇总表核算程序的主要特点是:首先根据记账凭证定期(五天、十天或半个月)编制科目汇总表,按一级科目汇总各总分类账户的本期借贷方发生额,然后根据科目汇总表登记总分类账。

在这种核算程序下,会计凭证设置和账簿的设置与记账凭证核算程序基本相同,但为了便于编制科目汇总表,通常采用单式记账凭证,并需要增设科目汇总表,作为登记总分类账的依据。

二、科目汇总表核算程序的基本步骤

第一步:根据原始凭证或原始凭证汇总表编制收款凭证、付款凭证和转账凭证;

第二步:根据收款凭证、付款凭证登记现金日记账、银行存款日记账;

第三步:根据原始凭证、原始凭证汇总表或记账凭证登记各种明细分类账;

第四步:根据收款凭证、付款凭证和转账凭证定期编制科目汇总表;

第五步:根据科目汇总表定期登记总分类账;

第六步:月终将现金日记账、银行存款日记账的余额以及各明细分类账户余额的合计数,与总分类账有关账户余额核对相符;

第七步:月终根据总分类账和明细分类账的记录编制会计报表。

科目汇总表核算程序的基本步骤如图10-2所示。

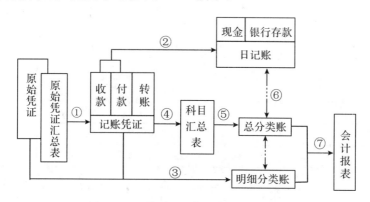

图10-2 科目汇总表核算程序示意图

(注:实线箭头表示填制或登记;虚线双箭头表示核对)

采用科目汇总表核算程序,可以简化总分类账登记工作,减少记账工作量,可以利用科目汇总表进行试算平衡,便于及时发现记账中的错误,保证记账工作的质量。但由于科目汇总表是按相同科目进行加计汇总的,不能反映账户之间的对应关系,不便于分析经济业务的来龙去脉,不便于查对账目。这种核算程序总的说来比较简便,容易掌握,有较强的适用性,因此,为大中型企业单位广泛应用。

三、科目汇总表的编制方法及举例

科目汇总表的编制方法是:首先,将一定时期内的全部记账凭证,按相同会计科目(账户名

称)归类并采用 T 型账户分借方、贷方发生额登记后加计总数,填入科目汇总表相关栏目内。科目汇总表中,会计科目的排列顺序一般应和总分类账户中账户排列顺序相同,以便于过账。其次,计算出科目汇总表内全部会计科目借贷方发生额合计数,即为本期全部账户借方发生额和本期贷方发生额合计,以此进行试算平衡。根据科目汇总表登记总分类账的次数,可以由科目汇总表汇总的次数决定,如一个月汇总三次,则分次登记总分类账三次;也可以分次汇总,月末一次登记总分类账。

在[例 9-1]中,假设该企业采用科目汇总表核算程序,则其编制的科目汇总表如表 10-77 所示。

表 10-77 科目汇总表

2010 年 12 月 1 日至 31 日

会计科目	账 页	本期发生额		记账凭证起讫号数
		借 方	贷 方	
库存现金		150 000	150 000	转账凭证第 1 号至第 17 号　付款凭证第 1 号至第 7 号　收款凭证第 1 号至第 3 号
银行存款		875 000	756 361	
应收账款		200 000	150 000	
在途物资		75 000	—	
原材料		—	350 000	
库存商品		552 450	495 000	
累计折旧		—	50 000	
短期借款		125 000	—	转账凭证第 1 号至第 17 号　付款凭证第 1 号至第 7 号　收款凭证第 1 号至第 3 号
应付账款		200 000	—	
应付职工薪酬		150 000	171 000	
应付福利费		—	—	
应交税费		200 111	181 811	
应付利润		—	3 000 000	
应付利息		6 250	10 750	
盈余公积		—	385 132	
生产成本		552 450	552 450	
制造费用		45 700	45 700	
主营业务收入		925 000	925 000	
主营业务成本		495 000	495 000	
营业税金及附加		24 000	24 000	
管理费用		18 550	18 550	
财务费用		10 750	10 750	
所得税费用		94 175	94 175	
本年利润		4 493 790	925 000	
利润分配		6 770 264	7 236 447	
合　计		15 963 490	15 963 490	

第四节 汇总记账凭证核算程序

一、汇总记账凭证核算程序的特点

汇总记账凭证核算程序的主要特点是:首先定期(五天、十天或半个月)将全部记账凭证汇总编制成汇总记账凭证,然后再根据汇总记账凭证登记总分类账。

采用这种核算程序,会计凭证的设置除分别设置收款凭证、付款凭证和转账凭证外,还需分别设置汇总收款凭证、汇总付款凭证和汇总转账凭证。账簿的设置有现金日记账、银行存款日记账、明细分类账和总分类账。为使总分类账的内容与汇总记账凭证相一致,总分类账的格式应采用借方、贷方两栏内设有对应账户专栏的三栏式,以便反映账户之间的对应关系。

二、汇总记账凭证核算程序的基本步骤

第一步:根据原始凭证或原始凭证汇总表编制收款凭证、付款凭证和转账凭证;
第二步:根据收款凭证、付款凭证登记现金日记账和银行存款日记账;
第三步:根据原始凭证、原始凭证汇总表或记账凭证登记明细分类账;
第四步:根据收款凭证、付款凭证和转账凭证定期编制汇总收款凭证、汇总付款凭证和汇总转账凭证;
第五步:月终根据汇总记账凭证登记总分类账;
第六步:月终将现金日记账、银行存款日记账的余额以及各明细分类账户余额的合计数,与总分类账有关账户余额核对相符;
第七步:月终根据总分类账和明细分类账的记录编制会计报表。
汇总记账凭证核算程序的基本步骤如图10-3所示:

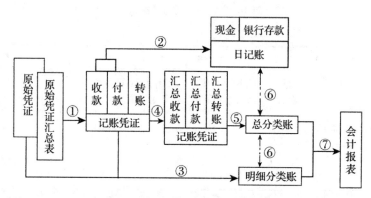

图10-3 汇总记账凭证核算程序示意图
(注:实线箭头表示填制或登记;虚线双箭头表示核对)

采用汇总记账凭证核算程序,由于总分类账是根据汇总记账凭证登记,减少了登记总分类账的工作量,大大简化了过账手续,同时又由于汇总记账凭证是按账户对应关系归类汇总编制的,在总分类账中又设有对应账户栏,因而便于了解经济业务的来龙去脉,便于查对账目。但是,采用这种程序时,汇总转账凭证按贷方科目归类汇总,不是按业务性质归类汇总,因而不利

于会计工作的分工;在转账业务不多的情况下,起不了简化过账手续的作用,却增加了编制汇总记账凭证的工作量,因而这种核算程序适用于规模较大、经济业务较多的企业。

三、汇总记账凭证的编制方法及举例

汇总收款凭证按照现金、银行存款账户借方分别设置,定期将现金、银行存款收款凭证分别按贷方账户归类汇总编制。月终根据汇总收款凭证的合计数,登记现金总分类账户和银行存款总分类账户的借方,以及各对应账户的贷方。

汇总付款凭证按照现金、银行存款账户贷方分别设置,定期将现金、银行存款付款凭证分别按借方账户归类汇总编制。月终根据汇总付款凭证的合计数,登记现金总分类账户和银行存款总分类账户的贷方,以及各对应账户的借方。

实际工作中,按照转账业务编制的转账凭证多数为"一贷多借",因此,为了避免重复汇总和减少编制汇总转账凭证的数量,在编制汇总转账凭证时,应确定以贷方账户为主,按与贷方账户相对应的借方账户归类汇总。所以,汇总转账凭证按照除现金和银行存款以外其他账户的贷方分别设置,定期将全部转账凭证,按借方科目归类汇总编制。月终根据汇总转账凭证的合计数,分别登记有关总分类账户的贷方,以及该汇总转账凭证所列各对应账户的借方。

为了便于编制汇总转账凭证,平时在编制转账凭证时,应使账户对应关系保持一个贷方账户同一个或几个借方账户相对应,不宜编制一个借方账户同几个贷方账户相对应的转账凭证。如果在汇总的月份内某一个贷方账户的转账凭证不多时,也可不编制汇总转账凭证,直接根据转账凭证登记总分类账。

下面仍以[例9-1]所述资料来说明汇总记账凭证的编制方法。假设该企业采用汇总记账凭证核算程序,且为一个月根据编制的全部记账凭证汇总三次,则编制的银行存款账户汇总收款凭证、汇总付款凭证和应交税金账户的汇总转账凭证分别如表10-78,表10-79和表10-80所示。

表10-78 汇总收款凭证(1)

借方账户:银行存款 2010年12月份 第1号

贷方科目	金额				总账页次	
	1日至10日收款凭证第1号至第2号	11日至20日收款凭证第3号至第3号	21日至31日收款凭证第 号至第 号	合计	借方	贷方
应付账款	150 000			150 000		
主营业务收入	350 000	375 000		725 000		
合计	500 000	375 000		875 000		

表10-79 汇总付款凭证(2)

贷方账户:银行存款　　　　2010年12月份　　　　　　　第1号

借方科目	金 额				总账页次	
	1日至10日付款凭证第1号至第5号	11日至20日付款凭证第　号至第　号	21日至31日付款凭证第6号至第7号	合　计	借方	贷方
在途物资	75 000			75 000		
短期借款	125 000			125 000		
应付利息	6 250			6 250		
库存现金	150 000			150 000		
应付账款			200 000	200 000		
应交税费			136 475	136 475		
合　计	356 250		336 475	692 725		

表10-80 汇总转账凭证(3)

贷方账户:应交税费　　　　2010年12月份　　　　　　　第5号

借方科目	金 额				总账页次	
	1日至10日转账凭证第　号至第　号	11日至20日转账凭证第　号至第　号	21日至31日转账凭证第1号至第17号	合　计	借方	贷方
营业税金及附加			24 000	24 000		
所得税费用			94 175	94 175		
合　计			118 175	118 175		

第五节　多栏式日记账核算程序

一、多栏式日记账核算程序的特点

多栏式日记账核算程序的主要特点是:对涉及现金和银行存款的收付款业务,均先根据编制的收款凭证和付款凭证分别在所设置的多栏式现金日记账和多栏式银行存款日记账中登记,然后再定期根据多栏式日记账的收入栏和支出栏中的各专栏的合计数登记总分类账。采用这种核算程序,记账凭证应分别按照收款业务、付款业务和转账业务设置收款凭证、付款凭证和转账凭证;现金和银行存款日记账应采用多栏式格式。

在这种核算程序中,多栏式现金日记账和多栏式银行存款日记账起了汇总收款凭证和付款凭证的作用。在定期将收款业务和付款业务登记入总分类账时,根据多栏式日记账的收入合计栏的本期发生额合计数登记总分类账中现金或银行存款账户的借方,并根据收入栏各专栏的本期发生额合计数登记总分类账中相应账户的贷方;同时,根据多栏式日记账的支出合计栏的本期发生额合计数登记总分类账中现金和银行存款账户的贷方,并根据支出栏各专栏的本期发生额合计数登记总分类账中相应账户的借方。需要注意的是:对于现金和银行存款之间相互划转的本期发生额,因为已分别包括在多栏式日记账的收入合计栏和支出合计栏中,所以无需再根据专栏合计数登记总分类账,以免重复。对于不涉及现金和银行存款收付的转账业务,则可以根据所有转账凭证编制汇总转账凭证或科目汇总表,并据以登记有关总分类账户。如果企业的转账业务较少,也可以根据转账凭证逐笔登记有关总分类账户。

二、多栏式日记账核算程序的基本步骤

第一步:根据原始凭证或原始凭证汇总表编制收款凭证、付款凭证和转账凭证;

第二步:根据收款凭证、付款凭证登记多栏式的现金日记账和银行存款日记账;

第三步:根据原始凭证、原始凭证汇总表或记账凭证逐笔及时登记明细分类账;

第四步:月终,根据多栏式的现金日记账和银行存款日记账将收款业务和付款业务登记总分类账;

第五步:月终,根据转账凭证将所有转账业务逐笔登记总分类账,或将转账凭证汇总后,根据汇总转账凭证(或转账凭证科目汇总表)登记总分类账;

第六步:月终,将现金日记账、银行存款日记账的余额以及各明细分类账户余额的合计数,与总分类账有关账户余额核对相符;

第七步:月终,根据总分类账和明细分类账的记录编制会计报表。

多栏式日记账核算程序的基本步骤如图10-4所示。

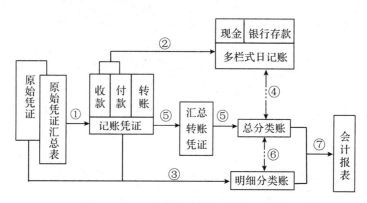

图10-4 多栏式日记账核算程序示意图
(注:实线箭头表示填制或登记;虚线双箭头表示核对)

采用多栏式日记账核算程序,由于涉及收款业务和付款业务的总账记录是根据多栏式日记账汇总后的合计数登记的,因此可以减少登记总分类账的工作量;同时,通过多栏式日记账又可以清晰地反映收款业务和付款业务的账户对应关系。但是,如果企业的收款业务和付款业务的类型较多,必然导致日记账中对应账户专栏增多,使账页庞大,既不便于记账又不便于保管。这种核算程序主要适用于收付款业务较多,且类型较少的单位。

多栏式日记账的格式和登记方法请参见第八章,这里不再赘述。

自学指导

学习目的和要求

通过本章的学习,要求理解会计核算程序的概念和意义,掌握企业会计核算的一般步骤;理解和掌握记账凭证核算程序、科目汇总表核算程序、汇总记账凭证核算程序和多栏式日记账核算程序的主要特点、基本步骤和优缺点及其适用性。

内容提要

一、会计核算程序的意义

会计核算程序是指在会计核算过程中,将凭证组织、账簿组织和记账步骤相互结合的方式。凭证组织是指会计凭证的种类、格式和各种凭证之间的关系;账簿组织是指账簿种类、格式和各种账簿之间的关系;记账步骤是指从凭证的整理和传递,到账簿的设置和登记,直至报表的编制这一整个过程。不同的凭证组织、账簿组织和记账步骤,形成不同的会计核算程序。按照登记总分类账的依据不同,会计核算程序可分为记账凭证核算程序、科目汇总表核算程序、汇总记账凭证核算程序和多栏式日记账核算程序等四种类型。

建立科学合理的会计核算程序,可以确保会计核算的正确、及时和完整,提高会计核算的质量;促进会计核算的规范化和合理分工,减少不必要的核算环节和手续,提高会计核算的效率;有利于加强企业内部牵制和会计监督。

二、企业会计核算的一般步骤

企业会计核算在各会计期间循环进行,一般包括以下几个步骤:

1. 取得并审核已经发生的经济业务的原始凭证。
2. 编制记账凭证。即根据审核无误的原始凭证,确定将经济业务记入什么账户、记在借方还是贷方以及入账金额。
3. 过账。即根据记账凭证来登记日记账、明细分类账和总分类账。
4. 账项调整。即在会计期末,为了按照权责发生制原则和配比原则核算本期的经营成果,对应归属于本期的各项收入、成本费用加以确认和计量,在进行账户分析和计算的基础上,编制记账凭证,调整有关账户记录的账务处理过程。
5. 试算平衡。根据记账凭证过账后,期末计算出每一个账户的本期借、贷方发生额合计和期末余额,并编制试算平衡表,以确定过账的正确性。
6. 编制会计报表。期末应根据总分类账户和明细分类账户提供的资料,编制会计报表。

三、记账凭证核算程序

记账凭证核算程序是最基本的会计核算程序,其他各种会计核算程序都是在记账凭证核算程序的基础上演变发展而来的。其主要特点是:先根据原始凭证和原始凭证汇总表编制记账凭证,然后根据记账凭证直接地逐笔地登记总分类账。在记账凭证核算程序下,记账凭证可以采用通用式格式,也可按照经济业务类型(收款业务、付款业务和转账业务),分别采用收款凭证、付款凭证和转账凭证三种格式。设置的账簿一般包括现金日记账、银行存款日记账、总分类账和明细分类账。其中,现金日记账、银行存款日记账和总分类账一般采用三栏式;明细分类账根据需要可以分别采用三栏式、多栏式和数量金额式等。

记账凭证核算程序的基本步骤为：

第一步：根据审核无误的原始凭证或原始凭证汇总表，按照经济业务不同的性质，分别编制收款凭证、付款凭证和转账凭证；

第二步：根据现金和银行存款的收款凭证和付款凭证，逐笔登记现金日记账和银行存款日记账；

第三步：根据原始凭证、原始凭证汇总表以及记账凭证登记有关明细分类账；

第四步：根据记账凭证逐笔登记总分类账；

第五步：月终将现金日记账、银行存款日记账余额以及各明细分类账户余额的合计数，与总分类账有关账户余额核对相符；

第六步：月终根据总分类账和明细分类账的记录编制会计报表。

采用记账凭证核算程序，记账层次清楚，手续简便，便于理解。由于根据记账凭证逐笔登记总分类账，因而各总分类账户可以比较详细地记录和反映经济业务的发生或完成情况。但是在业务量较大的情况下，就会使登记总账的工作量增大。因此，这种核算程序一般适用于规模较小、业务量少的企业。

四、科目汇总表核算程序

科目汇总表核算程序的主要特点是：首先根据记账凭证定期（五天、十天或半个月）编制科目汇总表，按一级会计科目汇总各总分类账户的借贷方发生额，然后根据科目汇总表登记总分类账。在这种核算程序下，会计凭证设置和账簿的设置与记账凭证核算程序基本相同。但需要增设科目汇总表，作为登记总分类账的依据。为了便于编制科目汇总表，通常采用单式记账凭证。

科目汇总表的编制方法是：首先，将一定时期内的全部记账凭证，按相同会计科目归类并采用"T"型账户分借方、贷方发生额登记后加计总数，填入科目汇总表相关栏目内。其次，计算出科目汇总表内各账户借贷方发生额合计数，即为本期全部账户的借方发生额和贷方发生额合计，并以此进行试算平衡。根据科目汇总表登记总分类账的次数，可以由科目汇总表汇总的次数决定，如一个月汇总三次，则需登记总分类账三次；也可以分次汇总，月末一次登记。

采用科目汇总表核算程序，可以简化总分类账登记工作，减少记账工作量；可以利用科目汇总表进行试算平衡，便于及时发现记账中的错误，保证记账工作的质量。但由于科目汇总表是按相同科目进行加计汇总的，不能反映账户之间的对应关系，不便于分析经济业务的来龙去脉，不便于查对账目。这种核算程序对大中型企业单位有较强的适用性。

五、汇总记账凭证核算程序

汇总记账凭证核算程序的主要特点是：首先定期（五天、十天或半个月）将全部记账凭证汇总编制成汇总记账凭证，然后再根据汇总记账凭证登记总分类账。采用这种核算程序，会计凭证的设置除分别设置收款凭证、付款凭证和转账凭证外，还需分别设置汇总收款凭证、汇总付款凭证和汇总转账凭证。账簿的设置有现金日记账、银行存款日记账、明细分类账和总分类账。为使总分类账的内容与汇总记账凭证相一致，总分类账的格式应采用借方、贷方两栏内设有对应账户专栏的三栏式，以便反映账户之间的对应关系。

汇总收款凭证按照现金、银行存款账户借方分别设置，定期将现金、银行存款收款凭证分别按贷方账户归类汇总编制。月终根据汇总收款凭证的合计数，登记现金总分类账户和银行存款总分类账户的借方,以及各对应账户的贷方。

汇总付款凭证按照现金、银行存款账户贷方分别设置,定期将现金、银行存款付款凭证分别按借方账户归类汇总编制。月终根据汇总付款凭证的合计数,登记现金总分类账户和银行存款总分类账户的贷方,以及各对应账户的借方。

汇总转账凭证按照除现金和银行存款以外其他账户的贷方分别设置,定期将全部转账凭证按借方账户归类汇总编制。月终根据汇总转账凭证的合计数,分别登记有关总分类账户的贷方,以及该汇总转账凭证所列各对应账户的借方。为了避免重复汇总和减少编制汇总记账凭证的数量,在编制汇总转账凭证时,应确定以贷方账户为主,按与贷方账户相对应的借方账户归类汇总。

为了便于编制汇总转账凭证,平时在编制转账凭证时,应使账户对应关系保持一个贷方科目同一个或几个借方科目相对应,不宜编制一个借方科目同几个贷方科目相对应的转账凭证。如果在汇总的月份内某一个贷方科目的转账凭证不多时,也可不编制汇总转账凭证,直接根据转账凭证登记总分类账。

采用汇总记账凭证核算程序,由于总分类账是根据汇总记账凭证登记,减少了登记总分类账的工作量,大大简化了过账手续;同时又由于汇总记账凭证是按账户对应关系归类汇总编制的,在总分类账中又没有对应账户栏,因而便于了解经济业务的来龙去脉,便于查对账目。但是,采用这种程序时,汇总转账凭证按贷方科目归类汇总,不是按业务性质归类汇总,因而不利于会计工作的分工;在转账业务不多的情况下,起不了简化过账手续的作用,却增加了编制汇总记账凭证的工作量。因而这种核算程序适用于规模较大、经济业务较多的企业。

六、多栏式日记账核算程序

多栏式日记账核算程序的主要特点是:对涉及现金和银行存款的收付款业务,均先根据编制的收款凭证和付款凭证分别在所设置的多栏式现金日记账和多栏式银行存款日记账中登记,然后再定期根据多栏式日记账的收入栏和支出栏中的各专栏的合计数登记总分类账。

在这种核算程序中,多栏式现金日记账和多栏式银行存款日记账起了汇总收款凭证和付款凭证的作用。在定期将收款业务和付款业务登记入总分类账时,根据多栏式日记账的收入合计栏的本期发生额合计数登记总分类账中现金或银行存款账户的借方,并根据收入栏各专栏的本期发生额合计数登记总分类账中相应账户的贷方;同时,根据多栏式日记账的支出合计栏的本期发生额合计数登记总分类账中现金和银行存款账户的贷方,并根据支出栏各专栏的本期发生额合计数登记总分类账中相应账户的借方。需要注意的是:对于现金和银行存款之间相互划转的本期发生额,因为已分别包括在多栏式日记账的收入合计栏和支出合计栏中,所以无需再根据专栏合计数登记总分类账,以免重复。对于不涉及现金和银行存款收支的转账业务,则可以根据所有转账凭证编制汇总转账凭证或科目汇总表,并据以登记有关总分类账户。如果企业的转账业务较少,也可以根据转账凭证逐笔登记有关总分类账户。

采用多栏式日记账核算程序,由于涉及收款业务和付款业务的总账记录是根据多栏式日记账汇总后的合计数登记的,因此可以减少登记总分类账的工作量;同时,通过多栏式日记账又可以清晰地反映收款业务和付款业务的账户对应关系。但是,如果企业的收款业务和付款业务的类型较多,必然导致日记账中对应账户的栏目增多,使账页庞大,既不便于记账又不便于保管。这种核算程序主要适用于收付款业务较多,且类型较少的单位。

复习思考题

1. 什么叫会计核算程序？建立科学合理的会计核算程序有什么意义？
2. 简述企业会计核算的一般步骤。
3. 简述记账凭证核算程序的主要特点及其凭证组织和账簿组织。
4. 简述记账凭证核算程序的基本步骤。
5. 简述记账凭证核算程序的优缺点和适用性。
6. 科目汇总表核算程序的主要特点是什么？
7. 简述科目汇总表核算程序的优缺点和适用性。
8. 汇总记账凭证核算程序的主要特点是什么？
9. 简述汇总记账凭证核算程序的优缺点和适用性。
10. 多栏式日记账核算程序的主要特点是什么？
11. 简述多栏式日记账核算程序的优缺点和适用性。

第十一章 会计工作组织

第一节 会计工作组织的意义和原则

一、会计工作组织的意义

会计工作组织一般包括会计制度的制定和执行、会计机构的设置、会计人员的配备等几个方面的内容。会计制度的制定和执行,是保证会计工作的科学化、规范化的基础和前提,是保证会计系统正常运行的约束机制;设置会计机构、配备会计人员是正常开展会计工作的必备条件。因此,科学地组织会计工作,对于完成会计任务,发挥会计在经济管理中的作用具有十分重要的意义。

(一)科学地组织会计工作,有利于提高会计工作的质量和效率

会计工作是一项严密细致的工作,它要求对各核算单位日常所发生的错综复杂的大量经济活动从填制和审核凭证到登记账簿,再到编制会计报表,经过一系列的记录、计算、分类、汇总、分析、检查等手续和处理程序,进行全面、连续、完整、系统的反映,及时为各方面提供真实、可靠、相关的会计信息。在实际工作中任何一道手续的遗漏、一个步骤的脱节或一项数据的错误,都会使最终提供的会计信息失真或不及时,从而影响会计信息使用者决策的正确性。因此,科学地组织会计工作,使会计工作按照事先规定的手续和处理程序有条不紊地进行,可以防止疏漏和错误,即使发生了疏漏和错误,也容易被发现,及时纠正,从而可以提高会计工作的质量和效率。

(二)科学地组织会计工作,有利于加强各单位内部的经济责任制

经济责任制是各单位加强内部经营管理的重要手段和有效形式。会计作为经济管理的重要组成部分,与内部经济责任制有着密切的联系。因此,科学地组织会计工作,可以明确各有关部门和人员的经济责任,落实以岗位责任制为中心的各项管理制度,增强有关人员的责任感,促使其管好用好各项资金,厉行节约,增产增收,从而提高管理水平,提高经济效益。

(三)科学地组织会计工作,有利于会计工作与其他经济管理工作的协调一致

会计工作既独立于其他经济管理工作,又与它们有着十分密切的联系。会计工作与其他经济管理工作在企业管理的共同目标下相互补充、相互促进、又相互影响。因此,科学地组织会计工作,可以使会计工作同其他经济管理工作更好地分工协作,相互配合,共同完成管好经济的任务。

(四)科学地组织会计工作,有利于国家财经方针、政策、法规和制度的贯彻执行

为了保证国民经济的良好运行,维护社会经济秩序,各单位必须认真贯彻执行国家的财经方针、政策、法规和制度。会计工作作为一项价值管理工作,无时无刻不涉及这些方针、政策、法规和制度所规范的内容。因此,科学地组织会计工作,是贯彻执行国家财经方针、政策和制度的重要保证。

二、会计工作组织的原则

为了科学地组织会计工作,各单位在组织会计工作时,应遵循以下原则:

(一)统一性原则

统一性原则要求各单位会计工作的组织必须接受国家的统一领导,遵守国家对会计工作的统一规范。

会计工作是一项政策性很强的工作,其所提供的会计信息直接影响到国家、投资者、债权人、经营者和职工等各方面的利益关系。为了保证会计信息的质量,充分发挥会计在经济管理中的作用,国家制定了《会计法》、会计准则和会计制度等会计法规。因此,各单位在组织会计工作时,首先必须遵守这些法规的有关规定。

(二)因地制宜原则

因地制宜原则要求会计工作的组织必须根据本单位经营管理的特点,加以具体确定。

国家对组织会计工作的统一要求,只是一般性的原则规定。每一个独立核算单位由于经济活动的特点不同,规模大小不一,使得经营管理对会计信息的具体要求也各不相同。因此,有关单位内部会计规范的制定和实行,会计机构的设置,会计人员的配备,会计核算方法的选择等,都必须在符合国家统一要求的前提下,结合本单位的具体特点,因地制宜地作出具体安排。

(三)效益性原则

效益性原则要求在组织会计工作时,应在保证会计工作质量的前提下,尽量降低进行会计工作所需的时间和所耗的费用。为此,所有会计凭证、账簿和报表的设计,各种手续、程序的规定,会计机构的设置和会计人员的配备等都要力求精简、节约、高效,努力以最少的人力、物力、财力消耗,谋求最佳的工作效益。

第二节 会计机构

一、会计机构设置

会计机构是直接从事和组织领导会计工作的职能部门。建立和健全会计机构是保证会计工作正常进行,充分发挥会计管理作用的重要条件。

(一)中央和地方各级主管部门会计机构的设置

《中华人民共和国会计法》(以下简称《会计法》)第七条规定:"国务院财政部门主管全国的会计工作。县级以上地方人民政府的财政部门负责管理本行政区域内的会计工作。"

按照《会计法》这一规定,国家财政部设置会计司,主管全国的会计工作,是全国会计工作的最高领导机构。其主要职责是:在财政部的领导下,制定和颁发全国性的会计法规、准则和制度;研究制定改进会计工作的措施与会计规划;制定全国会计人员的培训规划;管理全国会计人员的技术职称工作;管理、监督注册会计师事务所的业务,组织全国注册会计师资格考试,批准注册会计师,颁发注册会计师证等。

地方财政部门和企业主管部门设置会计处、科,主管本地区、本系统内企业的会计工作。其主要职责是:组织实施财政部制定、颁发的会计法规、准则和制度;组织、领导和监督所属企业的会计工作;编制本地区、本系统的汇总会计报表;负责组织本地区、本系统会计人员的业务培训等。各企业主管部门在会计业务上,接受同级财政部门的指导和监督。

（二）基层企业、行政和事业单位会计机构的设置

基层企业、行政和事业等单位,可以根据各自规模的大小、业务的繁简,分别设置能适应本单位需要的会计处、科、股等会计机构,负责办理单位的会计工作。规模较小,业务较少的单位可以不单独设置会计机构,但必须配置专职会计人员或指定专人负责办理会计工作。其主要任务是：对单位日常发生的经济业务进行会计核算；对单位各项经济业务的合理性、合法性和有效性进行会计监督；定期向会计信息需求者提供会计报表；通过对会计信息的利用,参与单位的经营管理等。基层单位的会计部门在本单位厂长、经理、总会计师或有关行政领导人的领导下进行工作,并同时接受上级会计部门的指导和监督。

二、会计核算体制

会计核算体制是指各单位开展会计核算工作的组织制度和组织形式。各单位的会计核算体制可分为独立核算体制和非独立核算体制两种。其中,独立核算体制又可具体分为集中核算体制和非集中核算体制两种。

（一）独立核算和非独立核算

独立核算是指进行完整的记账、算账和报账的会计核算。实行独立核算的单位称为独立核算单位。其主要特点是：具有完整的凭证、账户、账簿系统,全面地进行记账和算账工作,并定期地编制反映本单位财务状况和经营成果的会计报表。独立核算单位拥有一定数量的供生产、经营用的资产,在银行里独立开户,对外办理结算,独立编制计划,单独计算盈亏,一般单独设置会计机构,配备必要的会计人员。

非独立核算是指不进行完整的记账、算账和报账的会计核算。实行非独立核算的单位通常称为报销单位。其主要特点是：定期向上级部门领取一定数额的物资和备用金,平时只进行原始凭证的填制、整理和汇总,以及现金账、实物账的登记工作,按期将有关核算资料报送上级部门,由上级部门汇总记账。报销单位既不单独计算盈亏,也不单独编制会计报表,一般不设置专门的会计机构,只需配备专职的会计人员,负责处理会计事务。

一个单位是实行独立核算还是实行非独立核算,主要取决于经营管理和业务组织上的需要。在实际工作中,凡具有法人地位的企、事业单位都必须实行独立核算。

（二）集中核算和非集中核算

集中核算是指把整个单位的会计核算工作都集中在单位会计部门进行。在这种核算体制下,单位会计部门以外的其他部门只对本部门发生的经济业务负责填制或取得原始凭证,定期送交会计部门；会计部门根据各部门送来的原始凭证,在审核无误后填制记账凭证,登记账簿,编制会计报表。实行集中核算可以减少核算层次,精简会计人员。

非集中核算又称分散核算,是指单位内部各部门作为内部独立核算单位,对本部门所发生的经济业务负责办理编制记账凭证、登记账簿和编制会计报表,进行完整的会计核算；单位会计部门日常只处理单位管理部门范围内发生的会计事项和对内部核算单位的核算工作进行业务指导和检查,期末则根据内部各核算单位报来的资料,加以调整汇总,编制整个单位的会计报表。实行非集中核算,有利于单位内部各部门及时地利用核算资料进行日常的考核和分析,有针对性地解决管理上存在的问题。

一个单位是实行集中核算,还是非集中核算,主要取决于经营管理上的需要。在一个单位内部,对各部门可以根据管理上的要求,分别采取集中核算和非集中核算,而且集中核算和非

集中核算的具体内容和方法也不一定完全相同。但是,无论采取哪一种核算体制,单位对外的现金收支、银行存款转账、应收应付款的结算,都应由会计部门集中办理。

第三节　会计人员

一、会计人员的职责和权限

会计人员是从事会计工作、处理会计业务、完成会计任务的专业人员。合理配备会计人员和不断提高会计人员的素质是做好会计工作的决定因素。因此,各基层单位都应配备必要的合格的会计人员,并明确其职责和权限。

（一）会计人员的职责

根据《会计法》的规定,会计人员的职责主要有以下几个方面:

1. 进行会计核算。会计核算是会计工作的基本内容,会计人员对本单位发生的会计事项必须按照会计制度的要求认真组织会计核算。主要包括认真填制和审核会计凭证,登记账簿;正确计算各项收入、支出、成本、费用和财务成果;按期结账、核对账目,进行财产清查,保证账证相符、账账相符、账实相符;如实编制会计报表,及时向各有关方面提供真实、可靠、相关的会计信息。

2. 实行会计监督。实行会计监督就是通过会计工作对单位的各项经济业务的合法性、合理性和有效性进行审核和检查。具体地说,会计人员要做到对不真实、不合法的原始凭证不予受理;对记载不准确、不完整的原始凭证予以退回,要求更正、补充;账簿记录与实物、款项不符时,应按有关规定进行处理,无权自行处理的,应立即向单位领导人报告,请求查明原因,作出处理。

3. 拟定本单位办理会计事务的具体办法。国家制定的统一会计法规只对会计工作和会计事务处理办法作出一般性规定,各单位的会计人员要依据会计法规,结合本单位的特点和需要设计、拟定本单位办理会计事务的具体办法,如会计人员的岗位责任制、钱账分管制度、内部稽核制度等。

4. 参与拟订经济计划、业务计划,分析预算、财务计划的执行情况。会计人员应充分利用自身掌握的本单位系统、完整的会计信息的优势,积极参与本单位的经营管理活动。具体包括负责制订本单位的财务计划、预算,并根据会计资料结合统计核算、业务核算等有关资料,分析、考核其执行情况;积极参与拟订经济计划和业务计划,为生产经营决策提供各种备选方案。

（二）会计人员的权限

为了保证会计人员更好地履行其职责,国家赋予了会计人员必要的权限。会计人员的权限主要有以下几个方面:

1. 有权要求本单位有关部门和人员认真遵守国家的财经纪律和财务会计制度。如有违反,会计人员有权拒绝付款、拒绝报销或拒绝执行,并向本单位领导报告。对于弄虚作假、营私舞弊、欺骗上级等违法乱纪行为,会计人员必须坚决拒绝执行,并向本单位领导和上级主管部门、财务部门、审计部门报告。

2. 有权参与本单位计划、预算的编制、定额的制定、经济合同的签订,参加有关生产经营管理的会议,提出对财务收支和经营决策方面的意见。

3. 有权监督、检查本单位有关部门的财务收支、资金使用和财产保管、收发、计量等情况。

为了保障会计人员行使职权,《会计法》第四十六条明确规定:"单位负责人对依法履行职责、抵制违反本法规定行为的会计人员以降级、撤职、调离工作岗位、解聘或者开除等方式实行打击报复,构成犯罪的,依法追究刑事责任;尚不构成犯罪的,由其所在单位或者有关单位依法给予行政处分。对受打击报复的会计人员,应当恢复其名誉和原有职务、级别"。这就从法律上保护和鼓励会计人员维护国家利益、投资者权益而坚持原则,履行自己的职权。

二、会计人员的素质和技术职务

(一) 会计人员的素质

会计人员的素质要求,一般包括政治素质、业务素质和职业道德素质三个方面。

1. 政治素质

会计工作是一项政策性较强的经济管理工作,因此,对会计人员在政治上有较高的要求。具体地说,一是要求会计人员要坚持四项基本原则,努力提高政治理论水平和思想认识水平;二是要求会计人员要认真贯彻执行党和国家的方针、政策、法令、制度以及财经纪律,不断增强法制观念;三是要求会计人员要有较高的思想觉悟和较强的事业心、责任感。

2. 业务素质

提高业务素质,是做好会计工作的关键。会计人员首先要掌握会计专业知识,练好记账、算账和报账的基本功;其次要认真学习国家的财经方针、政策和会计法规,熟悉财政、信贷、税收和结算制度;再次要了解本单位的生产经营活动情况及有关经济管理知识。总之,会计人员要勤于学习、钻研业务,及时更新知识,不断提高业务水平。

3. 职业道德素质

会计人员的职业道德素质要求可概括为实事求是、坚持原则、遵纪守法、廉洁奉公。实事求是就是一切从客观实际出发,真实、准确、完整、清楚地提供会计信息;坚持原则就是照章办事,不徇私情,正确处理各方面的经济关系;遵纪守法就是忠于职守,自觉维护财经纪律;廉洁奉公就是以身作则,一尘不染,不谋私利,敢于抵制不正之风。

(二) 会计人员的技术职务

根据中央职称改革工作领导小组1986年颁发的《会计专业技术职务试行条例》的规定,会计专业职务分为会计员、助理会计师、会计师和高级会计师四种。

从1992年开始,我国开始对会计专业技术资格实行全国统一考试制度。这一制度,按会计专业职务的设置,分为会计员、助理会计师和会计师资格考试。高级会计师仍采用传统的评定方法。凡通过全国统一考试获得会计专业技术资格的会计人员,表明其已具备担任相应会计专业职务的水平和能力。各单位可根据需要,从获得会计专业技术资格的会计人员中择优聘任。

三、总会计师

总会计师是企业、事业单位负责经济核算和财务会计工作的行政领导人。我国从1961年开始,在规模较大的国有企业中,逐步试行总会计师制度。1978年,国务院颁发的《会计人员职权条例》中规定:企业要建立总会计师的经济责任制,大、中型企业要设置总会计师,小型企业要指定一名副厂长行使总会计师的职权。1990年,国务院颁发的《总会计师条例》规定:"全民所有制大、中型企业设置总会计师;事业单位和业务主管部门根据需要,经批准可以设置总会计师",同时进一步明确了总会计师的职责和权限。

总会计师的职责主要是：(1) 负责编制和执行预算、财务收支计划、信贷计划,拟订资金筹措和使用方案,开辟财源,有效地使用资金;(2) 负责进行成本费用预测、计划、控制、核算、分析和考核,督促本单位有关部门降低消耗、节约费用、提高经济效益;(3) 负责建立健全经济核算制度,利用财务会计资料进行经济活动分析;(4) 负责对本单位财会机构的设置和会计人员的配备、会计专业职务的设置和聘任提出方案;(5) 承办单位主要行政领导人交办的其他工作。

总会计师的权限主要是：(1) 有权制止或纠正违反国家财经法律、法规、方针、政策、制度和有可能在经济上造成损失、浪费的行为;(2) 有权组织本单位各职能部门和直属基层组织的经济核算、财务会计和成本管理等工作;(3) 有权主管审批本单位财务收支工作;(4) 有权签署本单位的预算、财务收支计划、成本和费用计划、信贷计划、财务专题报告和会计决算报表。

第四节 会计法规

一、会计法规体系

会计法规是国家管理会计工作的法律、条例、准则、制度和规定等的总称。会计法规是保证会计工作有组织、有秩序、规范化、科学化的必要条件。任何国家为了组织、管理好本国的会计工作,实现会计目标,都必须制定一整套适合本国国情的会计法规体系。我国的会计法规体系由处于三个不同层次的一系列法律、条例、准则、制度和规定组成。《会计法》处于整个会计法规体系的最高层次,是统领会计工作和制定其他各层次会计法规的基本法;会计准则、《总会计师条例》、《会计证管理办法》、《会计基础工作规范》、《会计档案管理办法》等是在《会计法》之下的第二个层次的会计法规;第三个层次的会计法规是由政府制定的会计制度。

二、会计法

《会计法》是我国法律体系的组成部分,是由国家最高立法机关依照立法程序制定和颁布的法律,是从事会计工作、办理会计事务的强制性行为规则,是据以拟定其他各项会计法规的重要依据。

现行《会计法》由第六届全国人民代表大会常务委员会于1985年1月21日审议通过,从1985年5月1日起执行的。后因发展社会主义市场经济的需要,由第八届、第九届全国人民代表大会常务委员会分别于1993年12月份和1999年10月份两次进行修订。

《会计法》全文共七章五十二条。主要就会计工作管理体制,会计核算的内容、方法和基本要求,会计监督的范围、内容及基本要求,会计机构的设置、会计人员的配备、职责和管理体制,会计人员及有关人员的会计责任和法律责任等方面作了明确的规定。

三、会计准则

会计准则是进行会计核算工作应遵循的规范,是评价会计信息质量的准绳。我国的会计准则是会计法规体系的重要组成部分,是具有国家法律性质的政府法规。根据会计准则制定的总体设想,我国的会计准则可分为企业会计准则、事业单位会计准则和行政单位会计准则三种,每一种会计准则又具体分为基本准则和具体准则两个层次。基本准则主要就会计核算的基本内容作出原则性规定,具体准则是根据基本准则的要求对具体会计业务的处理作出规定。

2006年2月15日财政部颁发1项企业会计准则基本准则和38项具体准则,年底颁布了32项会计准则应用指南及1个附录——《会计科目和主要账务处理》,以后又陆续颁布了企业会计准则解释,已经形成较完善的企业会计准则体系。企业会计准则的制定、颁布和实施,规范了中国会计实务的核算,大大改善了中国上市公司的会计信息质量和企业财务状况的透明度,强化了为投资者和社会公众提供决策有用会计信息的新理念;实现了与国际会计惯例的趋同;首次构建了比较完整的有机统一体系;为改进国际财务报告准则提供了有益借鉴。为企业经营机制的转换和证券市场的发展、国际间经济技术交流起到了积极的推动作用。

基本准则是纲,具体准则的制定应当遵循基本准则。我国企业会计准则基本准则吸收了国际准则概念框架的合理内容,对于具体准则没有专门规范确认和计量的交易或事项,基本准则提供了处理的原则框架。基本准则主要规范财务报告目标、会计假设、会计信息质量特征、会计要素定义和确认条件、会计计量、财务报告等。

具体准则是目,依据基本准则原则要求对有关业务或报告作出的具体规定。具体准则基本涵盖了到目前为止各类企业的各项业务,按规范的内容分为:(1)一般业务准则,规范各类企业普遍适用的一般经济业务的确认和计量要求,包括存货、长期股权投资、投资性房地产、固定资产、无形资产、资产减值、职工薪酬、借款费用、股份支付、所得税、收入、政府补助、外币折算、或有事项、会计政策、会计估计变更和差错更正、资产负债表日后事项、建造合同、租赁、金融工具确认和计量、金融资产转移、套期保值、金融工具列报、非货币性资产交换、债务重组和企业合并等;(2)特殊行业的特定业务准则,规范特殊行业特定业务的确认和计量要求,包括石油天然气开采、生物资产、原保险合同和再保险合同等;(3)报告准则,规范普遍适用于各类企业通用的报告,包括财务报表列报、现金流量表、合并财务报表、中期财务报告、分部报告、每股收益和关联方披露等。

应用指南,也属于部门规范性文件,以财政部部门文件的形式发布,也具有法律效力,包括32项具体准则的解释和附录(会计科目和主要账务处理),通常情况下,应用指南不能突破对应的具体准则。应用指南是准则体系的有机组成部分,是对具体准则的操作指引,具有更强的操作意义,适合我国企业广大实务工作者的工作习惯。

自学指导

学习目的和要求

通过本章的学习,要求理解会计工作组织的意义和原则,了解我国会计机构设置状况和要求,掌握会计核算体制的概念,了解会计人员的职责、权限和素质要求,了解我国会计法规体系的构成。

内容提要

一、会计工作组织

会计工作组织一般包括会计制度的制定和执行、会计机构的设置、会计人员的配备等几个方面的内容。会计工作组织应遵循的原则:(1)统一性原则;(2)因地制宜原则;(3)效益性原则。

二、会计机构

会计机构是直接从事和组织领导会计工作的职能部门。根据《会计法》的有关规定,国家财政部设置会计司,主管全国的会计工作;地方财政部门和企业主管部门设置会计处、科,主管本地区、本系统的会计工作;基层企业、行政和事业单位,可以根据各自规模大小、业务繁简,分别设置能适应本单位需要的会计处、科、股等会计机构,负责办理本单位的会计工作;规模较小、业务较少的单位,可以不单独设置会计机构,但必须配备专职会计人员或指定专人负责办理会计工作。

会计核算体制是指各单位开展会计核算工作的组织制度和组织形式。各单位的会计核算体制可分为独立核算体制和非独立核算体制两种。独立核算体制又可具体分为集中核算体制和非集中核算体制两种。

独立核算是指进行完整的记账、算账和报账的会计核算。实行独立核算的单位称为独立核算单位。

非独立核算是指不进行完整的记账、算账和报账的会计核算。实行非独立核算的单位称为报销单位。

集中核算是指把整个单位的会计核算工作都集中在单位会计部门进行。单位会计部门以外的其他部门只对本部门发生的经济业务负责填制或取得原始凭证,定期送交会计部门;会计部门根据各部门送来的原始凭证,在审核无误后填制记账凭证,登记账簿,编制会计报表。

非集中核算又称分散核算,是指单位内部各部门作为内部独立核算单位,对本部门所发生的经济业务负责办理编制记账凭证、登记账簿和编制会计报表,进行完整的会计核算;单位会计部门日常只处理单位管理部门范围内发生的会计事项和对内部核算单位的核算工作进行业务指导和检查,期末则根据内部各核算单位报来的会计资料,加以调整汇总,编制整个单位的会计报表。

三、会计人员

会计人员是从事会计工作,处理会计业务的专业人员。其职责主要有:(1) 进行会计核算;(2) 实行会计监督;(3) 拟定本单位办理会计事务的具体办法;(4) 参与拟定经济计划、业务计划,分析预算、财务计划的执行情况。

会计人员必备的素质一般包括政治素质、业务素质和职业道德素质三个方面。会计人员的专业技术职务分为会计员、助理会计师、会计师和高级会计师四种。

总会计师是企业、事业单位负责经济核算和财务会计工作的行政领导。根据《总会计师条例》的规定,总会计师承担五项职责,拥有四项权限。

四、会计法规

会计法规是国家管理会计工作的法律、条例、准则、制度和规定等的总称。

目前,我国的会计法规体系可分为三个层次。《会计法》处于整个会计法规体系的最高层次,是统领会计工作和制定其他各层次会计法规的基本法;会计准则是《会计法》之下的第二层次的会计法规;第三层次的会计法规是由政府制定的会计制度。

会计准则是进行会计核算工作应遵循的规范,是评价会计信息质量的准绳。目前我国的会计准则正处于建立和完善阶段。会计准则可分为企业会计准则、事业单位会计准则和行政单位会计准则三种,每一种会计准则又具体分为基本准则和具体准则两个层次。就企业会计准则而言,基本准则主要就会计核算的前提条件和一般原则、会计核算要素的确认、计量、记录和报告,以及对财务报告的内容和编制方法等作出原则性的规定。具体准则主要就全国所有企业共同性的经济业务、特殊经济业务(如外币业务)、特殊企业(如金融业)的经济业务的会计处理方法以及会计报告的内容、格式和编制要求等作出具体、明确的规定,以进一步规范企业的会计核算工作。

复习思考题

1. 为什么要科学地组织会计工作?科学地组织会计工作应当遵循哪些原则?
2. 基层企事业单位应如何设置会计机构?
3. 什么是独立核算和非独立核算?什么是集中核算和非集中核算?
4. 会计人员应履行哪些职责?具有哪些权限?
5. 总会计师应履行哪些职责?具有哪些权限?
6. 我国的会计法规体系包括哪几个层次?

第十二章 会计档案

第一节 会计档案的意义和种类

一、会计档案的意义

会计档案是指按照规定归档保管的会计凭证、会计账簿和会计报表等会计核算资料,是保存备查的会计信息的载体。各单位的财务计划、单位预算和重要经济合同等与会计核算有关的资料,不作为会计档案处理,而作为文书档案保管。

会计档案是一种经济档案,它是记录和反映各项经济业务的重要史料证据,是总结经验、进行经济决策的重要依据,也是检查单位经济工作和各种经济责任事故的重要依据。因此,各单位及其会计部门对会计档案必须高度重视。要加强宣传教育,使有关领导和会计人员提高对会计档案工作重要性的认识。同时,还必须加强对会计档案的管理工作,建立和健全会计档案的立卷、归档、保管、调阅、鉴定和销毁等管理制度。根据国家档案工作的要求,大中型企业应建立会计档案室,小型企业也应有专门的档案柜,必须指定专人负责管理,防止会计档案的丢失、损坏、抽换或任意销毁等现象的发生。若发生会计档案损坏、散失的事故,应及时查明原因,并根据情节,追究有关部门和人员的责任。

二、会计档案的种类

（一）按会计工作性质分类

会计档案按会计工作性质的不同,可分为企业会计档案和预算会计档案。企业会计档案是记录和反映企业经济活动,在会计活动中自然形成的按照规定要求保存备查的会计凭证、会计账簿和会计报表等资料。预算会计档案是预算单位（包括事业单位和行政单位）在会计活动中形成的会计凭证、会计账簿和会计报表等资料。

（二）按管理期限分类

会计档案按管理期限的不同,可分为永久性档案和有限期会计档案。永久性档案是指具有永久保存价值,依照法律规定必须永久保存的会计档案,如企业的年度会计报表,涉及外事和对私改造的重要凭证、账簿等。有限期会计档案是指依照有关法律规定,有一定的保存期限,超过期限可以按有关程序进行销毁的会计档案。定期保存的期限分别为3年、5年、7年、15年和25年等五种,如企业的各种会计凭证和会计账簿一般要保存15年,月份、季度会计报表一般要保存3～5年等。

（三）按信息载体形式分类

会计档案按信息载体形式的不同,可分为会计凭证、会计账簿、会计报表和其他等。

第二节 会计档案的整理和保管

一、会计档案的整理

为了更好地发挥会计档案在经济工作中的作用,必须对会计资料进行归类整理。会计档案的种类多、数量大,如果不加以整理,就不便于管理和利用。因此,各单位应定期将会计档案分门别类,然后按序存放,这就是会计档案的整理工作。整理是保存和利用会计档案的前提,是会计档案管理工作的重要内容。

(一)会计凭证的整理

会计凭证是会计档案的重要组成部分。会计凭证的整理要做到装订整齐、完整、牢固,便于保管和查阅。在整理过程中,要把所有应归档的凭证收集齐全,并按照记账凭证的种类科学分类。记账凭证一般可分为现金收、付款凭证,银行存款收、付款凭证和转账凭证。归档时,应根据记账凭证不同的种类,按其编号顺序逐张排放,并检查核对附件(原始凭证)是否齐全,然后根据每一类记账凭证的数量多少,按适当厚度分为若干本,并加具封面、封底,将会计凭证装订成册。

(二)会计账簿的整理

年度终了,各种账簿在结转下年并建立新账后,一般都要把旧账送交总账会计集中统一整理。凡活页账应按页顺序编号,加封面、封底后装订成本。各种分类账簿按会计科目顺序排列,以便据以逐本登记会计账簿封面。会计账簿封面的有关内容要填写齐全,"单位名称"要写全称,"××账簿"要写全称,不能写简称或只写科目代码;"本账页数"要写账簿的有效页数;"保管期限"要填写统一规定的时间;会计主管人员和记账员要在相应栏目签章;卷脊必须写上"××年度××账",并写上案卷号。

(三)会计报表的整理

平时,月(季)度报表一般由主管人员负责保存。年终,由专人负责统一收集并将全年的会计报表按时间顺序分类整理装订成册,登记《会计档案(会计报表)目录》,逐项写明报表的名称、页数、归档日期等,经会计机构负责人审核盖章后,由主管报表人员负责装订、立卷、归档。

年(季)度成本、利润计划,月度财务收支计划,经济活动分析报表,工资计划及一些重要的经济合同等,虽不列入会计档案保管,但一般随同会计档案一并进行收集整理,并在一个相当长的时期内由会计部门保管。因此,必须把这些资料收集起来,逐件鉴别,归类整理,将需要移交档案部门保管存放的,单独组卷装订。

二、会计档案的保管

(一)会计档案的保管必须建立专人负责制度

企业单位每年形成的会计档案,在财会部门整理立卷并装订成册后,可暂由本单位财会部门保管一年。期满后,原则上应由财会部门编造清册移交本单位的档案室保管或指定专人负责保管。档案部门或有关负责人员应按期点收。被接管的会计档案应当保持原卷册的封装;个别需要拆封重新整理装订的,应会同财会部门和经办人共同拆封整理。

档案部门和保管人员应定期检查会计档案的保存情况,做到不丢失、不破损、不霉烂、不被虫蛀,以保证会计档案的安全和完整。

（二）会计档案的保管必须执行保密制度

会计档案的查阅和利用只能限于规定的范围之内。在市场经济条件下，有些会计信息属于企业的商业机密，如成本资料、客户资料等。因此，企业单位必须对接受会计档案信息的对象、利用会计档案时的保密方法、程序以及保密责任等作出具体的规定。

（三）会计档案的保管必须科学、有序

会计档案的保管应做到分类保存，并建立相应的分类目录或卡片，随时进行登记。同时，应创造条件，逐步采用现代化的管理方法。为了规范会计档案的管理，财政部1984年颁布了《会计档案管理办法》，对会计档案的保管期限，按其不同特点作了具体规定。

调阅会计档案时，要严格审批手续。档案部门和保管人员应设置"会计档案调阅登记簿"，对调阅的档案进行详细的登记。登记的内容包括调阅的日期、调阅人的单位和姓名、调阅的理由和批准人、调阅的范围、归还的日期等。本单位人员调阅会计档案，要经过会计主管的同意。外单位人员调阅会计档案，要持有单位介绍信，并经本单位负责人的同意、批准。调阅人员一般不得将会计档案携带外出，如因特殊情况，需将会计档案借出的，必须经过本单位负责人的同意批准，并办理有关手续。档案部门和保管人员应负责督促其按时归还。任何查阅人员不许在会计档案上勾划涂改，更不能抽取原件。特殊情况下，确需影印复制的，也必须经过本单位负责人的同意批准，并办理有关手续。

第三节　会计档案的鉴定和销毁

一、会计档案的鉴定

会计档案保管期满需要销毁时，应由本单位档案部门和保管人员提出销毁意见，会同财会部门共同鉴定，严格审查会计档案是否已达到保存期限，在到期的会计档案中是否存在具有保留价值的资料。如审查到期的会计档案中，有无反映往来结算款项未结清的原始凭证；有无涉及有关财产产权转让契约、证券、图纸及有关货币收支凭证；有无涉及国家不同时期落实政策的与工资待遇有关的收支凭证；有无对处理历史遗留问题有重要参考价值的会计档案。如存在上述具有保留价值的资料，均应单独抽出，另行立卷存档，由档案部门保管到确无必要时再销毁。

二、会计档案的销毁

首先，会计档案保管部门要填制"会计档案销毁清单"，将需要销毁的会计档案的"案卷标题、起止日期、目录号、案卷号、原凭证号、卷内文件张数"等逐项登记后销毁。

其次，要按规定程序报请审批。根据有关规定，机关、团体、事业单位销毁会计档案，应报本单位领导批准；国有企业和其他企业应经本企业领导批准。

最后，要按规定监销。独立核算单位在按规定销毁会计档案时，应由档案部门和会计部门派员监销；各级主管部门销毁会计档案时，应由同级财政部门、审计部门派员监销；各级财政部门销毁会计档案时，应由同级审计部门派员监销。监销人员要认真负责，在销毁会计档案前，要逐项对照经批准的销毁清单进行核对，销毁时要防止泄密、丢失。销毁后，档案部门、财会部门和各有关部门的监销人员要在"会计档案销毁清单"封面上签字盖章，并将监销情况作书面报告向本单位领导汇报。

自学指导

学习目的和要求

通过本章的学习,要求掌握会计档案的意义和种类,会计档案的整理方法和保管要求,以及会计档案销毁前的鉴定和销毁程序。

内容提要

一、会计档案的意义和种类

会计档案是指按照规定归档保管的会计凭证、会计账簿和会计报表等会计核算资料,是保存备查的会计信息的载体,是记录和反映各项经济业务的重要史料证据,是总结经验、进行经济决策的重要依据,也是检查单位经济工作和各种经济责任事故的重要依据。

会计档案按会计工作性质可分为企业会计档案和预算会计档案;按管理期限可分为永久性会计档案和有期限会计档案;按载体形式可分为会计凭证、会计账簿和会计报表等。

二、会计档案的整理和保管

会计档案的整理是保存、利用会计档案的前提,是会计档案管理工作的重要内容。会计凭证的整理要做到装订整齐、完整、牢固,便于保管和查阅;会计账簿的整理要按照会计科目顺序分类装订成册,并据以逐本登记会计档案封面;会计报表的整理要求年终按时间顺序分类装订成册,并登记《会计档案(会计报表)目录》。

为加强会计档案的保管,必须建立专人负责制度,并定期检查会计档案的保存情况,以保证会计档案的安全、完整,做到不丢失、不破损、不霉烂、不被虫蛀;会计档案的保管必须执行保密制度,对接受会计档案信息的范围、对象,利用会计档案时的保密程序、方法以及保密责任等作出具体规定;会计档案的保管必须科学、有序,应做到分类保管,并建立相应的分类目录或卡片,随时进行登记,同时应创造条件,逐步采用现代化的管理方法,并执行国家统一规定的保管期限。调阅会计档案时,要严格审批手续,保管部门应设置"会计档案调阅登记簿",对调阅的档案按规定的内容进行详细登记。

三、会计档案的鉴定和销毁

会计档案保管期满需要销毁时,由本单位档案保管部门提出销毁意见,会同财会部门共同鉴定,严格审查,并填制"会计档案销毁清单",经有关部门或领导审批后,在监销人员的监督下,按规定销毁。

复习思考题

1. 什么是会计档案?
2. 如何对会计档案进行分类?
3. 如何整理会计档案?
4. 如何保管会计档案?
5. 调阅会计档案应注意哪些事项?
6. 简述会计档案的销毁程序。

第十三章 会计电算化

第一节 会计电算化概述

一、会计电算化的意义

会计电算化是以电子计算机作为基本工具，代替人工记账、算账、报账以及部分替代人脑完成对会计信息的处理、分析和判断的过程。迄今为止，会计操作技术的发展经历了手工操作、机械化操作和电算化操作三个阶段。手工操作就是用笔墨纸张、算盘、计算器等作为基本工具，在人脑的指挥下，按照前述的各种会计处理程序，进行计算、分类、记录、分析、检查和编制报表等一系列会计工作。手工操作由于受到人们阅读、记录和运算速度的限制，一般比较缓慢。机械化操作就是运用各种收银机、穿孔机、验孔机、分类机、卡片整理机、记账机、制表机等机械手段来进行会计数据处理。机械化操作省却了原始数据在手工操作中需要辗转抄录的工作，因而操作速度比手工操作要快；但这些机器的处理过程是不连续的，工作程序仍需由人工操作和控制。机械化操作"一数多用"的数据处理原则，在电算化操作中得到了沿用和发展。

电算化操作的基本工具是电子计算机。电子计算机一般由输入设备、存储器、算术及逻辑运算器、控制器、输出设备等五个部分组成。任何复杂的工作，只要可以简化为一系列算术或逻辑运算，都可以用电子计算机来进行处理。会计电算化操作就是人们利用键盘等输入设备将经济活动的事实输入计算机，由计算机根据人们事先设定的指令和程序，自动进行计算、分类、记录、分析、检查、编制报表和存储。

实行会计电算化的意义主要是：

（一）可以减轻劳动强度，提高工作效率。实行会计电算化以后，大量的数据计算和处理工作都由计算机完成，财会人员可以从繁杂、单调的事务中解脱出来，既减轻了劳动强度，又提高了工作效率。

（二）可以提高会计核算质量，减少误差。由于电子计算机处理会计数据的原则是"一数多用"，所以实行会计电算化以后，日记账、明细分类账、总分类账以及报表中的数据均来源于会计人员输入的记账凭证，各类凭证、各类账簿和各种报表中的数据汇总以及记账、结账、试算平衡、编制报表等工作均由计算机自动完成，从而避免了手工操作中难以避免的各种计算、汇总、记账、编表错误，提高了会计核算的质量。

（三）可以加速信息反馈，有利于提高经济效益。实行会计电算化后，大量的会计信息资源可以得到及时记录、汇总和分析，并通过网络系统迅速传递，提高了会计信息的及时性、系统性、全面性和共享程度，有利于政府和企业投资人、债权人、经营管理者掌握经济活动的最新信息，用之于经营管理和决策，从而有利于经济效益的提高。

（四）可以促进会计工作规范化，提高会计人员素质。实行会计电算化以后，财政部门可以通过财务软件的评审、鉴定、推荐、监管来规范企业的会计工作，并可以通过对企业会计人员的电算化水平的评估来促进会计人员不断更新知识结构，提高业务素质。

需要说明的是,现代电子技术和信息技术(特别是网络技术)的飞速发展对人类社会的影响是全方位的。就会计而言,它不仅带来会计操作技术的发展,更重要的是它还对会计活动的客观环境造成了深远的影响。可以毫不夸张地说,伴随着会计电算化这一过程的,是现有会计理论的"扬弃"和一种全新会计理论的奠基。

二、我国会计电算化发展的特点和趋势

西方发达国家的会计电算化起始于 20 世纪 50 年代,而我国则起始于 20 世纪 70 年代。由于起点不同,我国会计电算化与西方发达国家相比,具有不同的发展特点和发展趋势。

(一)我国会计电算化发展的特点

1. "跳跃式"的发展进程。西方发达国家的会计电算化一般都经历了手工操作、机械化操作和电算化操作三个阶段,而我国则直接从手工操作过渡到计算机操作。由于跨越了机械化操作阶段,会计人员对机械化和电子化的操作工具及其工作原理普遍感到陌生,这给会计电算化的迅速发展增加难度。

2. 普及的速度缓慢。会计电算化的普及取决于经济发展水平和企业管理的实际需要。与西方发达国家相比,我国经济发展水平相对落后,企业的经营规模相对较小,这决定了在我国普及会计电算化需要一个相当长的时间。

3. 地区发展不平衡。在上海市、北京市、吉林省、江苏省等经济发达地区,会计电算化普及率相对较高,而在另一些经济欠发达的地区,会计电算化普及率则相对较低;城市的普及率显著高于农村。

4. 商品化的通用会计软件需求旺盛。由于我国精通计算机程序设计和企业财务的复合型人才匮乏,企业(包括大型企业)大都难以自主开发真正符合自身管理需要的个性化的会计软件;而对于会计软件公司来说,考虑到市场需求和成本效益等因素,也难以满足企业委托定点开发会计软件的要求。因此企业选择商品化的通用会计软件。

(二)我国会计电算化的发展趋势

1. 以机代账单位将逐步扩大。自财政部 1989 年颁布了《会计核算软件管理的几项规定(试行)》之后,大量的单位实现了以机代账。随着评审工作和以机代账审查工作的深入开展,将会有更多的单位用计算机代替手工开展会计工作。

2. 向"管理一体化"方向扩展。这里所说的"管理一体化"是指从整个单位的角度开展计算机在管理中的应用工作。会计电算化工作只是整个管理电算化的一个有机组成部分,它需要其他部门电算化的支持,同时它也给其他部门提供支持和提出要求。如今许多单位的会计电算化工作已有了一定的基础,具备了向其他部门扩展的条件。网络、数据库等计算机技术的发展也在技术上提供了向管理一体化发展的可能。从发展趋势来看,会计电算化工作将逐步与其他业务部门的电算化工作结合起来,由单纯的会计业务工作的电算化向形成本单位的财务、统计信息综合数据库,综合利用会计信息的方向发展。

3. 会计软件的应用与会计电算化的管理组织措施日趋结合。电算化的会计信息系统是一个人机系统,仅有一个良好的软件是不够的,必须有一套与之紧密结合的组织措施,才能充分发挥其效用,保证会计信息的安全与可靠。在会计电算化初期,重点主要放在软件的开发和应用上,随着会计电算化工作的进一步深入,与计算机应用相适应的管理制度建设,将与软件的应用并驾齐驱,在实践中逐渐完善起来。

4. 会计软件个性化和软件开发方式多样化。目前我国尚处于会计电算化的初期,企业大

都选择商品化的通用会计软件。而通用会计软件难以满足企业(尤其是大中型企业)经营管理的某些特殊需要。随着会计电算化的进一步推行,企业对会计软件个性化和适用性的要求势必越来越高。因此,会计软件的开发将会出现会计软件公司面向市场自主开发、企业委托定点开发、通用和定点开发相结合等多种开发方式。

5. 会计软件的版本和功能的多样化。由于我国企业数量众多,规模分布比较均衡,因此在手工操作和电算化操作长期并存的同时,电算化操作所采用的会计软件的版本和功能也会多种多样。基于 DOS 和 WINDOWS 的会计软件,单机版和网络版的会计软件,基于内联网(INTRANET)和基于互联网(INTERNET)的会计软件,在我国将均占有一定的市场空间。

三、电算化会计信息系统

(一)会计数据与会计信息

会计数据是指通过某种媒介记录下来的反映企业经济活动发生和完成情况的各种资料,是产生会计信息的源泉。一般来说,在会计工作中从不同渠道取得的各种原始资料、原始凭证及记账凭证等,包括数字资料或非数字资料,都可称为会计数据。这些会计数据只有经过处理和加工才能成为人们判断、得出结论的可靠依据。

会计信息是经过处理和加工的会计数据,往往表现为数字、符号、文字、图表等形式。会计信息的价值在于其对管理和决策的有用性。

会计信息和会计数据是既有紧密联系又有本质区别的两个概念。会计信息是通过对会计数据的处理而产生的,会计数据也只有按照一定的要求或需要进行加工或处理,变成会计信息后才能满足管理和决策的需要,但会计数据和会计信息并没有截然的界限。有的会计资料对一些管理部门(人员)来说是会计信息,而对另一些管理部门(人员)来说则是会计数据。例如某车间某产品的成本资料,对该车间的管理人员来说是会计信息,但对该企业的领导来说则是会计数据,需进一步处理,才能变成企业领导需要的会计信息。

(二)会计数据处理

会计数据处理也称会计信息处理,是指为了一定的目的(如编制会计报表),按照一定的规则和方法对会计数据进行收集并加工成有用信息的过程。尽管会计数据处理包括有手工、机械和电子处理三种不同的方式,但其基本的工作环节大体相同,可分为会计数据的收集(输入)、加工、存储和传送(输出)等处理过程。

1. 会计数据的收集(输入)。主要是指对反映经济活动发生和完成情况的原始会计数据的收集(输入),目的是将时间和空间上分散的数据收集起来以备进一步加工和处理。原始数据的收集(输入)工作很重要,因为会计信息的质量在很大程度上取决于原始数据的完整性、真实性和准确性。在会计数据的收集(输入)过程中,必须注意对数据的校对和审核。

2. 会计数据的加工。主要是指对收集(输入)的原始会计数据进行分类、计算、汇总、比较、排列和选择等处理工作。它是会计数据处理的中心环节和会计信息形成的关键环节。例如记账的过程就是对会计数据的分类;成本计算过程就是对会计数据的计算;编制科目汇总表就是对会计数据的汇总;结账的过程就是对会计数据(账户借贷方发生额)的比较过程;按照经济业务发生的先后顺序登记账簿就是对会计数据的排列;而在编制报表过程中则必须对收集(输入)的原始会计数据和经过加工形成的中间处理数据进行选择。

3. 会计数据的存储。主要是指对原始数据、中间处理数据和最终形成的会计信息的存储,以便查询和再次加工时使用。因为收集(输入)的原始会计数据和经过加工处理后的数据信息在时间和数量上必然有一个累积的过程,所以所有的数据信息均需贮存。例如月报、季报、年报等,这些会计报表都是把会计信息累积到一定时期才产生的。

4. 会计数据的传送(输出)。主要是指对经过加工后的会计信息,按其需要向有关信息使用者传送(输出)。有些数据信息的传送是单向传送,有些则是多向传送以及信息的反馈。传送过程直接影响信息作用的发挥,例如将各种会计报表传送到各个主管部门,这些报表信息可以为今后的管理和决策提供依据。

(三) 电算化会计信息系统

电算化会计信息系统也称会计数据处理系统,是指用计算机替代手工,处理部分或全部会计业务的会计信息系统。电算化会计信息系统按替代手工处理会计业务范围的不同,可分为以下几种:

1. 单项业务电算化会计信息系统。即由计算机替代手工处理(如账务处理)某一项会计业务的电算化会计信息系统。

2. 多项业务电算化会计信息系统。即由计算机替代手工处理某几项会计业务的电算化会计信息系统。

3. 电算化会计核算信息系统。即全部会计核算业务交由计算机进行系统处理的电算化会计信息系统。

4. 会计及管理"一体化"的电算化会计信息系统。即把所有会计业务和有关管理业务(如存货管理、工资管理等)有机地组织起来,由计算机进行系统处理的电算化会计信息系统。

会计的职能是核算、监督和参与决策。因此,一个完整的电算化会计信息系统相应地分为电算化会计数据处理子系统、电算化会计管理子系统和电算化决策支持子系统。它通过会计数据处理来核算企业的生产经营活动,通过会计管理来监督企业的生产经营活动情况,通过会计决策来参与企业的经营管理。在上述三个子系统中,电算化会计数据处理子系统是基础,只有会计数据处理得出的信息正确,才能对信息的使用者提供进行管理和决策所需的信息。在电算化会计数据处理子系统中,一般可分为存货、往来账、工资、固定资产、成本、账务处理和报表等模块,它们之间以账务处理模块为核心,以机制转账凭证为接口连接在一起,构成一个完整的电算化会计信息系统。

第二节　电算化会计与手工会计的比较

一、电算化会计与手工会计的相同之处

尽管现代电子技术和信息技术将对会计的理论和方法产生根本上的影响,但就我国目前的情况来看,还只能把会计电算化看成是会计操作技术的发展。因此,电算化会计与手工会计之间有很多相同之处。具体地说,包括以下几个方面:

1. 目标一致。无论是电算化会计还是手工会计,其最终目标仍然是为了加强经营管理,提供会计信息,参与经营决策,提高经济效益。

2. 遵循的基本会计理论和方法相同。会计电算化会引起会计理论和方法上的变化,但这种变化是渐进的,而不是突变的。目前,电算化会计必须遵循现有的会计理论和方法。

3. 都要遵守有关法律、制度和规范。电算化会计是在手工会计的基础上产生的,目前是处于电算化会计和手工会计并存的时期,因此,如果没有特别的规定,与会计核算和监督有关的

法律、制度和规范,对电算化会计同样具有约束力。

4. 基本的工作程序和要求相同。无论是电算化会计还是手工会计,其基本的工作均包括原始会计数据的收集(输入)、加工(包括分类、计算、汇总、比较、排列和选择等)、存储和传送(输出)等。

5. 复式记账的原理相同。无论是电算化会计还是手工会计,对发生的经济业务都要运用复式记账原理,遵循复式记账的规律来编制记账凭证,并据以登记账簿和编制报表。

6. 都必须保存会计档案。实现会计电算化后,主要会计档案的物理性质发生了变化,由手工会计下的纸质会计档案变为磁性介质的会计档案,但在保存期限上相同,在保存的基本要求上也有很多相同之处。

二、电算化会计与手工会计的不同之处

1. 使用的计算工具不同。手工会计使用的计算工具是算盘、计算器等。由于计算的中间数据不能储存,使得会计人员不得不边计算边记录,计算工作量大、速度慢。电算化会计所使用的计算工具是电子计算机,数据处理过程由计算机按照事先编制的程序自动完成。由于它运算的中间数据和结果数据能储存,管理者只需输入原始数据便能得到所希望的信息。所以,它省时、省力、速度快,方便易用。

2. 信息的载体不同。手工会计的所有信息都是以纸张为载体,所占用的空间大,不易保管,不便查询。电算化会计是以磁性介质作为信息载体,所占用的空间小,易保管,便于查询。

3. 账簿的形式和登记规则、错账更正方法不同。手工会计中规定日记账、总分类账要用订本式账簿,明细分类账可以用活页式账簿;账簿记录的错误要用划线更正法、红字更正法或补充登记法更正。电算化会计打印输出的账页是卷带状的,只能是活页式的,不可能是订本式的,只有到一定时期,再装订成一本订本式账簿,作为会计档案保管;电算化会计中,输入的数据要经过逻辑校验(如会计科目的对应关系逻辑校验、借贷平衡逻辑校验等),因此不需要用划线更正法来更正账簿记录,如果账簿记录有问题,那么一定是合法性问题,一般采用输入"更正凭证",加以更改,类似于红字更正法和补充登记法,以便留下改动的痕迹。

4. 会计核算程序上的区别。手工会计在进行会计数据处理时,根据企业的规模大小、经济业务的繁简和经济管理的需要,在第九章所述的四种会计核算程序中选用其中的一种,规定凭证、账簿、报表之间的数据勾稽关系。但无论采取何种核算程序,都避免不了重复抄转数据和逐步计算数据的根本弱点,同时也使会计人员的处理环节增多。如果不加强内部牵制和相互核对,免不了出现错误和舞弊。在电算化会计账务处理中,整个处理过程分为输入、处理、输出三个基本环节,其控制的重点在输入这个环节,输入凭证后,记账、结账到报表输出一气呵成,一切中间过程都在机内自动进行,是肉眼看不见的,而所需要的任何中间处理数据,都可以通过查询得到满足。因此,在电算化会计中有数据处理一体化的倾向,这样就等于废除了手工会计中的各种核算程序。

5. 账户设置方法和账簿登记方法不同。在手工会计中,要根据会计核算的内容分别设置资产、负债、所有者权益、成本、损益等五大类账户,并要设置总分类账和明细分类账。而在电算化会计中,把设置账户定义为:为了将来取得某种信息,预先设置好存放数据的"房间",所有的账户都给予一个"房间号"(科目号),总分类账户的房间号是三位数,就是会计制度中规定的相应一级会计科目的统一编号;而总分类账户所属的明细分类账户可理解为总分类账户"房间"中的"套间",明细分类账户的"套间号"前三位与其总分类账户的"房间号"相同,后面的编

号根据需要由会计人员给定。这样就可以很方便地进行总账、明细账、日记账的各种处理(如数据的逐级汇总)。电算化会计完全打破了手工会计下各种账簿的不同处理方式和核对方法,它已实现了数出一门(都从凭证上来),数据共享(同时产生日记账、总账、明细账和报表等)。

6. 会计工作组织不同。在手工会计中,会计工作组织一般按会计事务的不同性质作为主要依据,设置若干专业组(或岗位),如材料组、成本组、工资组、资金组、综合组等。它们之间通过信息资料传递、交换,建立联系,相互稽核牵制,使会计工作正常进行。在电算化会计中,会计工作的组织一般以数据处理的阶段为依据,设置数据收集组、凭证编码组、数据处理组、信息分析组、系统维护组等。电算化会计将手工会计对数据的分散收集、分散处理、重复记录的操作方式,改变为集中收集、统一处理、数据共享的操作方式。

7. 对账和内部会计控制的方式不同。在手工会计中,填制记账凭证的差错、过账的差错、计算汇总上的差错以及财产物资的盘盈盘亏等都难免发生。因此,在结账前后应进行对账,确保证证相符、账证相符、账账相符和账实相符。在电算化会计中,同样需要对账,但对账的范围、形式和方法都发生了变化。如在电算化会计中不存在过账、结账的差错,输入的记账凭证都经过计算机的逻辑校验,所有日记账、明细账、总账数据都出于同一数据源,不会发生账证不符、账账不符的情况。如果要确保账务处理的正确性,那么重点应放在记账凭证与原始凭证的核对(即记账凭证的审核)上。至于财产物资的清查,目前只能依靠手工盘点,制作盘点表等输入计算机,和机内的账存数进行核对,再确定盘盈、盘亏并进行相应的处理。

在内部会计控制的方式上,手工会计主要是通过不同岗位和专业组之间的相互牵制来实现的;而电算化会计的内部会计控制则由人工控制转为人机控制,主要是通过在计算机中设置不同岗位的权限来实现的。

8. 期末账项调整和结账的方式方法不同。在应计制下,手工操作的期末账项调整,是通过手工编制转账凭证把应归属本期的收入和费用全部登记入账,以计算确定本期的利润或亏损;期末结账,要分别结算出每个账户的本期发生额和期末余额,并结转下期。在电算化会计中,这些工作都由计算机根据预先编好的程序来完成。只要下达结账的指令,计算机就自动完成这一系列的工作,并自动生成各种有规律的机制转账凭证,并打印输出。一旦结账完毕,计算机能完全摈弃修改,已结的账就不能任意更改。

9. 对会计人员的素质要求不同。在手工会计中,会计人员均是会计专业人员,其骨干是会计师;在电算化会计中,除专业会计人员外,还需要电子计算机操作人员、软件开发人员、硬件维护人员以及既懂会计又懂计算机的复合型人才。

第三节 计算机系统的构成和会计软件的运用

一、计算机系统的构成

计算机系统由硬件系统和软件系统两大部分组成。

(一)硬件系统。主要包括主机及显示器、键盘、打印机、不间断电源(UPS)等外部设备和计算机网络。

1. 主机。主机内部包括中央处理器(CPU)、主板、硬盘、软盘驱动器、光盘驱动器等,其主要功能是完成所有数据运算工作,贮存输入原始数据和处理后的数据信息,并控制打印机、显示器等外部设备的工作。其中,中央处理器和主板是计算机硬件系统的核心部分,它决定着计算机的功能、运行速度和计算机硬件系统的协调。硬盘是用于存放数据的,其存放数据的原理类似于录音磁带。软盘是涂有磁性介质的薄片,也是用于保存数据的,但其容量比硬盘要小得多,所以一年的账务数据在一张软盘上可能放不下。软盘驱动器主要用于把硬盘上的数据转移到软盘上,以防硬盘数据破坏时备用。光盘也是存放数据的,但常见的光盘为只读光盘,常见的光盘驱动器也只能从中读取数据。

2. 显示器。主要用于显示存放在计算机硬盘、软盘或光盘上的数据(如账务数据,即凭证、账户和报表记录等),或显示正在用键盘输入的命令或数据。显示器的工作原理与电视机基本相同,可分为彩色显示器和单色显示器,有各种型号和分辨率,如 SVGA 1024×768,VGA 800×600,EGA 640×480 等。不同的财务软件对显示器的分辨率往往有不同的要求。

3. 键盘。主要用于输入有关数据和命令,如凭证数据、打印命令、运行账务系统等。通过键盘上的按键除了可以输入汉字、数字和各种字母外,还可以通过键盘上的各种功能键和编辑键实现一些特殊的功能或进行数据和命令的编辑。

4. 打印机。主要用于在打印纸上打印磁盘上的数据,如凭证数据、账户数据等。不同种类和型号的打印机的打印速度、打印效果以及对打印纸宽度有不同的要求,配备打印机应考虑打印输出的账务数据的实际需要。

5. 不间断电源(UPS)。大部分微型计算机可以用公用电网的标准电压(220伏)启动,但由于电网的电压不稳定并无法控制其偶发性停电,所以运行会计软件的计算机最好使用一个不间断电源。不间断电源不仅可以稳压,而且可以蓄电,当公用电源断电时,不间断电源可以持续供电一段时间,以保证计算机正在处理的工作不被中断,从而避免造成损失。

6. 计算机网络。用数据传输线将多台计算机连接在一起就形成了计算机网络,其中每一台计算机成为一个工作站,控制整个网络的计算机或专用设备称为服务器。网络条件下,可以多个人同时使用一个数据(如账簿)或同时进行同一操作(如几个人同时输入记账凭证或账务查询);可以将一个计算机的数据传给另一个计算机。网络分内联网(Intranet)和互联网(Internet),企业内联网可并入互联网,也可成为独立的网络。我国会计软件开发商提供的通用会计软件的网络版,大都是应用于内联网的,但应用于互联网的会计软件已经开发成功,并进入销售市场。

(二)软件系统。计算机处理数据的过程是借助于各种命令来实现的,不同的命令驱使计算机完成不同的工作。命令是编辑好的一段程序。程序及其说明书称为软件,软件分为系统软件和应用软件两种。没有软件,计算机是不能工作的。

1. 系统软件。为使用计算机或为编制应用软件服务的软件称为系统软件,如操作系统、数据库管理系统、计算机语言等。

(1)操作系统。是为操作计算机而使用的基础软件,该软件所提供的命令可帮助用户管理计算机各部件及有关的文件和应用软件。操作系统是计算机正常工作所不能缺少的。微机常用的操作系统包括 DOS、Windows 等,能够使用汉字的操作系统称为汉字操作系统,如 CCDOS、UCDOS 和 Windows 的中文版等。运用会计软件必须掌握有关操作系统软件的基本操作。

(2)数据库管理系统。是专用于帮助计算机程序设计人员编写数据处理应用程序的系统软件,如 DEBASE、FOXBASE、FOXPRO、ORACLE、SQL、SERVER 等。会计软件大多是用数据库管理系统编写的。

(3)计算机语言。即编写计算机程序的语言,如 BASIC、FORTRAN、C 等。

2. 应用软件。为某个特定目的或单位编写的软件称为应用软件,如会计软件、统计软件、航空测控软件等。应用软件分为通用软件和专用软件,通用软件对性质相同的单位或对象均能在很大程度上适用;而专用软件一般是单位根据管理或业务的需要自主开发或委托其他单位(个人)根据实际需要进行开发,因此,往往只适用于特定的单位或对象。

二、会计软件的运用

尽管会计软件的品牌和版本众多,功能也不尽相同,但其运用的基本程序大致相同。会计软件一般由存货管理系统、往来账管理系统、工资管理系统、固定资产管理系统、成本计算和管理系统、账务系统、报表系统和系统服务等几个模块组成,其中账务处理系统模块是会计软件的核心。有些财务软件将这些模块集成起来,统一在一个界面下。不同的操作员登录,系统界面根据其权限只显示对其有效的命令按钮;也有一些会计软件几个模块相对独立,需分别安装。但在运行过程中,数据可自动更新。这里对会计软件的账务系统和报表系统的运用作一简单介绍。

(一) 会计软件的安装和启动

会计软件的安装就是将会计软件装入计算机。在安装会计软件前一定要仔细阅读安装说明,检查计算机的硬件系统和基本设置(如屏幕显示的字体大小和分辨率等)是否满足会计软件安装和正常运行的需要。会计软件的安装与其他应用软件的安装基本类似,只要根据安装向导的提示逐步操作即可。

会计软件的启动是指当需要运用会计软件进行操作时,通过运行特定的程序进入会计软件系统。只要软件安装正确,输入的口令正确,运行特定的程序后,计算机自动进入会计软件系统。第一次启动会计软件时,只能输入系统默认的口令,并以系统管理员的身份进入。

(二) 会计软件的初始化

运用会计软件,必须首先在会计软件中为本企业建立一个账套。账套可理解为在会计软件中为会计主体建立的存放账务数据的空间。建立在大型数据库基础上的会计软件允许同时建立几个账套。会计软件的初始化就是指为会计主体建立账套,并为满足其会计核算的需要而进行的一系列系统设置的过程。

在进行会计软件的初始化前一定要做好充分的准备工作。如收集会计主体的特征资料,确定会计期间、会计人员的职责权限,记账本位币,各级会计科目的名称和编码,各级账户的期初余额等等。初始化一般包括如下内容:

1. 建立账套,定义账套参数。即根据屏幕提示,将该账套的基本特征资料输入计算机。如账套的核算单位的名称、所有制性质、行业属性、银行账号、税务登记号等。输入这些资料后,便于会计软件在运行时根据需要直接调用。

2. 建立会计科目。即根据企业运用会计软件前所实际使用的会计科目的情况,将各级会计科目的编码和名称输入计算机。

3. 装入各科目的期初余额以及本会计年度以前各月各科目的累计发生额。

4. 定义记账凭证的类型和格式。可根据需要确定使用通用式记账凭证或专用式记账凭证,单式记账凭证或复式记账凭证,以及记账凭证的行数、字体、栏宽等。

5. 定义账户格式。在电算化会计中没有账簿的概念,但可以根据需要分别定义日记账、总分类账和各类明细账户的格式。如设置三栏式、多栏式、数量金额式等各种账户格式,包括字体、栏宽、账页大小、专栏名称等。

6. 定义操作员及其职责和权限。即根据会计人员的岗位设置,定义诸如会计主管、记账员、出纳等操作员,并明确其各自的职责和权限。

7. 定义结算方式。会计软件一般都具有自动核对内外账目的功能。为实现银行存款和往来账的自动对账,需要为企业可能采用的结算方式定义一个编码。在对账时,系统根据每一笔账项的结算方式和结算单据的号码,自动勾对,并最终列出未达账项。

除此之外,往往还需要定义计量单位、定义汇率形式等。系统初始化后,一般需重新启动方可进行账务处理。

（三）记账凭证的输入和审核,过账、结账以及账务数据的输出和查询

运用会计软件进行账务处理十分简便,只要记账员启动会计软件后,根据审核无误的原始凭证正确输入记账凭证即可,过账和结账工作由计算机根据操作员下达的指令自动完成。为确保账务处理的正确性,对输入的凭证应进行严格的审核;并且在账务处理过程中,应严格实行权限管理。

账务数据的输出和查询也很方便,所有的账务数据均可根据操作员的需要随时打印输出或显示在计算机屏幕上。如可以输出或查询每一张（或每一类）凭证记录,可以输出或查询各级账户记录;可以按会计期间输出或查询,也可以按科目输出或查询等。

由于计算机对输入的每一张记账凭证均进行逻辑校验,从而保证每一张记账凭证均符合记账规律,因此,电算化会计无须试算平衡。

（四）会计报表的编制

报表系统在安装并再次启动后,操作员应首先定义需要得到的各种具有分析价值的报表格式,包括报表的名称、项目、数据类型（如损益表中的本月数、本年累计数）。由于报表中的数据均来自账务系统模块或其他系统模块,还需要定义报表中各项目数据的取数公式。在需要报表时,只要向计算机下达编制报表的指令,报表即自动生成。如果报表中的某个项目的名称或内容发生了变化,应重新定义该项目及其取数公式。

（五）数据备份、恢复和删除

会计电算化后的会计档案不仅包括打印输出的凭证和账表,也包括存储在计算机硬盘、软盘上的各种数据。数据备份就是将硬盘上的数据备份到软盘或硬盘指定目录中。当计算机硬盘上的会计数据遭到破坏时,可以将备份在软盘上或其他磁盘（目录）中的数据再恢复到原始目录中去。计算机的硬盘的空间是有限的,会计人员往往需要删除往年的会计数据。会计软件的系统服务模块可以为用户提供诸如数据备份、数据恢复、数据删除、数据转换、数据升级、行业标准数据引入、行业标准数据引出、修改口令、变更操作员、改变账套等一系列服务。

自学指导

一、会计电算化的意义

会计电算化是以电子计算机作为基本工具,代替人工记账、算账、报账以及部分替代人脑完成对会计信息的处理、分析和判断的过程。

会计操作技术的发展经历了手工操作、机械化操作和电算化操作三个阶段。手工操作就是用笔墨纸张、算盘、计算器等作为基本工具,在人脑的指挥下,按照前述的各种会计处理程序,进行计算、分类、记录、分析、检查和编制报表等一系列会计工作。机械化操作就是运用各

种收银机、穿孔机、验孔机、分类机、卡片整理机、记账机、制表机等机械手段来进行会计数据处理。会计电算化操作就是人们利用键盘等输入设备将经济活动的事实输入计算机,由计算机根据人们事先设定的指令和程序,自动进行计算、分类、记录、分析、检查、编制报表和贮存。

实行会计电算化的意义主要在于:(1)可以减轻劳动强度,提高工作效率。(2)可以提高会计核算质量,减少误差。(3)可以加速信息反馈,有利于提高经济效益。(4)可以促进会计工作规范化,提高会计人员素质。

现代电子技术和信息技术(特别是网络技术)的飞速发展,不仅带来会计操作技术的发展,更重要的是它还对会计活动的客观环境造成了深远的影响。可以毫不夸张地说,伴随着会计电算化这一过程的,是现有会计理论的"扬弃"和一种全新会计理论的奠基。

二、我国会计电算化发展的特点和趋势

我国会计电算化发展的特点:(1)"跳跃式"的发展进程。西方发达国家的会计电算化一般都经历了手工操作、机械化操作和电算化操作三个阶段,而我国则直接从手工操作过渡到计算机操作。(2)普及的速度缓慢。(3)地区发展不平衡。(4)商品化的通用会计软件需求旺盛。

我国会计电算化的发展趋势:(1)以机代账单位将逐步扩大。(2)向"管理一体化"方向扩展。"管理一体化"是指从整个单位的角度开展计算机在管理中的应用工作。会计电算化工作只是整个管理电算化的一个有机组成部分,它需要其他部门电算化的支持,同时它也给其他部门提供支持和提出要求。(3)会计软件的应用与会计电算化的管理组织措施日趋结合。(4)会计软件个性化和软件开发方式多样化。(5)会计软件的版本和功能的多样化。

三、电算化会计信息系统

会计数据是指通过某种媒介记录下来的反映企业经济活动发生和完成情况的各种资料,是产生会计信息的源泉。会计信息是经过处理和加工的会计数据,往往表现为数字、符号、文字、图表等。会计信息的价值在于其对管理和决策的有用性。会计信息是通过对会计数据的处理而产生的,会计数据也只有按照一定的要求或需要进行加工或处理,变成会计信息后才能满足管理和决策的需要。但会计数据和会计信息并没有截然的界限,有的会计资料对一些管理部门(人员)来说是会计信息,而对另一些管理部门(人员)来说则是会计数据。

会计数据处理是指为了一定的目的,按照一定的规则和方法对会计数据进行收集并加工成有用信息的过程。会计数据处理可分为会计数据的收集(输入)、加工、存储和传送(输出)等处理过程。会计数据的收集(输入),主要是指对反映经济活动发生和完成情况的原始会计数据的收集(输入),目的是将时间和空间上分散的数据收集起来以备进一步加工和处理;会计数据的加工,主要是指对收集(输入)的原始会计数据进行分类、计算、汇总、比较、排列和选择等处理工作;会计数据的存储,主要是指对原始数据、中间处理数据和最终形成的会计信息的存储,以便查询和再次加工时使用;会计数据的传送(输出),主要是指对经过加工后的会计信息,按其需要向各个部门传送(输出)。

会计电算化信息系统是指用计算机替代手工,处理部分或全部会计业务的会计信息系统,可分为单项业务电算化会计信息系统、多项业务电算化会计信息系统、电算化会计核算信息系统、会计及管理"一体化"的电算化会计信息系统。

一个完整的电算化会计信息系统分为电算化会计数据处理子系统、电算化会计管理子系统和电算化决策支持子系统。其中,电算化会计数据处理子系统是基础。电算化会计数据处理子系统一般可分为存货、往来账、工资、固定资产、成本、账务处理和报表等模块,它们之间以账务处理模块为核心,以机制转账凭证为接口连接在一起,构成一个完整的电算化会计信息系统。

四、电算化会计与手工会计的比较

电算化会计与手工会计的相同之处主要包括：(1)目标一致,都是为了加强经营管理,提供会计信息,参与经营决策,提高经济效益。(2)遵循的基本会计理论和方法相同。(3)都要遵守有关法律、制度和规范。(4)基本的工作程序和要求相同。(5)复式记账的原理相同。(6)都必须保存会计档案。

电算化会计与手工会计的不同之处主要包括：(1)使用的计算工具不同。(2)信息的载体不同。(3)账簿的形式和登记规则、错账更正方法不同。(4)会计核算程序上存在区别。(5)账户设置方法和账簿登记方法不同。(6)会计工作组织不同。(7)对账和内部会计控制的方式不同。(8)期末账项调整和结账的方式方法不同。(9)对会计人员的素质要求不同。

五、计算机系统的构成和会计软件的运用

计算机系统由硬件系统和软件系统两大部分组成。

硬件系统主要包括主机及显示器、键盘、打印机、不间断电源（UPS）等外部设备和计算机网络。软件系统分为系统软件和应用软件两种。系统软件是使用计算机或为编制应用软件服务的软件,如操作系统、数据库管理系统、计算机语言等；应用软件是为某个特定目的或单位编写的软件,如会计软件、统计软件、航空测控软件等。

会计软件一般由存货管理系统、往来账管理系统、工资管理系统、固定资产管理系统、成本计算和管理系统、账务系统、报表系统和系统服务等几个模块,其中账务处理系统模块是会计软件的核心。会计软件的运用一般包括会计软件的安装和启动,会计软件的初始化,记账凭证的输入和审核、过账、结账以及账务数据的输出和查询,会计报表的编制,数据备份、恢复和删除等步骤。

复习思考题

1. 什么叫会计电算化？实行会计电算化有什么意义？
2. 什么叫会计数据？什么叫会计信息？两者之间是什么关系？
3. 会计数据处理主要包括哪几个基本环节？
4. 什么叫电算化会计信息系统？电算化会计信息系统按其替代手工处理的范围不同,可分为哪几种？
5. 简述电算化会计与手工会计的相同之处和不同之处。
6. 简述计算机系统的构成。
7. 简述会计软件运用的一般步骤。

综合模拟测试题

一、名词解释：(15分)
   1. 资产 2. 记账凭证 3. 预提费用 4. 分散核算 5. 会计电算化

二、填空题：(15分)
   1. 会计是由_____、_____和_____三部分组成。
   2. 记账凭证按其填制方式不同，可分为_____和_____两种。
   3. 设置会计科目和账户、_____、_____、_____、_____、_____、_____等方法构成了会计核算一整套完整的方法体系。
   4. 借贷记账法的记账规律是_____、_____。
   5. 原始凭证按取得的来源不同，可分为_____和_____两种。
   6. 账簿按用途不同，可分为_____、_____、_____三种。
   7. 明细分类账的格式，根据管理上的需要和核算内容的不同，主要有_____、_____、_____三种。
   8. 领用低值易耗品的摊销方法，主要有_____和_____两种。
   9. 编制会计报表的要求主要包括_____、_____、_____等。
   10. 企业的产品成本项目，一般包括_____、_____、_____和_____等。

三、判断题：正确用"＋"表示；错误用"－"表示；凡全部用"＋"或"－"表示者，该题不给分。(10分)
   1. (　) 会计核算的对象是企业单位发生的一切经济活动。
   2. (　) 原始凭证必须由会计部门填制，它是明确经济责任并据以记账的原始依据。
   3. (　) "短期借款"、"应交税费"、"应付利润"账户都属于负债类账户。
   4. (　) 登记账簿必须用钢笔或圆珠笔，并用蓝黑墨水，不能使用铅笔。
   5. (　) 在本期支付的但需要在二年内分期负担的费用，应在"待摊费用"账户核算。
   6. (　) "应收账款"所属明细分类账户出现贷方余额时，表示"预收账款"。
   7. (　) 损益表的"本月数"栏各项目数字根据损益类账户的期末余额填制。
   8. (　) 将于一年内到期偿还的长期负债，应在资产负债表的"流动负债"部分单独列示。
   9. (　) 资产负债表是动态报表。
   10. (　) 会计档案是指按照规定归档保管的会计凭证、会计账簿和会计报表等会计核算资料。

四、选择题：将正确答案前的英文字母填入每题中的(　)内，有一个选一个，有多个选多个，凡比正确答案多选或少选的，该小题不给分。(10分)
   1. 会计的基本职能是(　)。
      A. 记录、计算和报告　　　　B. 合理性和合法性　　　　C. 核算和监督
      D. 预测、控制和分析　　　　E. 提高经济效益
   2. 会计科目按反映信息的详细程度不同，可分为(　)。
      A. 总分类科目　　　　　　　B. 二级会计科目　　　　　C. 资产类科目

D. 三级会计科目　　　　　　　E. 损益类科目

3. 凡是具有对应关系的账户称为对应账户,因此,(　　)有可能成为对应账户。
   A. "原材料"账户和"生产成本"账户
   B. "库存商品"账户与"主营业务成本"账户
   C. "管理费用"账户和"固定资产"账户
   D. "本年利润"账户和"应收账款"账户
   E. "库存现金"账户和"销售费用"账户

4. 短期借款利息支出,应记入(　　)账户。
   A. 管理费用　　　　B. 财务费用　　　　C. 营业外支出
   D. 生产成本　　　　E. 其他业务成本

5. (　　)属于期间费用,应直接计入当期损益。
   A. 销售费用　　　　B. 直接材料费　　　C. 直接人工费
   D. 管理费用　　　　E. 财务费用

6. 账户按经济内容分类,(　　)账户属于资产类账户。
   A. "固定资产"账户　　　　B. "累计折旧"账户
   C. "本年利润"账户　　　　D. "利润分配"账户
   E. "原材料"账户

7. 按应计制原则的要求,(　　)应属于本期的收入。
   A. 本期的预收账款　　　　B. 未收到货款的本期销售收入
   C. 收到存款的本期销售收入　D. 收到存款的上期销售收入
   E. 采购员报销退回的多余现金

8. 在结账前,如发现账簿记录中的文字或数字有笔误或计算错误,而记账凭证没有错误,可采用(　　)更正。
   A. 划线更正法　　　B. 补充登记法　　　C. 红字更正法
   D. 除2法　　　　　E. 除9法

9. 会计报表按报送对象的不同,可分为(　　)。
   A. 资产负债表　　　B. 利润表　　　　　C. 外送报表
   D. 内部报表　　　　E. 现金流量表

10. 记账凭证核算程序适用于(　　)企业。
    A. 小型　　B. 中型　　C. 大型　　D. 国有　　E. 民营

五、简答题:(20分)

1. 什么是借贷记账法?采用借贷记账法如何试算平衡?
2. 总分类账户和明细分类账户平行登记的要点是什么?平行登记的结果有哪些数量关系?

六、业务题:(30分)

资料:
(一) 光明公司201×年4月30日"原材料"、"应收账款"账户的余额为:
1. "原材料"总分类账户借方余额5 540元,其中:

材料名称	计量单位	数　量	单价(元)	金额(元)
甲材料	千克	60	9.00	540
乙材料	千克	2 500	2.00	5 000

2. "应付账款"总分类账户贷方余额 4 200 元,其中:

供应单位名称	金额(元)
新丰厂	2 600
梅山公司	1 600

(二) 该厂 5 月份发生下列经济业务(增值税税率为 17%):

1. 4 日,领用乙材料 1 000 千克。
2. 5 日,以银行存款偿还前欠梅山公司货款 1 600 元。
3. 8 日,向梅山公司购入乙材料 500 千克,每千克 2 元。材料已入库,货款尚未支付。
4. 10 日,以银行存款偿还新丰厂货款 2 600 元。
5. 16 日,A 产品生产领用甲材料 7 千克,乙材料 900 千克。
6. 17 日,向新丰厂购入甲材料 100 千克,每千克 10 元。甲材料已验收入库,货款以银行存款付讫。
7. 18 日,以银行存款偿还梅山公司货款 1 000 元。
8. 30 日,向梅山公司购入乙材料 500 千克,每千克 2 元。乙材料已入库,贷款尚未支付。

要求:

1. 根据资料(一),开设"原材料"、"应付账款"总分类账户及其所属的明细分类账户,并登记 5 月初余额。(设置"T"型账户)
2. 根据资料(二),编制会计分录,并登记"原材料"、"应付账款"总分类账户及其所属的明细分类账户。
3. 结出"原材料"、"应付账款"总分类账户及其所属的明细分类账户的本期发生额和期末余额。

各章节复习思考题及练习题答案

第一章 总论

复习思考题

1. 会计的基本概念是什么？如何理解？

会计是对核算单位发生的可以用货币计量的经济活动进行核算和监督的一种价值管理活动，是经营管理工作的重要组成部分。

会计产生于社会生产活动，并随着生产的发展、管理水平的提高和科技的进步，经历了一个从低级到高级、从简单到复杂、从不完善到逐步完善的演进过程。经济越发展，会计越重要。生产的发展不仅要求会计进行数量的核算，还要求会计根据数量的变化，加强对生产过程的管理。管理的内容和形式则由简单的计量、记录和计算发展为主要通过货币形式进行确认、计量、记录、计算和报告，据以对生产过程的指挥和调节，进而又发展为对生产过程的监督和控制。

2. 会计的作用和基本目标是什么？

会计的作用是：核算经济业务，提供财务信息；实行会计监督，维护财经法纪；分析财务状况，考核经济效益；预测经济前景，参与经营决策。

会计的基本目标是：为有关各方提供符合要求的会计信息，服务于经营决策，提高经济效益。

3. 简要说明企业会计对象的具体内容。

会计的对象是指会计核算和监督的具体内容，概括地讲，会计的对象是核算和监督企业在生产经营过程中发生的、能够以货币计量的经济活动。具体内容就是核算和监督企业的资产、负债、所有者权益、费用、收入和利润等基本会计要素的增减变化和结果。

4. 会计核算的基本前提有哪些？简要说明其意义。

会计核算的基本前提主要包括会计主体、持续经营、会计期间和货币计量等。会计主体是指独立于财产所有者之外的会计核算单位。明确了会计主体，就明确了会计工作的空间范围，就解决了为谁核算、核算哪些会计事项等问题。按照这一基本前提，会计核算只反映一个特定企业的生产经营活动。持续经营是指会计主体在可以预见的未来不会面临清算。明确了持续经营就明确了会计工作的时间范围，并对资产、负债按流动性进行分类和计价；按权责发生制原则，对收入进行确认，对费用进行分配；对所承担的债务在正常生产经营过程中进行清偿。会计期间是指将会计主体持续不断的生产经营活动在时间上人为地划分为首尾衔接、等间距的期间。明确了会计期间，就不仅明确了记账本位币，而且还明确了会计工作必须按期结账和编制会计报表，及时向内部和外部提供真实有用的会计信息。货币计量是指会计信息主要以货币作为统一的计量尺度，并假设币值稳定。明确了货币计量，就明确了会计核算中发生的经济业务按历史成本进行连续、系统地记录、计算和综合汇总，以便对不同会计期间的会计信息进行比较、分析和评价。

5. 会计信息质量要求有哪些？如何理解？

会计信息质量要求包括：可靠性、相关性、可理解性、可比性、实质重于形式、重要性、谨慎性和及时性。

可靠性要求企业应当以实际发生的交易或者事项为依据进行确认、计量和报告，如实反映符合确认和计量要求的各项会计要素及其他相关信息，保证会计信息真实可靠、内容完整。相关性要求企业提供的会计信息应当与投资者等财务报告使用者的经济决策需要相关，有助于投资者等财务报告使用者对企业过去、现在或者未来的情况作出评价或者预测。可理解性要求企业提供的会计信息应当清晰明了，便于投资者等财务报告使用者理解和使用。可比性要求企业提供的会计信息应当相互可比。这主要包括两层含义：一是同一企业不同时期可比，为了便于投资者等财务报告使用者了解企业财务状况、经营成果和现金流量的变化趋势，比较企业在不同时期的财务报告信息，全面、客观地评价过去、预测未来，从而做出决策。二是不同企业相同会计期间可比，为了便于投资者等财务报告使用者评价不同企业的财务状况、经营成果和现金流量及其变动情况，会计信息质量的可比性要求不同企业同一会计期间发生的相同或者相似的交易或者事项，应当采用规定的会计政策，确保会计信息口径一致、相互可比，以使不同企业按照一致的确认、计量和报告要求提供有关会计信息。实质重于形式要求企业应当按照交易或者事项的经济实质进行会计确认、计量和报告，不仅仅以交易或者事项的法律形式为依据。重要性要求企业提供的会计信息应当反映与企业财务状况、经营成果和现金流量有关的所有重要交易或者事项。谨慎性要求企业对交易或者事项进行会计确认、计量和报告应当保持应有的谨慎，不应高估资产或者收益、低估负债或者费用。及时性要求企业对于已经发生的交易或者事项，应当及时进行确认、计量和报告，不得提前或者延后。

6. 会计的基本职能是什么？如何理解？

会计的基本职能是会计核算和会计监督。

会计核算是指以货币作为统一的计量尺度，对会计主体的经济活动进行确认、计量、记录、计算和报告。会计监督是指对企业资金的组织、分配和使用的合法性、合理性和有效性所进行的指导、督促和检查。

会计核算和会计监督是两个相互联系又相互独立的职能。会计核算职能是基础职能，离开了核算，监督就失去了对象；离开了监督，会计核算工作就会失去方向，只有通过监督，核算才能发挥应有的作用。在实际工作中，核算和监督又是交叉的，不可分割的。监督职能又寓于核算职能之中，贯穿于核算的全过程。

7. 企业会计核算的方法有哪些？它们之间的关系是什么？

会计核算的专门方法主要包括：设置会计科目和账户、填制和审核会计凭证、复式记账、登记账簿、成本计算、财产清查和编制会计报表等专门方法。

在实际工作中，会计机构和会计人员首先应根据企业的具体情况，按照统一规定的会计科目开设账户；然后对日常发生的经济业务，要取得或填制会计凭证，并经审核无误后运用复式记账法在账簿的有关账户中登记；对生产经营过程中发生的各项费用分别进行成本计算；期末在财产清查和账目核对相符的基础上，根据账簿记录编制会计报表。因此，会计核算的一系列专门方法是相互联系、密切配合的，构成了一个完整的会计核算方法体系。

第二章 会计科目和账户

复习思考题

1. 什么是会计科目？什么是会计账户？它们之间的联系和区别是什么？

会计科目是对会计核算的基本内容按其不同的特点和经营管理的要求，进行科学分类的项目。账户是根据会计科目在账页中开设的户头。开设账户的目的是为了连续、系统地分类核算和监督由于经济业务的发生而引起的资产、负债、所有者权益的增减变化及其结果。

账户与会计科目是既有联系又有区别的两个概念。其联系是：会计科目是设置账户的依据，会计科目的名称就是账户的名称，会计科目反映的经济内容决定了账户所要核算和监督的经济内容。其区别是：会计科目只是一个名称，只能说明反映的经济内容，但它不具有结构，因而不能系统地提供特定会计要素的增减变化及其结余情况的信息；而账户具有一定的结构，它不仅能说明反映的经济内容，而且能具体地核算和监督特定经济内容的增减变化及其结余情况。

2. 试述资产、负债和所有者权益的概念及其包含的内容。

资产是指企业拥有或控制的能以货币计量的经济资源。资产按流动性大小分为流动资产和长期资产。流动资产主要包括现金、银行存款、其他货币资金、交易性金融资产、应收账款、原材料、低值易耗品、在途材料、库存商品等；长期资产主要包括长期股权投资、固定资产、无形资产、生产性生物资产等。

负债是指企业所承担的，能以货币计量、需要以资产或劳务偿还的债务。负债按其流动性大小，分为流动负债和长期负债。流动负债包括短期借款、应付账款、预收账款、其他应付款、应付职工薪酬、应交税费、应付利润、预提费用等；长期负债包括长期借款、长期债券、长期应付款等。

所有者权益是指企业投资人对企业净资产的所有权，主要包括：实收资本、资本公积、盈余公积、未分配利润等。

3. 会计科目按其反映的经济内容不同可分为哪几类？请举例说明。

会计科目按其所反映的经济内容不同，可以分为以下五大类：(1) 资产类会计科目，如库存现金、原材料、待摊费用、固定资产等；(2) 负债类会计科目，如短期借款、应交税费、长期借款等；(3) 所有者权益类会计科目，如实收资本、盈余公积、本年利润等；(4) 成本类会计科目，主要包括生产成本和制造费用两个科目；(5) 损益类会计科目，包括收入类（如主营业务收入、其他业务收入等）和费用支出类（如销售费用、其他业务成本、营业外支出等）。

4. 会计科目按其反映的会计信息的详细程度可分为哪几类？请举例说明。

会计科目按其所反映的会计信息的详细程度不同，可以分为一级会计科目，二级会计科目和三级会计科目。一级会计科目（总分类科目）是对会计要素进行总括分类的科目，是设置总分类账户的依据，如"固定资产"、"原材料"等科目。二级会计科目（子目），是对有关一级科目的进一步分类，如在"原材料"一级科目下，可根据需要设置二级科目。三级会计科目（细目），是对有关二级会计科目的进一步分类，如在某项二级会计科目下，可根据需要按照其具体名称再设置三级会计科目。二级会计科目和三级会计科目通常统称为明细分类科目，是设置明细分类科目的依据。

5. 设置会计科目应遵循哪些原则?

设置会计科目应遵循以下原则:(1)既要符合企业经济活动的特点,又要适应经济管理的要求;(2)既要执行统一的规定,又要考虑企业的具体情况;(3)既要含义明确,又要保持相对稳定。

6. 账户按其所反映的经济内容不同,可分为哪几类?各类账户的基本结构是什么?

账户按其所反映的经济内容不同,可分为资产类账户、负债类账户、所有者权益类账户、成本类账户和损益类账户。

资产类账户的借方登记有关资产的增加额,贷方登记有关资产的减少额,期初、期末余额一般在该账户的借方,分别反映企业期初、期末有关资产的结存数。

负债类账户的借方登记有关负债的减少额,贷方登记有关负债的增加额,期初、期末余额一般在该账户的贷方,分别反映企业期初、期末有关负债的结存数。

所有者权益类账户的借方登记有关所有者权益项目的减少额,贷方登记有关所有者权益项目的增加额,期初、期末余额一般在该账户的贷方,分别反映企业期初、期末有关所有者权益项目的结存数。

成本类账户主要包括"制造费用"和"生产成本"两个账户。"制造费用"账户核算企业各车间(分厂)本期在产品生产过程中发生的,应由所有产品共同负担的间接生产成本。平时有关制造费用发生时,应记入"制造费用"账户的借方;期末将该账户借方归集的全部制造费用在本车间(分厂)各种产品之间再进行分配,从贷方结转入"生产成本"账户。因此,制造费用账户一般没有期初、期末余额。"生产成本"账户核算企业各种产品生产过程中发生的直接费用和期末分配转入的间接费用。平时直接生产成本发生和期末转入制造费用时,记入该账户的借方;期末如有在产品,应将该账户借方归集的全部生产成本,在完工产品和期末结存的在产品之间进行分配;期末借方余额表示结存的在产品的价值。

损益类账户又分为收入类账户和费用支出类账户。收入类账户的贷方登记企业在本期实现的各项收入;期末将贷方汇集的收入总额从借方转入"本年利润"账户的贷方;结转之后,该类账户没有期末余额(也不会有期初余额)。费用支出类账户的借方登记企业在本期发生的各项期间费用、支出和损失;期末将借方汇集的费用支出总额从贷方结转入"本年利润"账户的借方;结转之后,该类账户没有期末余额(也不会有期初余额)。

第三章 借贷记账法

复习思考题

1. 试对单式记账法和复式记账法进行比较,并说明现代企业会计为什么要采用复式记账法。

单式记账法是指对发生的经济业务,只在一个账户中登记或不予登记的一种记账方法。这种记账方法虽然记账手续简单,但账户设置不完整,经济业务记载不全面,不能全面、系统地反映企业在一定时期内资金增减变化的全貌,难以对账户记录进行试算平衡,发生差错也难以查核。目前一般适用于农户家庭核算。

复式记账法是指对发生的每一笔经济业务,都要以相等的金额在两个或两个以上相互联系的账户中登记的一种记账方法。采用这种记账方法必须设置一套完整的账户体系,要求对发生的每一笔经济业务引起资金增减变化的来龙去脉进行全面地反映,因此,通过会计记录可以系统地反映企业经济活动的过程和结果,并可以进行试算平衡,从而检查账户记录、计算是否基本正确,发生差错也容易查找。这是一种科学的记账方法,因此为现代企业广泛采用。

2. 为什么说"资产＝负债＋所有者权益"平衡公式是借贷记账法的理论基础?

"资产＝负债＋所有者权益"平衡公式包含的经济内容和数量上的平衡关系是借贷记账法的理论基础。可以从以下几方面理解:

(1) 构成会计平衡公式的资产、负债和所有者权益三项经济内容是确定会计基本要素的基础;

(2) 构成会计平衡公式的资产、负债和所有者权益,既是会计的三个基本要素,又是账户分类和账户设置的基础;

(3) 构成会计平衡公式的资产、负债和所有者权益之间的平衡关系,不仅决定了各类账户的基本结构,还明确了各类账户登记的方向;

(4) 构成会计平衡公式的资产、负债和所有者权益之间的平衡关系是进行本期发生额和期末余额试算平衡的依据;

(5) 构成会计平衡公式的资产、负债和所有者权益之间的平衡关系是设置和编制"资产负债表"的依据。

3. 借贷记账法中,"借"、"贷"的含义是什么?

以"借"、"贷"作为记账符号是借贷记账法的重要特征。"借"和"贷"是会计核算中的专门术语,是纯粹的表示增加或减少的记账符号。"借"和"贷"都具有双重含义,即:"借"既表示资产类、成本类、费用支出类账户的增加,又表示负债类、所有者权益类、收入类账户的减少;"贷"既表示负债类、所有者权益类、收入类账户的增加,又表示资产类、成本类、费用支出类账户的减少。

4. 采用借贷记账法,账户设置有什么特点?

采用借贷记账法,除按经济内容分类设置资产类、负债类、所有者权益类、成本类和损益类账户外,还可以设置双重性账户,如设置"内部往来"、"待处理财产损益"等账户。可根据某一日期账户的余额方向来确定其账户性质。设置双重性质的账户可以减少账户设置,简化核算手续。

5. 借贷记账法的记账规律是什么? 如何具体运用?

借贷记账法的记账规律是:有借必有贷,借贷必相等。

掌握了记账规律,就能明确对发生的任何一笔经济业务,进行账务处理时,有的记在一个(或几个)账户的借方,有的记在另一个(或几个)账户的贷方,登记在账户借方的金额一定等于登记在账户贷方的金额。借此可以检查每一笔经济业务以及全部经济业务账务处理是否基本正确。

6. 什么是会计分录? 什么是账户的对应关系和对应账户?

会计分录是根据审核无误的原始凭证,在记账前对发生的经济业务明确指出应记账户名称、记账方向及其金额的一种记录。在实际工作中,编制会计分录就是编制记账凭证。会计分录按涉及账户的多少可分为简单会计分录和复合会计分录。

按照复式记账原理和借贷记账法的记账规律,对发生的每一笔经济业务进行账务处理时,在有关账户之间必然存在应借、应贷的相互关系。账户之间的这种相互依存的关系称为账户的对应关系。凡具有对应关系的账户称为对应账户。

7. 借贷记账法的试算平衡方法是什么? 如何具体运用?

借贷记账法的试算平衡采用总额平衡法。无论是对本期发生额的试算平衡,还是对期末余额的试算平衡,只要分清借方和贷方,然后将金额相加,看其是否相等即可。在实际工作中,是在将全部经济业务登记入账的基础上,结出各账户的本期借方、贷方发生额合计和期末余额,然后通过编制"总分类账户本期发生额及期末余额试算平衡表"来进行的。

练习题

1. 根据 6 月份发生的经济业务编制的会计分录如下:

(1) 借:应付账款——宏生厂　　　　　　　　15 000
　　　贷:银行存款　　　　　　　　　　　　　　　　　15 000
(2) 借:银行存款　　　　　　　　　　　　　50 000
　　　贷:短期借款　　　　　　　　　　　　　　　　　50 000
(3) 借:固定资产——××设备　　　　　　　60 000
　　　贷:银行存款　　　　　　　　　　　　　　　　　60 000
(4) 借:固定资产——××设备　　　　　　　80 000
　　　贷:实收资本——明达公司　　　　　　　　　　　80 000
(5) 借:原材料　　　　　　　　　　　　　　 7 020
　　　贷:应付账款——宏生厂　　　　　　　　　　　　 7 020
(6) 借:应交税费　　　　　　　　　　　　　 1 800
　　　贷:银行存款　　　　　　　　　　　　　　　　　 1 800
(7) 借:其他应收款　　　　　　　　　　　　 1 000
　　　贷:库存现金　　　　　　　　　　　　　　　　　 1 000

2. 开设有关"T 型"账户,并根据上述经济业务登记如下:

借	库存现金		贷		借	银行存款		贷
期初余额	1 200				期初余额	183 000	(1)	15 000
		(7)	1 000		(2)	50 000	(3)	60 000
							(6)	1 800
		本期发生额	1 000		本期发生额	50 000	本期发生额	76 800
期末余额	200				期末余额	156 200		

借	应收账款		贷		借	其他应收款		贷
期初余额	8 000				期初余额	1 400		
					(7)	1 000		
					本期发生额	1 000		
					期末余额	2 400		

借	原材料		贷
期初余额	85 000		
(5)	7 020		
本期发生额	7 020		
期末余额	92 020		

借	固定资产		贷
期初余额	220 000		
(3)	60 000		
(4)	80 000		
本期发生额	140 000		
期末余额	360 000		

借	库存商品		贷
期初余额	54 000		

借	短期借款		贷		借	应付账款		贷
		期初余额	40 000		(1)	15 000	期初余额	15 000
		(2)	50 000				(5)	7 020
		本期发生额	50 000		本期发生额	15 000	本期发生额	7 020
		期末余额	90 000				期末余额	7 020

借	应交税费		贷		借	实收资本		贷
		期初余额	1 800				期初余额	400 000
(6)	1 800						(4)	80 000
本期发生额	1 800						本期发生额	80 000
		期末余额	0				期末余额	480 000

借	盈余公积		贷		借	资本公积		贷
		期初余额	60 800				期初余额	35 000

3. 编制的"总分类账户本期发生额及期末余额试算平衡表"如下:

总分类账户本期发生额及余额试算平衡表

2011年6月　　　　　　　　　　　　　　　　　　　单位:元

账户名称	期初余额		本期发生额		期末余额	
	借方	贷方	借方	贷方	借方	贷方
库存现金	1 200		0	1 000	200	
银行存款	183 000		50 000	76 800	156 200	
应收账款	8 000		0	0	8 000	
其他应收款	1 400		1 000	0	2 400	
原材料	85 000		7 020	0	92 020	
库存商品	54 000		0	0	54 000	
固定资产	220 000		140 000	0	360 000	
短期借款		40 000	0	50 000		90 000
应付账款		15 000	15 000	7 020		7 020
应交税费		1 800	1 800	0		0
实收资本		400 000	0	80 000		480 000
资本公积		35 000	0	0		35 000
盈余公积		60 800	0	0		60 800
合　计	552 600	552 600	214 820	214 820	672 820	672 820

第四章　企业基本经济业务的核算

复习思考题

1. 什么叫注册资本？什么叫实收资本？它们之间的联系和区别是什么？

注册资本是指在企业营业执照上载明的投资人出资总额。实收资本是指企业按投资协议规定实际收到的各投资人的投入资本。投资人必须按照法律和投资协议的规定及时交足资本金。企业在收到投资人全部投资后，实收资本总额等于注册资本。在企业持续经营期间，如果实收资本总额发生变动，超过或低于注册资本的一定比例（如 20%），应及时向工商行政管理部门办理变更登记手续，调整注册资本数额。

2. 什么是固定资产？简述固定资产的计价方法。

固定资产是指使用年限在一年以上，单位价值在规定标准以上，并在使用过程中保持原来物质形态的资产，如房屋及建筑物、机器设备、工具器具等。固定资产的计价方法一般有以下四种：

(1) 原始价值。即企业取得某项固定资产时所发生的一切合理、必要的支出。

(2) 净值。即固定资产原始价值减去累计折旧后的净额。

(3) 重置完全价值。即固定资产按照当前的生产条件和市场情况，企业重新建造或购置某项固定资产所需花费的全部支出。

(4) 公允价值。即在公平交易中，熟悉情况的交易双方自愿进行资产交换时确认的资产价值。

3. 采用使用年限法计提固定资产折旧应考虑哪些因素？

采用使用年限法计提固定资产折旧，应考虑的两个主要因素是固定资产的原值、使用年限。此外还应考虑两个相关因素：(1) 固定资产报废清理时所取得的残值收入；(2) 固定资产报废清理时发生或支付的清理费用。由于残值收入和清理费用在固定资产使用时尚未实际发生，因此在计算折旧时应分别加以预计，也可预计两者相抵后的净残值（一般控制在原值的 3%～5% 的范围内）。在上述四个因素中，固定资产原值减去预计残值收入，加上预计清理费用，就是固定资产在它的整个使用年限中应计提的全部折旧额；以全部折旧额除以使用年限，就是每年应计提的折旧额。

4. 简述要素费用、制造费用、期间费用的概念。

要素费用是指企业在生产经营过程中，由于各项生产要素的消耗而发生的费用，包括材料费用、工资费用、福利费用、折旧费用等。制造费用是指企业内部的各个生产经营单位（分厂、车间）为组织和管理生产所发生的各种间接生产成本，包括：固定资产折旧费、工资及福利费、修理费、机物料消耗、低值易耗品摊销、劳动保护费、水电费、办公费等。期间费用是指企业在生产经营过程中发生的与产品生产没有直接联系，但属于某一期间耗用的费用，如企业发生的管理费用、财务费用、销售费用等。

5. 什么叫短期借款？什么叫长期借款？短期借款和长期借款利息支出的处理有什么不同？

短期借款是指偿还期在一年以内（含一年）或超过一年的一个营业周期内（含一个营业周期）的借款。长期借款是指偿还期在一年以上或超过一年的一个营业周期以上的借款。

短期借款的利息费用应计入"财务费用"账户。如短期借款数额不大，利息支出不多，可于支付时直接计入"财务费用"账户；如企业短期借款数额较大，利息支出较多，可采用按月预提方式计入各月的"财务费用"账户。

如果企业借入的长期借款是为了购建固定资产,则固定资产交付使用前的利息费用,应计入"在建工程"账户,固定资产交付使用后的利息费用应计入"财务费用"账户。对于长期借款的利息费用必须按期预提。

6. 营业收入确认的主要标志是什么?

确认营业收入实现的标志主要有两个:一是产品已经发出,产品的所有权和风险已经转移;二是货款已经取得或已取得索取货款的有效凭证。在实际工作中,由于营业收入结算的具体方式不同,使确认营业收入实现的具体标准也有所不同,一般有以下几种情况:(1)企业自产留用的在产品完工或验收入库办理留用手续后确认销售收入的实现;(2)在预收货款方式下,在企业发出产品后,确认销售收入的实现;(3)在交款提货方式下,当企业已收到货款,发票(提货单)已交付客户时,确认营业收入的实现;(4)在先销货、后收款方式下,当企业已发出产品,并收到有效索取货款凭证时,确认营业收入的实现。

7. 什么是企业利润?如何计算企业的利润?

利润是企业在一定时期内获得的财务成果,是企业收入扣除有关费用支出后的净额。企业的利润可以按照下列公式计算:

主营业务利润＝主营业务收入－主营业务成本－营业税金及附加

其他业务利润＝其他业务收入－其他业务成本

营业利润＝主营业务利润＋其他业务利润－管理费用－财务费用－销售费用－资产减值损失＋公允价值变动损益

利润总额＝营业利润＋投资净收益＋营业外收支净额

净利润＝利润总额－所得税费用

8. 按照《企业财务通则》的规定,企业利润应按什么顺序进行分配?

《企业财务通则》对利润分配的顺序作了统一的规定。具体为:(1)支付被没收的财物损失,违反税法规定支付的滞纳金和罚款;(2)弥补企业以前年度的亏损;(3)提取盈余公积;(4)向投资者分配利润。未分配利润可作为所有者权益的组成部分转入下一年度。

练习题

1. 借:银行存款　　　　　　　　　　　　　　　　800 000
　　　贷:实收资本——国家资本金　　　　　　　　　　　100 000
　　　　　　　　——法人资本金　　　　　　　　　　　　200 000
　　　　　　　　——外商资本金　　　　　　　　　　　　500 000

2. 借:固定资产——××设备　　　　　　　　　　80 000
　　　贷:实收资本——某企业　　　　　　　　　　　　　80 000

3. 借:银行存款　　　　　　　　　　　　　　　　200 000
　　　贷:短期借款　　　　　　　　　　　　　　　　　　200 000

4. 借:短期借款　　　　　　　　　　　　　　　　100 000
　　　应付利息　　　　　　　　　　　　　　　　　1 500
　　　贷:银行存款　　　　　　　　　　　　　　　　　　101 500

5. 借:原材料——A材料　　　　　　　　　　　　15 000
　　　应交税费——应交增值税　　　　　　　　　　2 550
　　　贷:银行存款　　　　　　　　　　　　　　　　　　17 550

6. 借:原材料——B材料		4 800	
应交税费——应交增值税		816	
贷:应付账款——某公司			5 616
7. 借:在建工程——机器安装工程		12 350	
应交税费——应交增值税		2 040	
贷:银行存款			14 040
库存现金			350
8. 借:生产成本——甲产品(直接材料费用)		3 100	
贷:原材料——A材料			3 000
——C材料			100
9. 借:生产成本——甲产品(直接工资费用)		50 000	
——乙产品(直接工资费用)		20 000	
制造费用		6 000	
管理费用——工资费用		10 000	
贷:应付职工薪酬			86 000
10. 借:管理费用——办公费用		600	
贷:银行存款			600
借:管理费用——业务招待费		500	
贷:库存现金			500
11. 借:库存商品		20 000	
贷:生产成本			20 000
12. 借:银行存款		60 000	
贷:主营业务收入			60 000
借:主营业务成本		50 000	
贷:库存商品			50 000
13. 借:销售费用		800	
贷:银行存款			800
14. 借:营业税金及附加		5 000	
贷:应交税费——应交营业税			5 000
15. 借:库存现金		200	
贷:营业外收入			200
16. 借:交易性金融资产		43 500	
投资收益		147	
贷:银行存款			43 647
17. 借:交易性金融资产		100 000	
贷:银行存款			100 000
18. 借:待摊费用		3 000	
贷:低值易耗品			3 000
借:管理费用		1 000	
贷:待摊费用			1 000

19. 借:所得税费用　　　　　　　　　　　8 500
　　　贷:应交税费——应交所得税　　　　　　　　　8 500
20. 借:利润分配——提取盈余公积　　　34 000
　　　贷:盈余公积——一般盈余公积　　　　　　　34 000

第五章　成本计算

复习思考题

1. 什么是成本计算？费用和成本之间的联系和区别是什么？

成本计算就是将企业在生产经营过程各阶段所发生的各项费用，按照一定的对象和标准进行归集、分配，从而计算出各该对象的总成本和单位成本的一种方法。

企业在生产经营过程中，为取得收入要发生各种人力、物力和财力的耗费，这些耗费的货币表现称为费用。一定会计期间内发生的按照权责发生制原则进行归集的费用，是反映企业一定时期内发生的全部耗费。按照一定的对象进行归集、分配的各项费用，称为该对象的成本。它是按成本计算对象并以配比原则进行归集的，是反映各成本计算对象应负担的费用。因此，费用是计算成本的基础，成本是由费用构成的，是对象化的费用。

2. 成本计算的一般程序是什么？

成本计算的一般程序是：(1) 正确确定成本计算对象，并据以开设成本明细账户；(2) 正确确定成本计算期；(3) 按成本项目正确归集和分配各项费用；(4) 编制成本计算表。

3. 如何正确确定成本计算对象和成本计算期？

成本计算对象是指归集费用的对象。正确确定成本计算对象必须遵循"分清主次、区别对待、主要从细、一般从简"的原则，对需要提供详细成本资料的，应单独作为成本计算对象，并据以开设成本明细账户进行核算，以便及时提供按成本项目反映的总成本和单位成本。对不需要提供详细成本资料的，可合并作为一个成本计算对象，开设成本明细账户，以简化核算。

成本计算期是指间隔多长时间计算一次成本。成本计算期的确定应考虑企业生产技术和生产组织的特点。在连续、大量生产某种产品的情况下，必须定期进行成本计算，这时成本计算期应与会计报告期相一致，即按月计算成本。而在单件、分批采购某种材料或生产某种产品的情况下，成本计算期应与材料采购周期、产品生产周期相一致，即在采购过程结束或产品生产全部完工、验收入库时计算成本。

4. 什么是成本项目？正确归集和分配各项费用应划清哪些费用界限？

成本项目是指计入成本的费用，它按经济用途进行分类，反映了成本的构成内容。正确归集和分配各项费用，必须：(1) 划清计入成本的费用和期间费用的界限；(2) 划清应计入本期成本和应计入以后各期成本的界限；(3) 划清直接费用和间接费用的界限；(4) 划清完工产品成本和在产品成本的界限。

练习题

1. 共同性费用的分配标准：甲、乙两种材料的买价；

2. 共同性费用的分配率（每种材料应分摊的外地运输费）：

$$\frac{260}{12\,000+40\,000}=0.005$$

3. 甲材料应分摊的外地运输费：

$$0.005\times12\,000=60(元)$$

乙材料应分摊的外地运输费：

$$0.005\times40\,000=200(元)$$

4. 编制"材料采购成本计算表"：

材料采购成本计算表　　　　　　　　　　　　　　　　　单位：元

成本项目	甲材料		乙材料	
	总成本	单位成本	总成本	单位成本
买价	12 000	200	40 000	500
采购费用	60	1	200	2.5
材料采购成本	12 060	201	40 200	502.5

第六章　财产清查

复习思考题

1. 什么是财产清查？财产清查的作用是什么？

财产清查是指对各项实物资产和库存现金进行实地盘点，确定其实有数以及对银行存款和往来账项进行询证和核对，以查明账实是否相符的一种专门方法。

财产清查的作用主要包括：(1) 保证会计资料的真实可靠；(2) 保护企业财产的安全完整；(3) 挖掘财产的潜力，加速资金周转；(4) 保证财经法纪和有关制度的贯彻执行。

2. 财产清查的种类有哪些？

财产清查按其对象和范围不同，可以分为全面清查和局部清查；按照财产清查的时间不同，可以分为定期清查和不定期清查。

3. 简述现金、银行存款、往来款项和实物资产清查的方法。

现金的清查可采用盘点法，即将现金的实地盘点数与"现金日记账"的余额相核对，以确定现金账实是否相符。银行存款的清查可采用核对法，即将企业开户银行的对账单与本企业银行存款日记账的账面余额相核对，以查明账实是否相符。往来账项的清查可采用询证法，即将本企业与往来单位的有关账目通过对账单进行查询核对，以查明往来款项是否账实相符。实物资产的清查可采用盘点法，即对存货、固定资产等具有实物形态的资产进行实地盘点，查明其实存数，并与有关明细账户的账存数相核对，以验证其是否账实相符。

4. 什么是实地盘存制和永续盘存制？两者各有哪些优缺点？

实地盘存制是指通过实地盘点确定实物资产期末账面结存数量，然后倒算出本期减少数量的一种方法。永续盘存制是指在日常核算中，对各种实物资产的增加数和减少数，根据会计凭证连续、及时地记入有关实物资产明细账户，并随时结出账面结存数的一种方法。

采用实地盘存制，平时对实物资产的减少数量可以不作记录，因而可大大简化核算工作，但它不能随时反映实物资产的发出和结存的动态；由于是以存计耗(销)，这就容易将实物资产的非正常损耗全部计入生产(或销售)成本,从而削弱了对实物资产的控制和监督,并影响到成本计算的明晰性和正确性。

采用永续盘存制,企业实物资产明细账户可随时反映其收入、发出和结存情况,并从数量和金额两方面进行管理和控制;通过实物资产的定期和不定期盘存,可将盘存数与账存数进行核对,当发现实物资产短缺或溢余时,能及时查明原因,进行必要的处理。此外,可随时将实物资产明细账户中的结存数与其最高和最低储备限额进行比较分析,从而保证生产经营的需要,并提高实物资产的利用率。当然,与实地盘存制相比,永续盘存制也存在核算手续多、工作量大的缺点。

由于永续盘存制在强化实物资产管理和控制方面具有明显的优越性,因此企业实物资产的管理和核算一般应采用永续盘存制。而实地盘存制则主要适用于某些单位价值较小而收发频繁的实物资产。此外,对于一些业主直接管理和控制的小型企业(如小型零售商店),实地盘存制具有较强的适用性。

5. 财产清查结果的处理程序是什么?

对财产清查过程中发现的问题,要依据国家有关法律、法规、政策和制度,严肃认真地加以处理。处理的一般程序为:(1) 查明各种盘盈、盘亏的原因,并按规定程序报批;(2) 积极处理各种积压物资,清理债权债务;(3) 制定改进措施,加强财产管理;(4) 及时调整账目,做到账实相符。

练习题

1. 借:待处理财产损益——待处理流动资产损益　　50
    贷:库存现金　　　　　　　　　　　　　　　　　　　50
2. 发现甲材料盘盈、乙材料盘亏时,作如下会计分录:
    借:原材料——甲材料　　　　　　　　　　　　500
    贷:原材料——乙材料　　　　　　　　　　　　　　100
       待处理财产损益——待处理流动资产损益　　　400
   按主管领导批复意见处理时,作如下会计分录:
    借:待处理财产损益——待处理流动资产损益　　100
       待处理财产损益——待处理流动资产损益　　400
    贷:管理费用　　　　　　　　　　　　　　　　　　500
3. 借:坏账准备　　　　　　　　　　　　　　　5 000
    贷:应收账款——A公司　　　　　　　　　　　　5 000
4. 发现固定资产盘盈时,作如下会计分录:
    借:固定资产——小型机床　　　　　　　　　8 000
    贷:累计折旧　　　　　　　　　　　　　　　　　2 000
       待处理财产损益——待处理固定资产损益　　6 000

第七章　会计凭证

复习思考题

1. 填制和审核会计凭证在会计工作中有何重要作用?

填制和审核会计凭证的重要作用:(1) 可以如实、及时地反映各项经济业务的发生和完成情况,为登记账簿提供可靠的依据;(2)可以加强经济管理上的责任制,明确有关部门和人员的经济责任;(3)可以对经济业务的合理性、合法性进行检查,保证国家有关财经法规和单位有关财务制度的贯彻执行。

2. 什么是原始凭证?原始凭证按不同标志如何分类?

原始凭证是在经济业务发生或完成时,有关业务经办人员取得或填制的用来记录经济业务的发生和完成情况,明确经济责任的书面证明。

原始凭证按其取得的来源不同可分为自制原始凭证和外来原始凭证;按其用途不同可分为证明凭证和手续凭证;按其填制方法不同可分为一次凭证和累计凭证;按其记载经济业务数量的多少不同可分为单一凭证和汇总凭证。

3. 原始凭证的填制必须符合哪些要求?

原始凭证的填制必须符合以下要求:(1)记录真实;(2)内容完整;(3)书写规范;(4)填制及时。

4. 如何审核原始凭证?

原始凭证的审核主要从以下两个方面进行:(1)审核原始凭证所反映经济业务的合理性和合法性;(2)审核原始凭证的填制是否符合规定的要求。

5. 什么是记账凭证?记账凭证按不同标志如何分类?

记账凭证是会计人员根据审核无误的原始凭证或原始凭证汇总表,按照经济业务的内容进行归类整理,确定会计分录的凭证。

记账凭证按其使用的范围不同,可分为通用记账凭证和专用记账凭证,其中专用记账凭证按其所记录的经济业务是否与现金和银行存款的收付有关,又可分为收款凭证、付款凭证和转账凭证;记账凭证按填制方式不同,可分为复式记账凭证和单式记账凭证。

6. 记账凭证的填制必须遵循哪些要求?

记账凭证的填制除必须符合记录真实、内容完整、书写规范和填制及时等基本要求外,还必须遵循下列要求:(1)各种记账凭证应按顺序连续编号;(2)"摘要"栏应简明地填写经济业务的内容,以便查阅、核对和分析经济业务。(3)不得将不同内容和类别的原始凭证汇总填制在一张记账凭证上;(4)必须按统一规定的会计科目及其核算内容,根据经济业务的性质正确编制会计分录;(5)除结账和更正错误的记账凭证可以不附原始凭证外,其他记账凭证必须附有原始凭证;(6)记账凭证"金额栏"合计的第一位数字前面要填写货币符号;(7)记账凭证填制完经济事项后,如有空行,应当自金额栏最后一笔金额数字下的空行处至合计数上的空行处划线注销。(8)采用专用记账凭证时,对于现金与银行存款之间划转的业务,只填制付款凭证,不填制收款凭证;(9)采用专用记账凭证时,如果一项经济业务既有收(付)款业务,又有转账业务时,应当分别编制收(付)款凭证和转账凭证。(10)记账凭证填写完毕后,要由填制人员签名或盖章,以明确责任。

7. 如何审核记账凭证?

记账凭证的审核主要从以下几个方面进行:(1)审核记账凭证所记录的经济内容,是否与所附原始凭证的内容相符,附件张数是否正确;(2)审核记账凭证内所填列的应借、应贷会计科目是否正确,所记金额是否与原始凭证上的金额相符,并保持借、贷方金额平衡;(3)审核记账凭证上的各项内容是否填列齐全,有关人员是否都已签名或盖章。

8. 为什么要重视会计凭证的传递和保管工作?

因为:(1)及时反映各项经济业务的发生或完成情况、有利于加强经营管理工作中的岗位责任制以及实行有效的会计监督;(2)会计凭证是重要的经济资料和会计档案,日后需要查阅。

练习题

1.

收 款 凭 证

借方科目:银行存款　　　　　　　2010年4月1日　　　　　　　银收字第1号

摘　要	贷方科目		账页	金　额	
	一级科目	二级或明细科目			
销售产品	主营业务收入	甲产品		40 000	附件2张
	合　　计			40 000	

会计主管:　　　记账:　　　审核:　　　出纳:　　　制单:(签章)

2.

付 款 凭 证

贷方科目:银行存款　　　　　　　2010年4月5日　　　　　　　银付字第1号

摘　要	借方科目		账页	金　额	
	一级科目	二级或明细科目			
从银行提取现金	库存现金			1 000	附件1张
	合　　计			1 000	

会计主管:　　　记账:　　　审核:　　　出纳:　　　制单:(签章)

3.

付 款 凭 证

贷方科目:库存现金　　　　　　　2010年4月10日　　　　　　现付字第1号

摘　要	借方科目		账页	金　额	
	一级科目	二级或明细科目			
赵亮借差旅费	其他应收款	赵　亮		800	附件1张
	合　　计			800	

会计主管:　　　记账:　　　审核:　　　出纳:　　　制单:(签章)

4.

付 款 凭 证

贷方科目:银行存款　　　　　　　　2010 年 4 月 12 日　　　　　　　　银付字第 2 号

摘 要	借方科目		账页	金 额
	一级科目	二级或明细科目		
支付短期借款利息	应付利息	借款利息		2 300
合　计				2 300

附件 1 张

会计主管：　　　　记账：　　　　审核：　　　　出纳：　　　　制单:(签章)

5.

转 账 凭 证

2010 年 4 月 18 日　　　　　　　　转字第 1 号

摘 要	会计科目		账页	借方金额	贷方金额
	一级科目	二级或明细科目			
报销差旅费	管理费用	差旅费		720	
	其他应收款	赵　亮			720
合　计				720	720

附件 1 张

会计主管：　　　　记账：　　　　审核：　　　　出纳：　　　　制单:(签章)

收 款 凭 证

借方科目:库存现金　　　　　　　　2010 年 4 月 18 日　　　　　　　　现收字第 1 号

摘 要	贷方科目		账页	金 额
	一级科目	二级或明细科目		
报销差旅费交回多余现金	其他应收款	赵　亮		80
合　计				80

附件 1 张

会计主管：　　　　记账：　　　　审核：　　　　出纳：　　　　制单:(签章)

6.

转 账 凭 证

2010 年 4 月 30 日　　　　　　　　　　　　　　　　　　　转字第 2 号

摘　要	会计科目		账页	借方金额	贷方金额	
	一级科目	二级或明细科目				
计提固定资产折旧	制造费用	折旧费		24 000		附件1张
	管理费用	折旧费		6 000		
	累计折旧				30 000	
合　计				30 000	30 000	

会计主管：　　　　　记账：　　　　　审核：　　　　　出纳：　　　　　制单：(签章)

第八章　会计账簿

复习思考题

1. 设置和登记账簿有什么重要意义？

设置和登记账簿是加工、整理、归类、汇总和储存会计信息的一种主要方法，是会计核算的重要环节。账簿记录不仅全面、连续、系统地反映了企业经济活动的发生情况，为企业的经营管理提供了丰富的信息，而且还为会计报表的编制和企业会计报表审计提供了直接依据。

2. 会计账簿按用途可分为哪几类？按外表形式又分为哪几类？

会计账簿按用途不同可分为三类，即序时账簿、分类账簿和备查账簿；按外表形式不同可分为三类，即订本式账簿、活页式账簿和卡片式账簿。

3. 设置账簿应遵循哪些原则？

设置账簿应遵循以下原则：(1) 账簿组织严密；(2) 满足管理需要；(3) 符合单位实际；(4) 简明灵活实用。

4. 简要说明日记账、总分类账和明细分类账的格式和登记方法。

日记账主要包括现金日记账和银行存款日记账。其格式主要有三栏式和多栏式两种。三栏式日记账由出纳员根据现金（或银行存款）收款凭证、付款凭证按凭证编号顺序逐日逐笔登记。每日终了，应结出当日余额，并分别与库存现金的实存数或定期与银行对账单逐笔核对。多栏式日记账平时由出纳员根据现金（或银行存款）的收款凭证、付款凭证，按凭证编号逐日逐笔登记，将发生额记入日记账收入栏和支出栏的对方账户专栏。月末（或定期）汇总各专栏的发生额，然后将收入栏各专栏的汇总数过入对方账户的贷方，将支出栏各专栏的汇总数过入对方账户的借方。

总分类账一般采用三栏式格式，总分类账的登记方法取决于企业所采用的会计核算程序，可以直接根据各种记账凭证登记，可以根据记账凭证汇总编制成的科目汇总表或汇总记账凭证登记，也可以根据多栏式日记账和转账凭证登记。

明细分类账的格式有三栏式、数量金额式和多栏式三种。明细分类账一般可根据记账凭证或原始凭证（或原始凭证汇总表）及时登记。各种明细分类账在每次登记完毕后，应结出余额,以便及时进行账务核对和账务查询。

5. 总分类账户与其所属的明细分类账户平行登记的要点是什么?平行登记的结果存在哪些数量关系?

总分类账户与其所属明细分类账户平行登记的要点包括以下三个方面:(1)同时期登记。对发生的经济业务,应根据会计凭证,在同一会计期间既要在有关总分类账户中登记,也要在其所属的明细分类账户中登记。(2)同方向登记。对发生的经济业务,记入有关总分类账户的借贷方向,应与记入它所属的明细分类账户的借贷方向一致。(3)同金额登记。对发生的经济业务,记入有关总分类账户的金额,应与记入它所属的明细分类账户的金额之和相等。

平行登记的结果有如下的数量关系:(1)总分类账户的本期借贷方发生额合计数,与它所属各明细分类账户的借贷方发生额合计数之和相等。(2)总分类账户的期末余额,与它所属各明细分类账户的期末余额之和相等。

6. 启用和登记账簿的一般规则是什么?

启用账簿时,应在账簿扉页上填列"账簿启用和经管人员一览表"。如更换记账员,应办理交接手续,在表中填列交接日期、交接人员和监交人员的姓名,并由各有关人员签章。账簿登记的一般规则包括:(1)记账时必须使用钢笔并用蓝黑墨水书写,不得使用圆珠笔或铅笔记账;(2)记账必须以经过审核无误的会计凭证为依据;(3)做到登记及时、摘要简明扼要、数字正确;(4)各种账簿必须逐页逐行登记。对订本账,不得随意撕毁。对活页账一经编号,也不得随意抽换账页。账簿记录如发生记账错误,应采用正确的方法予以更正;(5)每张账页的第一行和最后一行应留出用于办理转页手续;(6)年度结束旧账启用新账时,应将旧账各账户的余额结转记入新账有关账户的第一行。

7. 错账更正的方法有哪几种?简述其适用性。

错账更正的方法有三种:划线更正法、红字更正法和补充登记法。

划线更正法是在结账之前发现账簿记录中存在文字或数字错误,而记账凭证并没有错误时采用。红字更正法适用于以下两种情况:(1)记账以后(不论是否已结账),如发现记账凭证中会计科目有错,账簿登记随之串户;(2)记账以后,发现账簿登记的错误是由于记账凭证所填金额大于应记金额造成的,而借贷方会计科目并无错误。补充登记法适用于在记账以后,发现账簿登记错误是由于记账凭证所填金额小于应记金额,而借贷方会计科目并无错误的错账。

8. 记账、算账过程中发生的差错应如何查找?

在查错过程中,应先确定金额错误的差数和范围,然后把错误金额与有关情况联系起来寻找线索,逐步缩小查找范围,使查错工作有针对性地进行。查错一般应按下列步骤和方法进行:(1)检查"本期发生额及余额试算平衡表";(2)检查分类账中试算不平衡的账户;(3)经上述步骤仍未找出差错,可能是账簿登记错误,可用差数法、除2法、除9法继续查找;(4)如果采用上述方法仍不能查出错误所在,就要采用全面检查的方法。即按照账务处理的程序,从原始凭证、记账凭证中的有关数据,逐笔核对总分类账户、明细分类账户,直至会计报表;或按照账务处理程序的相反方向,从会计报表中的有关数据,逐项和总分类账户、明细分类账户,直至和记账凭证、原始凭证相核对。

9. 什么是对账?对账的主要内容是什么?

对账就是核对账目。其主要内容包括:(1)账证核对,即将各种账簿记录与有关记账凭证和原始凭证进行核对。(2)账账核对,即将各种账簿之间的数据进行核对。主要包括总分类账户与所属明细分类账户核对、日记账与有关总分类账户核对、登记簿与有关明细分类账户核对;(3)账实核对,即将各种财产的账面余额与实际结存数进行核对。主要包括将现金日记账账面余额与现金实际库存数相核对,将银行存款日记账账面余额与开户银行转来的对账单相核对,将各种财产物资明细分类账户账面余额与财产物资实际库存数相核对,将各种债权、债务的账面余额与有关债权人、债务人相核对。

10. 什么是结账？结账的一般程序和方法是什么？

结账就是在把一定时期内所发生的经济业务全部登记入账的基础上,计算出各个账户的本期借方发生额、本期贷方发生额和期末余额,并将期末余额结转下期的工作。

在结账前,应做好下列工作:(1)检查本期内日常发生的经济业务是否全部填制会计凭证,并据以登记入账;(2)账项调整;(3)检查各项资产、负债是否账实相符;(4)试算平衡。结账通常可分为月结、季结和年结。其具体做法是:每月末进行月结时,在各账户本月份的最后一笔经济业务下面划一道红线;然后在红线下结算出本月借、贷方发生额和月末余额,并在"摘要"栏注明"本月发生额及余额"或"本月合计"字样;再在月结数下划一道通栏红线,以划分本月记录和下月记录。每季末进行季结时,应在月结的下一行再结算出本季发生额及季末余额,并在"摘要"栏注明"第×季度发生额及余额"或"本季合计"字样,再在下一行计算出年初至本季末的累计发生额及余额,并在"摘要"栏注明"第×季度累计发生额及余额"或"本季累计"字样,然后在季结行下划一道通栏红线。年终进行年结时,可在第四季度季结的下一行结算出全年发生额和年末余额,在"摘要"栏注明"本年发生额及年末余额"或"本年累计"字样,将本年余额结转下年度时,在"摘要"栏注明"结转下年"字样;在下一行划两道通栏红线,表示结束全年的账簿记录,在下一年度新建有关账簿的第一行余额栏内填写上年结转的余额,并在"摘要"栏注明"上年结转"字样。

练习题

习题一

1. 根据上述各项经济业务内容,编制的会计分录如下:

（1）借:原材料——C材料　　　　　　　　600
　　　贷:应付账款——三洋公司　　　　　　　　　600
（2）借:应付账款——武胜厂　　　　　　70 000
　　　贷:银行存款　　　　　　　　　　　　　70 000
（3）借:应付账款——永定厂　　　　　　10 000
　　　贷:银行存款　　　　　　　　　　　　　10 000
（4）借:原材料——D材料　　　　　　　　800
　　　贷:应付账款——武胜厂　　　　　　　　　800
（5）借:应付账款——三洋公司　　　　　　600
　　　贷:银行存款　　　　　　　　　　　　　　600
（6）借:原材料——C材料　　　　　　　1 000
　　　贷:应付账款——三洋公司　　　　　　　1 000
（7）借:原材料——C材料　　　　　　　20 000
　　　贷:应付账款——永定厂　　　　　　　　20 000
（8）借:应付账款——永定厂　　　　　　　800
　　　贷:银行存款　　　　　　　　　　　　　　800

(9) 借：应付账款——永定厂　　　　　　　　20 000
　　　贷：银行存款　　　　　　　　　　　　　　　　20 000

2. "应付账款"总分类账户及其所属明细分类账户的记录如下：

应付账款（总账）

		期初余额：	80 000
(2)	70 000	(1)	600
(3)	10 000	(4)	800
(5)	600	(6)	1 000
(8)	800	(7)	20 000
(9)	20 000		
发生额：	101 400	发生额：	22 400
		期末余额：	1 000

应付账款——武胜厂

		期初余额：	70 000
(2)	70 000	(4)	800
(8)	800		
发生额：	70 800	发生额：	800
		期末余额：	0

应付账款——永定厂

		期初余额：	10 000
(3)	10 000	(7)	20 000
(9)	20 000		
发生额：	30 000	发生额：	20 000
		期末余额：	0

应付账款——三洋公司

(5)	600	(1)	600
		(6)	1 000
发生额：	600	发生额：	1 600
		期末余额：	1 000

3. 编制"应付账款明细分类账户本期发生额及余额表"如下：

应付账款明细分类账户本期发生额及余额表

2011年6月

明细账户名称	期初余额		本期发生额		期末余额	
	借方	贷方	借方	贷方	借方	贷方
武胜厂		70 000	70 800	800		平
永定厂		10 000	30 000	20 000		平
三洋公司			600	1 600		1 000
合 计		80 000	101 400	22 400		1 000

习题二

1. 应采用划线更正法。更正时,将错误的数字划去,再在错误的数字上面写上正确的数字。

原材料	生产成本
980	980
~~890~~	~~890~~

2. 应采用红字更正法。更正时,按多记的金额编制一张红字记账凭证,并据以登记入账。

借:固定资产——机床　　　　　　　5 000

　贷:银行存款　　　　　　　　　　　　5 000

银行存款	固定资产	应交税费(应交增值税)
31 910	28 000	3 910
5 000	5 000	

3. 应采用红字更正法。更正时,首先编制一张金额为红字的记账凭证,并据以登记入账。

借:应收账款——某公司　　　　　　140 400

　贷:主营业务收入——A产品　　　　　120 000

　　　应交税费——应交增值税　　　　　20 400

其次,编制一张正确的记账凭证,并据以登记入账。

借:银行存款　　　　　　　　　　　140 400

　贷:主营业务收入——A产品　　　　　120 000

　　　应交税费——应交增值税　　　　　20 400

主营业务收入	应收账款	应交税费(应交增值税)
120 000	140 400	20 400
120 000	140 400	20 400

	银行存款	
120 000	140 400	20 400

第九章　会计报表

复习思考题

1. 简述会计报表的概念和编制的意义。

会计报表是对会计主体的日常会计核算资料进行进一步加工、整理和汇总形成的,用来综合地反映其在会计期末的财务状况和会计期间内的经营成果和财务状况变动情况的书面文件。

会计报表提供的信息主要包括企业财务状况、经营情况和财务状况变动情况等三个方面。企业管理当局可以利用这些会计信息,分析企业在经营管理过程中所面临的机遇和各种问题,以便作出正确的经营决策、筹资决策和投资决策,控制企业的经营风险和财务风险;企业的投资人(包括潜在的投资人)可以利用这些会计信息,分析企业盈利能力和经营风险,以便作出正确的投资决策,控制投资风险;企业的债权人(包括商业银行和企业的主要供应商)可以利用这些会计信息,分析企业的偿债能力和财务风险,以便作出正确的信用决策,保证信贷资金的安全;政府有关部门(包括财政、税务、审计、工商行政管理、国有资产管理、企业主管部门等)可以利用会计报表提供的信息,检查企业是否遵守国家财经法纪和有关方针政策,以加强宏观经济的调控和管理。

2. 会计报表按不同标志如何分类?

会计报表按其所反映的会计信息的内容不同,可分为反映企业财务状况信息的会计报表和反映企业经营成果信息的会计报表;按会计报表反映的价值运动的状态不同,可分为静态报表和动态报表;按会计报表编制的时间不同,可分为年度会计报表、中期会计报表、季度会计报表和月份会计报表;按会计报表编制的主体不同,可分为个别会计报表、汇总会计报表和合并会计报表。

3. 会计报表的编制应符合哪些要求?

会计报表的编制应符合下列基本要求:(1)数字真实。编制会计报表之前,必须认真做好结账、对账和财产清查工作,切实做到账证相符、账账相符、账实相符,然后再根据正确无误的账簿资料编制各种会计报表。在编制以后,还要进行认真的复核,做到账表相符、表表衔接。(2)内容完整。必须按照会计准则和会计制度统一规定的类别、格式和内容来编制会计报表。凡是应当编制的各种会计报表,必须编报齐全;凡是应当填列的报表项目,无论是表内项目,还是表外补充资料,必须全部填列;凡是应当汇总(或合并)的所属各单位的会计报表,必须全部汇总(或合并)。(3)编报及时。必须加强日常的会计核算,做好记账、算账、对账、结账和财产清查工作,便于在会计期间结束后能及时编制会计报表。

4. 什么叫资产负债表? 编制资产负债表有什么意义?

资产负债表是反映企业在一定会计期末财务状况的会计报表。

资产负债表提供的会计信息,不仅可以使报表使用者了解企业拥有或控制的经济资源总量以及企业分别对债权人和投资人所承担经济义务总额,而且通过资产类、负债类和所有者权益类项目按流动性大小排列的分类列示,使报表使用者进一步分析企业资产、负债和所有者权益的结构及其对称性,了解企业偿还即期债务和长期债务的能力以及未来通过负债融资或资本融资的可能性。

5. 简述资产负债表的结构。

资产负债表包括表首、正表和补充资料三个部分。表首部分说明资产负债表反映的会计信息的主要标志,列明报表的名称、编制单位、截止日期、记账本位币及其计量单位等。正表部分是资产负债表的主体和核心,其结构主要有"左右账户式"和"上下报告式"两种。我国会计制度规定,企业编制的资产负债表采用"左右账户式"结构,并且正表部分需要设置"年初数"和"期末数"两栏,分别反映年初和本期期末的财务状况。补充资料部分通常披露正表部分所不能反映的企业财务状况方面的信息,或对正表部分有关项目的数据作补充说明。

6. 资产负债表正表部分包括哪些内容(列举有关项目进行说明)?

资产负债表正表部分包括资产方(左方)和负债及所有者权益方(右方)。资产方按资产的流动性由大到小的顺序,自上而下列示企业的各项流动资产和非流动资产。流动资产项目包括"货币资金"、"交易性金融资产"、"应收账款""存货"等项目;非流动资产项目包括"长期股权投资"、"固定资产"、"在建工程"、"无形资产"等项目。

负债方按负债的偿还期限由短到长的顺序,自上而下分别列示企业的各项流动负债和非流动负债,最后列示企业的各项所有者权益。流动负债项目包括"短期借款"、"应付账款"、"应付职工薪酬"、"应交税费"等项目;非流动负债项目包括"长期借款"、"应付债券"等项目;所有者权益项目包括"实收资本"、"资本公积"、"盈余公积"、"未分配利润"等项目。

7. 什么叫利润表?编制利润表有什么意义?

利润表是反映企业在一定会计期间(如某月、某季度、某年)的经营成果的报表。

利润表提供的会计信息,可以使报表使用者了解企业在本会计期间的各项收入的实现和各项成本费用的发生情况,以及本会计期间所取得的经营成果(利润或亏损),从而便于考核企业的盈利能力、经营者的经营业绩和对成本费用的控制情况;分析企业利润增减变动的原因,促进企业改善经营管理,不断提高盈利水平。

8. 简述利润表的结构。

利润表包括表首、正表和补充资料三个部分。表首部分说明利润表反映的会计信息的主要标志,列明报表的名称、编制单位、会计期间(某月、某季度或某年)、记账本位币及其计量单位。正表部分是利润表的主体和核心,其结构主要有"多步式"和"单步式"两种。我国会计制度规定:企业编制的利润表采用"多步式"结构,并且正表部分需设置"本月数"和"本年累计数"两栏,以便反映企业编制月份利润的形成情况和年初到编制月份为止累计的利润形成情况。利润表补充资料部分根据规定披露正表部分有关项目的具体情况。

9. "多步式"利润表是如何分步反映净利润的形成的?

多步式利润表在反映净利润的形成时,设置若干中间步骤分别反映产品销售利润、营业利润、利润总额和净利润。具体步骤如下:

主营业务利润=主营业务收入−主营业务成本−营业税金及附加

其他业务利润=其他业务收入−其他业务成本

营业利润=主营业务利润+其他业务利润−管理费用−财务费用−销售费用−资产减值损失+公允价值变动损益

利润总额=营业利润+投资净收益+营业外收支净额

净利润=利润总额−所得税费用

10. 什么是所有者权益变动表?编制所有者权益变动表有什么意义?

所有者权益变动表是反映公司本期(年度或中期)内至截至期末所有者权益变动情况的报表。

所有者权益变动表全面反映一定时期所有者权益变动的情况。提供以下信息:

(1)所有者权益总量的增减变动。

(2) 所有者权益增减变动的重要结构性信息。

(3) 直接计入所有者权益的利得和损失。

所有者权益变动表全面反映了企业的股东权益在年度内的变化情况,便于会计信息使用者深入分析企业股东权益的增减变化情况,并进而对企业的资本保值增值情况作出正确判断,从而提供对决策有用的信息。

11. 简述所有者权益变动表的结构。

所有者权益变动表包括表首、正表两部分。其中,表首说明报表名称、编制单位、编制日期、报表编号、货币名称、计量单位等;正表是所有者权益变动表的主体,具体说明所有者权益变动表的各项内容,包括股本(实收资本)、资本公积、法定和任意盈余公积、法定公益金、未分配利润等。每个项目中,又分为年初余额、本年增加数、本年减少数、年末余额四小项,每个小项中,又分别具体列示其不同内容。

所有者权益变动表各项目应根据"股本"、"资本公积"、"盈余公积"、"未分配利润"等科目的发生额分析填列。

所有者权益变动表以矩阵的形式列示:一方面,列示导致所有者权益变动的交易或事项,即所有者权益变动的来源,对一定时期所有者权益的变动情况进行全面反映;另一方面,按照所有者权益各组成部分(即实收资本、资本公积、盈余公积、未分配利润和库存股)列示交易或事项对所有者权益各部分的影响。

12. 什么叫现金流量表?编制现金流量表有什么意义?

现金流量表是反映企业在某一特定会计年度内现金流入量、流出量和现金流量净额的报表。

把现金流量表和其他会计报表结合起来,有助于报表使用者进行以下几个方面的分析和评价:(1) 评价企业在未来会计期间获得净现金流量的能力;(2) 分析企业的利润与营业活动所产生的净现金流量之间出现差异的原因;(3) 评价企业偿还债务、支付投资人投资报酬的能力;(4) 评价企业在一定时期进行现金和非现金投资以及筹资业务对财务状况的影响。

13. 现金流量表对企业的现金流量是如何分类的(举例说明)?

现金流量表将企业的现金流量分为以下三个部分:(1) 经营活动产生的现金流量。其中现金流入包括企业销售产品、商品或对外提供劳务收到的现金,经营性租赁收取的租金等;现金流出包括企业购买农用材料、低值易耗品或接受劳务供应支付的现金,经营性租赁支付的租金等。(2) 投资活动产生的现金流量。其中现金流入包括收回投资收到的现金,分得股利、利润和取得利息收入收到的现金,处置长期资产收回的现金等;现金流出包括购建长期资产所支付的现金,对外投资所支付的现金等。(3) 筹资活动产生的现金流量。其中现金流入包括吸收投资收到的现金,发行债券收到的现金,借入款项收到的现金等;现金流出包括偿还债务所支付的现金,减少注册资本支付的现金,发生代理承销费、印刷费等筹资费用支付的现金,分配利润和偿付利息所支付的现金等。

练习题

习题一

根据给定的账户余额资料编制的该企业 2010 年 12 月 31 日资产负债表如下:

资产负债表

编制单位:某企业　　　　　　2010年12月31日　　　　　　　　　　单位:元

资产	期末余额	年初余额	负债和所有者权益(或股东权益)	期末余额	年初余额
流动资产:			流动负债:		
货币资金		3 593 500	短期借款		500 000
交易性金融资产		15 000	交易性金融负债		
应收票据			应付票据		
应收账款		310 000	应付账款		349 530
预付款项		218 630	预收款项		200 000
应收利息			应付职工薪酬		3 400
应收股利			应交税费		385 000
其他应收款		1 200	应付利息		68 900
存货		7 051 610	应付股利		395 000
一年内到期的非流动资产		50 000	其他应付款		80 000
其他流动资产			一年内到期的非流动负债		500 000
流动资产合计		11 239 940	其他流动负债		
非流动资产:			流动负债合计		2 481 830
可供出售金融资产			非流动负债:		
持有至到期投资			长期借款		2 500 000
长期应收款			应付债券		
长期股权投资		100 000	长期应付款		
投资性房地产			专项应付款		
固定资产		2 866 720	预计负债		
在建工程		350 000	递延所得税负债		
工程物资		50 000	其他非流动负债		
固定资产清理			非流动负债合计		2 500 000
生产性生物资产			负债合计		4 981 830
油气资产			所有者权益(或股东权益):		
无形资产		132 000	实收资本(或股本)		6 000 000
开发支出			资本公积		1 000 000
商誉			减:库存股		
长期待摊费用			盈余公积		2 000 000
递延所得税资产			未分配利润		756 830
其他非流动资产			所有者权益(或股东权益)总计		9 756 830
非流动资产合计		3 498 720			
资产总计		14 738 660	负债和所有者权益(或股东权益)总计		14 738 660

单位负责人:　　　　　　财务负责人:　　　　　　制单人:　　　　　　填制日期:

习题二

根据给定资料编制的该企业2010年度利润表如下表所示：

利 润 表

编制单位：某企业　　　　　　　　　　2010年　　　　　　　　　　单位：元

项　　目	上年数	本年数
一、营业收入		16 217 320
减：营业成本		7 981 700
营业税金及附加		243 860
销售费用		354 000
管理费用		2 350 000
财务费用		560 000
资产减值损失		50 000
加：公允价值变动收益（损失以"－"号填列）		74 000
投资收益（损失以"－"号填列）		135 689
其中：对联营企业和合营企业的投资收益		
二、营业利润（亏损以"－"号填列）		4 887 449
加：营业外收入		45 000
减：营业外支出		1 256 000
其中：非流动资产处置损失		
三、利润总额（亏损总额以"－"号填列）		3 676 449
减：所得税费用		1 232 449
四、净利润（净亏损以以"－"号填列）		2 444 000
五、每股收益		
（一）基本每股收益		
（二）稀释每股收益		

单位负责人：　　　　　　财务负责人：　　　　　　制单人：　　　　　　填制日期：

第十章　会计核算程序

复习思考题

1. 什么叫会计核算程序？建立科学合理的会计核算程序有什么意义？

会计核算程序是指在会计核算过程中，将凭证组织、账簿组织和记账步骤相互结合的方式。凭证组织是指会计凭证的种类、格式和各种凭证之间的关系；账簿组织是指账簿种类、格式和各种账簿之间的关系；记账步骤是指从凭证的整理和传递，到账簿的设置和登记，直至编制会计报表的整个过程。不同的凭证组织、账簿组织和记账步骤，形成不同的会计核算程序。

建立科学合理的会计核算程序，可以确保会计核算的正确、及时和完整，提高会计核算的质量;促进会计核算的规范化和合理分工,减少不必要的核算环节和手续,提高会计核算的效率;有利于加强企业内部牵制和会计监督。

2. 简述企业会计核算的一般步骤?

企业会计核算在各会计期间循环进行,一般包括以下几个步骤:(1)取得并审核已经发生的经济业务的原始凭证;(2)编制记账凭证;(3)过账,即根据记账凭证来登记日记账、分类账;(5)账项调整,即在会计期末,为了按照权责发生制原则和配比原则核算本期的经营成果,对应归属于本期的各项收入、成本费用加以确认和计量,在进行账户分析和计算的基础上,编制记账凭证、调整有关账户记录的账务处理过程;(4)试算平衡;(6)编制会计报表。

3. 简述记账凭证核算程序的主要特点及其凭证组织和账簿组织。

记账凭证核算程序是最基本的会计核算程序,其主要特点是先根据原始凭证或原始凭证汇总表编制记账凭证,然后根据记账凭证直接地、逐笔地登记总分类账。在记账凭证核算程序下,记账凭证可以采用通用式格式,也可按照经济业务类型(收款业务、付款业务和转账业务),分别采用收款凭证、付款凭证和转账凭证三种格式。设置的账簿一般包括现金日记账、银行存款日记账、总分类账和明细分类账。其中,现金日记账、银行存款日记账和总分类账一般采用三栏式;明细分类账根据需要可以分别采用三栏式、多栏式和数量金额式等。

4. 简述记账凭证核算程序的基本步骤。

第一步:根据审核无误的原始凭证或原始凭证汇总表,按照经济业务不同的性质,分别编制收款凭证、付款凭证和转账凭证;

第二步:根据现金和银行存款的收款凭证和付款凭证,逐笔登记现金日记账和银行存款日记账;

第三步:根据原始凭证、原始凭证汇总表或记账凭证登记有关明细分类账;

第四步:根据记账凭证逐笔登记总分类账;

第五步:月终将现金日记账、银行存款日记账余额以及各明细分类账户余额的合计数,与总分类账有关账户余额核对相符;

第六步:月终,根据总分类账和明细分类账的记录编制会计报表。

5. 简述记账凭证核算程序的优缺点和适用性。

采用记账凭证核算程序,记账层次清楚,手续简便,便于理解。由于根据记账凭证逐笔登记总分类账,因而各总分类账可以比较详细地记录和反映经济业务发生或完成情况。但是在业务量很大的情况下,就会使登记总账的工作量增大。随着企业规模和业务量的不断增加,这种核算程序就难以适应。因此,这种核算程序一般适用于规模较小、业务量少的企业。

6. 科目汇总表核算程序的主要特点是什么?

科目汇总表核算程序的主要特点是首先根据记账凭证定期(五天、十天或半个月)编制科目汇总表,按一级会计科目汇总各总分类账户的借贷方发生额,然后根据科目汇总表登记总分类账。在这种核算程序下,会计凭证设置和账簿设置与记账凭证核算程序基本相同,但为了便于编制科目汇总表,通常采用单式记账凭证,并需要增设科目汇总表,作为登记总分类账的依据。

7. 简述科目汇总表核算程序的优缺点和适用性。

采用科目汇总表核算程序,可以简化总分类账登记工作,减少记账工作量;可以利用科目汇总表进行试算平衡,便于及时发现记账中的错误,保证记账工作的质量。但由于科目汇总表是按相同科目进行加计汇总的,不能反映账户之间的对应关系,不便于分析经济业务的来龙去脉,不便于查对账目。这种核算程序总的说来比较简便,容易掌握,有较强的适用性,因此,为大中型企业单位广泛应用。

8. 汇总记账凭证核算程序的主要特点是什么?

汇总记账凭证核算程序的主要特点是:首先定期(五天、十天或半个月)将全部记账凭证汇总编制成汇总记账凭证,然后再根据汇总记账凭证登记总分类账。采用这种核算程序,会计凭证的设置除分别设置收款凭证、付款凭证和转账凭证外,还需分别设置汇总收款凭证、汇总付款凭证和汇总转账凭证。账簿的设置有现金日记账、银行存款日记账、明细分类账和总分类账。为使总分类账的内容与汇总记账凭证相一致,总分类账的格式应采用借方、贷方两栏内设有对应账户专栏的三栏式,以便反映账户之间的对应关系。

9. 简述汇总记账凭证核算程序的优缺点和适用性。

采用汇总记账凭证核算程序,由于总分类账是根据汇总记账凭证登记,减少了登记总分类账的工作量,大大简化了过账手续;同时又由于汇总记账凭证是按账户对应关系归类汇总编制的,在总分类账中又设有对应账户栏,因而便于了解经济业务的来龙去脉,便于查对账目。但是,采用这种程序时,汇总转账凭证按贷方科目归类汇总,不是按业务性质归类汇总,因而不利于会计工作的分工;在转账业务不多的情况下,起不了简化过账手续的作用,却增加了编制汇总记账凭证的工作量。因而这种核算程序适用于规模较大、经济业务较多的企业。

10. 多栏式日记账核算程序的主要特点是什么?

多栏式日记账核算程序的主要特点是:对涉及现金和银行存款的收款业务和付款业务,均先根据编制的收款凭证和付款凭证分别登记于所设置的多栏式现金日记账和多栏式银行存款日记账,然后再定期根据多栏式日记账的"收入栏"和"支出栏"中的各专栏的合计数登记总分类账。采用这种核算程序,记账凭证应分别收款业务、付款业务和转账业务设置收款凭证、付款凭证和转账凭证;现金和银行存款日记账应采用多栏式格式。

11. 简述多栏式日记账核算程序的优缺点和适用性。

采用多栏式日记账核算程序,由于收款业务和付款业务是根据多栏式日记账汇总后的合计数登记的,因此可以减少登记总分类账的工作量;同时,通过多栏式日记账又可以清晰地反映收款业务和付款业务的账户对应关系。但是,如果企业的收款业务和付款业务的类型较多,必然导致日记账中对应账户的栏目增多,使账页庞大,既不便于记账又不便于保管。这种核算程序主要适用于收付款业务较多,且类型较少的单位。

第十一章 会计工作组织

复习思考题

1. 为什么要科学地组织会计工作?科学地组织会计工作应当遵循哪些原则?

科学地组织会计工作,对于完成会计工作任务,发挥会计在经济管理中的作用具有十分重要的意义:(1) 有利于提高会计工作的质量和效率;(2) 有利于加强各单位内部的经济责任制;(3) 有利于会计工作与其他经济管理工作的协调一致;(4) 有利于国家财经方针、政策、法规和制度的贯彻执行。

科学地组织会计工作应遵循统一性原则、因地制宜原则和效益性原则。

2. 基层企事业单位应如何设置会计机构?

基层企事业单位,可以根据各自规模的大小、业务的繁简,分别设置能适应本单位需要的会计机构,负责办理单位的会计工作。规模较小、业务较少的单位可以不单独设置会计机构,但必须配置专职会计人员或指定专人负责办理会计工作。

3. 什么是独立核算和非独立核算?什么是集中核算和非集中核算?

独立核算是指进行完整的记账、算账和报账的会计核算。非独立核算是指不进行完整的记账、算账和报账的会计核算。

集中核算是指把整个单位的会计核算工作都集中在单位会计部门进行。单位会计部门以外的其他部门只对本部门发生的经济业务负责填制或取得原始凭证,定期送交会计部门;会计部门根据各部门送来的原始凭证,在审核无误后填制记账凭证,登记账簿,编制会计报表。

非集中核算是指单位内部各部门作为内部独立核算单位,对本部门所发生的经济业务负责办理编制记账凭证、登记账簿和编制会计报表,进行完整的会计核算;单位会计部门日常只处理单位管理部门范围内发生的会计事项和对内部核算单位的核算工作进行业务指导和检查,期末则根据内部各核算单位报来的资料,加以调整汇总,编制整个单位的会计报表。

4. 会计人员应履行哪些职责?具有哪些权限?

会计人员应履行的职责主要是:(1)进行会计核算;(2)实行会计监督;(3)拟定本单位办理会计事务的具体办法;(4)参与拟订经济计划、业务计划,分析、预算财务计划的执行情况。

会计人员具有的权限主要有:(1)有权要求本单位有关部门和人员认真遵守国家的财经纪律和财务会计制度;(2)有权参与本单位计划、预算的编制、定额的制订、经济合同的签订,参加有关生产经营管理的会议,提出对财务收支和经营决策方面的意见;(3)有权监督、检查本单位有关部门的财务收支、资金使用和财产保管、收发、计量等情况。

5. 总会计师应履行哪些职责?具有哪些权限?

总会计师是企业、事业单位负责经济核算和财务会计工作的行政领导,其职责主要是:(1)负责编制和执行预算、财务收支计划、信贷计划、拟订资金筹措和使用方案,开辟财源,有效地使用资金;(2)负责进行成本费用预测、计划、控制、核算、分析和考核,督促本单位有关部门降低消耗、节约费用、提高经济效益;(3)负责建立、健全经济核算制度,利用财务会计资料进行经济活动分析;(4)负责对本单位财会机构的设置和会计人员的配备、会计专业职务的设置和聘任提出方案。

总会计师的权限主要有:(1)有权制止或纠正违反国家财经法律、法规、方针、政策、制度和有可能在经济上造成损失、浪费的行为;(2)有权组织本单位各职能部门、直属基层组织的经济核算、财务会计和成本管理等工作;(3)有权主管审批本单位财务收支工作;(4)有权签署本单位的预算、财务收支计划、成本和费用计划、信贷计划、财务专题报告和会计决算报表。

6. 我国的会计法规体系包括哪几个层次?

会计法规是国家管理会计工作的法律、条例、准则、制度和规定等的总称。目前,我国的会计法规体系可分为三个层次:《会计法》处于整个会计法规体系的最高层次;会计准则、《总会计师条例》、《会计证管理办法》、《会计基础工作规范》、《会计档案管理办法》等是《会计法》之下的第二个层次的会计法规;第三个层次的会计法规是由政府制定的会计制度。

第十二章　会计档案

复习思考题

1. 什么是会计档案？

会计档案是指按照规定归档保管的会计凭证、会计账簿和会计报表等会计核算资料，是保存备查的会计信息的载体。

2. 如何对会计档案进行分类？

会计档案按会计工作性质的不同，可分为企业会计档案和预算会计档案。按管理期限的不同，可分为永久性档案和有限期会计档案。按信息载体形式的不同，可分为会计凭证、会计账簿、会计报表和其他等。

3. 如何整理会计档案？

会计档案的整理主要包括会计凭证的整理、会计账簿的整理和会计报表的整理。(1) 会计凭证的整理：首先，要把所有应归档的凭证收集齐全，并按照记账凭证的种类科学分类；然后，根据记账凭证不同的种类，按其编号顺序逐张排放，并检查核对附件（原始凭证）是否齐全；最后，根据每一类记账凭证的数量多少，按适当厚度分为若干本，并加具封面、封底，将会计凭证装订成册。(2) 会计账簿的整理：凡活页账应按页顺序编号，加封面、封底后装订成本。各种分类账簿按会计科目顺序排列，以便据以逐本登记会计账簿封面。会计账簿封面的有关项目内容要填写齐全。(3) 会计报表的整理：平时，月（季）度报表一般由主管人员负责保存。年终，由专人负责统一收集并将全年的会计报表按时间顺序分类整理装订成册，登记《会计档案（会计报表）目录》，逐项写明报表的名称、页数、归档日期等，经会计机构负责人审核盖章后，由主管报表人员负责装订、立卷、归档。

4. 如何保管会计档案？

会计档案的保管包括以下几个方面：(1) 必须建立专人负责制度，并定期检查会计档案的保存情况，以保证会计档案的安全和完整。(2) 必须执行保密制度。会计档案的查阅和利用只能限于规定的范围之内。必须对接受会计档案信息的对象、利用会计档案时保密的方法、程序以及保密责任等作出具体的规定。(3) 必须科学有序。会计档案的保管应做到分类保存，并建立相应的分类目录或卡片，随时进行登记。同时，应创造条件，逐步采用现代化的管理方法。对国家统一规定的会计档案的保管期限，不得任意变更。

5. 调阅会计档案应注意哪些事项？

调阅会计档案时，要严格审批手续。档案管理部门应设置"会计档案调阅登记簿"，对调阅的档案进行详细地登记。本单位人员调阅会计档案，要经过会计主管的同意。外单位人员调阅会计档案，要持有单位介绍信，并经本单位负责人的同意批准。调阅人员一般不得将会计档案携带外出，如因特殊情况，需将会计档案借出的，必须经过本单位负责人的同意批准，并办理有关手续。档案部门和保管人员应负责督促其按时归还。任何查阅人员不许在会计档案上勾划涂改，更不能抽取原件。特殊情况下，确需影印复制的，也必须经过本单位负责人的同意批准，并办理有关手续。

6. 简述会计档案的销毁程序？

首先，会计档案保管部门要填制"会计档案销毁清单"，将需要销毁的会计档案的"案卷标题、起止日期、目录号、案卷号、原始证号、卷内文件张数"等逐项登记。

其次,要按规定程序报请审批。根据有关规定,企业、机关、团体、事业单位销毁会计档案,应报本单位领导批准。

最后,要按规定监销。独立核算单位在按规定销毁会计档案时,应由档案部门和会计部门派员监销;各级主管部门销毁会计档案时,应由同级财政部门、审计部门派员监销;各级财政部门销毁会计档案时,应由同级审计部门派员监销。销毁后,档案部门、财会部门和各有关部门的监销人员要在"会计档案销毁清单"封面上签字盖章,并将监销情况作书面报告向本单位领导汇报。

第十三章 会计电算化

复习思考题

1. 什么叫会计电算化?实行会计电算化有什么意义?

会计电算化是以电子计算机作为基本工具,代替人工记账、算账、报账以及部分替代人脑完成对会计信息的处理、分析和判断的过程。

实行会计电算化的意义主要是:(1)可以减轻劳动强度,提高工作效率;(2)可以提高会计核算质量,减少误差;(3)可以加速信息反馈,有利于提高经济效益;(4)可以促进会计工作规范化,提高会计人员素质。

2. 什么叫会计数据?什么叫会计信息?两者之间是什么关系?

会计数据是指通过某种媒介记录下来的反映企业经济活动发生和完成情况的各种资料,是产生会计信息的源泉。会计信息是经过处理和加工的会计数据,往往表现为数字、符号、文字、图表等形式。

会计信息是通过对会计数据的处理而产生的,会计数据也只有按照一定的要求或需要进行加工或处理,变成会计信息后才能满足管理和决策的需要。但会计数据和会计信息并没有截然的界限,有的会计资料对一些管理部门(人员)来说是会计信息,而对另一些管理部门(人员)来说则是会计数据。

3. 会计数据处理主要包括哪几个基本环节?

会计数据处理分为会计数据的收集(输入)、加工、存储和传送(输出)等基本环节。

会计数据的收集(输入)是指对反映经济活动发生和完成情况的原始会计数据的收集(输入),目的是将时间和空间上分散的数据收集起来以备进一步加工和处理;会计数据的加工是指对收集(输入)的原始会计数据进行分类、计算、汇总、比较、排列和选择等处理工作,它是会计数据处理的中心环节和会计信息形成的关键环节;会计数据的存储是指对原始数据、中间处理数据和最终形成的会计信息的存储,以便查询和再次加工时使用;因为收集(输入)的原始会计数据和经过加工处理后的数据信息在时间和数量上必然有一个累积的过程,所以所有的数据信息均需贮存;会计数据的传送(输出)是指对经过加工后的会计信息,按其需要向有关信息使用者传送(输出)。

4. 什么叫电算化会计信息系统?电算化会计信息系统按其替代手工处理的范围不同,可分为哪几种?

电算化会计信息系统是指用计算机替代手工,处理部分或全部会计业务的会计信息系统。电算化会计信息系统按替代手工处理会计业务范围的不同,可分为单项业务电算化会计信息系统、多项业务电算化会计信息系统、电算化会计核算信息系统、会计及管理"一体化"的电算化会计信息系统。

5. 简述电算化会计与手工会计的相同之处和不同之处。

电算化会计与手工会计的相同之处主要包括：(1) 目标一致，都是为了加强经营管理，提供会计信息，参与经营决策，提高经济效益。(2) 遵循的基本会计理论和方法相同。(3) 都要遵守有关法律、制度和规范。(4) 基本的工作程序和要求相同。(5) 复式记账的原理相同。(6) 都必须保存会计档案。

电算化会计与手工会计的不同之处主要包括：(1) 使用的计算工具不同。(2) 信息的载体不同。(3) 账簿的形式和登记规则、错账更正方法不同。(4) 会计核算程序上存在区别。(5) 账户设置和账簿登记方法不同。(6) 会计工作组织不同。(7) 对账和内部会计控制的方式不同。(8) 期末账项调整和结账的方式方法不同。(9) 对会计人员的素质要求不同。

6. 简述计算机系统的构成。

计算机系统由硬件系统和软件系统两大部分组成。

硬件系统主要包括主机及显示器、键盘、打印机、不间断电源（UPS）等外部设备和计算机网络。软件系统分为系统软件和应用软件两种。系统软件是使用计算机或为编制应用软件服务的软件，如操作系统、数据库管理系统等；应用软件是为某个特定目的或单位编写的软件，如会计软件等。

7. 简述会计软件运用的一般步骤。

会计软件运用的一般步骤包括：(1) 会计软件的安装和启动。会计软件的安装就是将会计软件装入计算机。会计软件的启动是指当需要运用会计软件进行操作时，通过运行特定的程序进入会计软件系统。(2) 会计软件的初始化。会计软件的初始化就是指为会计主体建立账套，并为满足其会计核算的需要而进行的一系列系统设置的过程，包括：初始化前的准备工作、建立账套、建立会计科目、装入各科目的期初余额以及本会计年度以前各月各科目的累计发生额、定义记账凭证的类型和格式、定义账户格式、定义操作员及其职责和权限、定义结算方式、定义计量单位、定义汇率形式等。(3) 记账凭证的输入和审核、过账、结账以及账务数据的输出和查询。(4) 会计报表的编制。(5) 利用系统服务模块提供的功能，进行数据备份、恢复和删除等操作。

综合模拟测试题答案及评分标准

一、名词解释(每小题 3 分,共 15 分)

1. 资产:是企业拥有或控制的,能以货币计量的经济资源。
2. 记账凭证:是会计人员根据审核无误的原始凭证或原始凭证汇总表,按照经济业务的内容进行归类整理,确定会计分录的凭证,它是记账的直接依据。
3. 预提费用:是指企业预先提取计入各期成本费用,但尚未实际支出的各项费用。
4. 分散核算:是指单位内部各部门作为内部独立核算单位,对本部门所发生的经济业务负责办理编制记账凭证、登记账簿和编制会计报表,进行完整的会计核算;单位会计部门日常只处理单位管理部门范围内发生的会计事项和对内部核算单位的核算工作进行业务指导和检查,期末则根据内部各核算单位报来的资料,加以调整汇总,编制整个单位的会计报表。
5. 会计电算化:是以电子计算机作为基本工具,代替人工记账、算账、报账以及部分替代人脑完成对会计信息的处理、分析和判断的过程。

二、填空题(每空 0.5 分,共 15 分)

1. 会计核算、会计分析、会计检查
2. 复式记账凭证、单式记账凭证
3. 填制和审核会计凭证、复式记账、登记账簿、成本计算、财产清查、编制会计报表
4. 有借必有贷、借贷必相等
5. 自制原始凭证、外来原始凭证
6. 日记账簿、分类账簿、备查账簿
7. 三栏式、多栏式、数量金额式
8. 一次摊销法、分期摊销法
9. 数字真实、内容完整、编制及时
10. 直接材料费用、直接工资费用、其他直接费用、制造费用

三、判断题(每小题 1 分,共 10 分)

1. — 2. — 3. + 4. — 5. —
6. + 7. — 8. + 9. — 10. +

四、选择题(每小题 1 分,共 10 分)

1. C   2. ABD 3. ABE 4. B   5. ADE
6. ABE 7. BC   8. A   9. CD 10. A

五、简答题(每小题 10 分,共 20 分)

1. 借贷记账法是以会计平衡公式作为理论基础,以"借"、"贷"作为记账符号,反映经济业务发生引起会计要素增减变化的一种复式记账方法。(3 分)

试算平衡就是在结出一定时期各账户发生额和余额的基础上来检查账户记录和计算是否基本正确的一种专门方法。借贷记账法的试算平衡采用总额平衡法。无论是对本期发生额的试算平衡,还是对期末余额的试算平衡,只要分清借方和贷方,然后将金额相加,看其是否相等即可。

在实际工作中,是通过编制"总分类账户本期发生额及期末余额试算平衡表"来进行的。(7分)

2. 总分类账户和明细分类账户平行登记的要点包括以下三个方面:(1)同时期登记。对发生的经济业务,应根据会计凭证,在同一会计期间既要在有关总分类账户中登记,又要在其所属的明细分类账户中登记。(2)同方向登记。对发生的经济业务,记入有关总分类账户的借贷方向,应与记入它所属的明细分类账户的借贷方向一致。(3)同金额登记。对发生的经济业务,记入有关总分类账户的金额,应与记入它所属的明细分类账户的金额之和相等。(6分)

平行登记的结果有如下的数量关系:(1)总分类账户的本期借贷方发生额合计数,与它所属各明细分类账户的借贷方发生额合计数之和相等;(2)总分类账户的期末余额,与它所属各明细分类账户的期末余额之和相等。(4分)

六、业务题(30分)

1. 根据资料(一),开设"原材料"、"应付账款"总分类账户及其所属的明细分类账户("T"型账户)及登记5月初余额,如下图所示。(每个账户0.5分,共3分)

2. 根据资料(二),编制会计分录如下:(每笔会计分录2分,共16分)

(1) 借:生产成本——A产品　　　　　　　2 000
　　　贷:原材料——乙材料　　　　　　　　　　　　2 000

(2) 借:应付账款——梅山公司　　　　　　1 600
　　　贷:银行存款　　　　　　　　　　　　　　　　1 600

(3) 借:原材料——乙材料　　　　　　　　1 000
　　　　应交税费——应交增值税　　　　　　170
　　　贷:应付账款——梅山公司　　　　　　　　　　1 170

(4) 借:应付账款——新丰厂　　　　　　　2 600
　　　贷:银行存款　　　　　　　　　　　　　　　　2 600

(5) 借:生产成本——A产品　　　　　　　1 863
　　　贷:原材料——甲材料　　　　　　　　　　　　　63
　　　　　　　——乙材料　　　　　　　　　　　　1 800

(6) 借:原材料——甲材料　　　　　　　　1 000
　　　　应交税费——应交增值税　　　　　　170
　　　贷:银行存款　　　　　　　　　　　　　　　　1 170

(7) 借:应付账款——梅山公司　　　　　　1 000
　　　贷:银行存款　　　　　　　　　　　　　　　　1 000

(8) 借:原材料——乙材料　　　　　　　　1 000
　　　　应交税费——应交增值税　　　　　　170
　　　贷:应付账款——梅山公司　　　　　　　　　　1 170

根据上述会计分录登记"原材料""应付账款"总分类账户及其所属的明细分类账户,如下图所示。(每笔会计分录过账1分,共8分)

3. 结出"原材料""应付账款"总分类账户及其所属的明细分类账户的本期发生额和期末余额,如下图所示。(每个账户0.5分,共3分)

原材料				应付账款			
借		贷		借		贷	
期初余额：	5 540					期初余额：	4 200
(3)	1 000	(1)	2 000	(2)	1 600	(3)	1 170
(6)	1 000	(5)	1 863	(4)	2 600	(8)	1 170
(8)	1 000			(7)	1 000		
发生额：	3 000	发生额：	3 863	发生额：	5 200	发生额：	2 340
期末余额：	4 677					期末余额：	1 340

原材料——甲材料				应付账款——新丰厂			
借		贷		借		贷	
期初余额：	540					期初余额：	2 600
(6)	1 000	(5)	63	(4)	2 600		
发生额：	1 000	发生额：	63	发生额：	2 600	发生额：	0
期末余额：	1 477			期末余额：	0		

原材料——乙材料				应付账款——梅山公司			
借		贷		借		贷	
期初余额：	5 000					期初余额：	1 600
(3)	1 000	(1)	2 000	(2)	1 600	(3)	1 170
(8)	1 000	(5)	1 800	(7)	1 000	(8)	1 170
发生额：	2 000	发生额：	3 800	发生额：	2 600	发生额：	2 340
期末余额：	3 200					期末余额：	1 340

《基础会计学》自学考试大纲

第一部分　课程性质说明

　　《基础会计学》课程是江苏省管理类专业的一门专业基础课。该课程既具有较强的理论性，又具有较强的应用性。

　　会计工作是经济管理工作的重要组成部分，其基本任务是通过一系列专门方法的运用，对各种可以用货币表现的经济活动进行核算、监督、预测、决策和控制，以提高经济效益。会计学是对会计工作实践进行理论总结，研究会计工作客观规律的一门社会科学，属于管理学的一个分支。会计学按其研究内容可以分为基础会计学、财务会计学、成本会计学、管理会计学、会计电算化和会计史等。基础会计学是会计学中的基础理论科学，主要阐述会计的基本理论、基本知识和基本方法。它所研究的是人们在各行各业中进行会计工作所必须具备的共性知识，即有关会计信息产生的基本原理、原则、一般程序和基本方法。这门学科的基本知识部分，是进一步学习会计学的基础，而其基本原理部分，则可用来指导财务会计学、成本会计学和管理会计学等的学习和研究。

　　本课程学习的目的和要求是，通过学习，使自学者充分认识到会计在经济管理工作中的重要地位和作用，全面掌握会计学的基本理论、基本知识和基本方法，为进一步学习专业会计和相关学科打下坚实的基础。在自学过程中，不仅要求自学者"知其然"，而且要"知其所以然"，能举一反三，熟练地掌握和运用"三基本"。

第二部分　课程内容及考核要求

第一章　总论

第一节　会计的意义

一、考核知识点
（一）会计的基本概念
（二）会计的作用
二、考核要求
（一）会计的基本概念
识记：会计的概念
（二）会计的作用
理解：会计的作用

第二节　会计的目标和对象

一、考核知识点
（一）会计的目标
（二）会计的对象
二、考核要求

(一) 会计的目标
识记：会计的对内目标和对外目标
(二) 会计的对象
1. 识记：会计对象的涵义
2. 理解：农业企业会计核算对象的具体内容

第三节　会计的基本前提和会计信息质量要求

一、考核知识点
(一) 会计的基本前提
(二) 会计信息质量要求
二、考核要求
(一) 会计的基本前提
1. 识记：会计的四个基本前提
2. 理解：每个基本前提的具体涵义
(二) 会计信息质量要求
1. 识记：会计的八个要求
2. 理解：每一项会计信息质量要求

第四节　会计的职能和方法

一、考核知识点
(一) 会计的基本职能
(二) 会计的专门方法
二、考核要求
(一) 会计的基本职能
1. 识记：会计的基本职能
2. 理解：会计的核算职能和会计的监督职能之间的关系
(二) 会计的专门方法
1. 识记：(1) 会计的组成部分；(2) 会计核算的专门方法
2. 理解：(1) 会计核算、会计分析和会计检查三者之间的关系；(2) 会计核算专门方法之间的关系

第二章　会计科目和账户

第一节　会计科目

一、考核知识点
(一) 会计科目的概念
(二) 会计科目的分类
(三) 会计科目的设置原则
二、考核要求
(一) 会计科目的概念

识记:会计科目的涵义

(二) 会计科目的分类

识记:会计科目按不同标志的分类

(三) 会计科目的设置原则

理解:会计科目设置应遵循的原则

第二节 会计账户

一、考核知识点

(一) 会计账户的概念

(二) 会计账户的基本结构

二、考核要求

(一) 会计账户的概念

1. 识记:(1) 会计账户的涵义;(2) 会计账户的分类
2. 理解:(1) 会计账户与会计科目的联系与区别

(二) 会计账户的基本结构

识记:(1) 账户基本结构的组成;(2) 各类账户借方和贷方发生额登记的方向;(3) 各类账户余额的方向及其经济含义

第三章 借贷记账法

第一节 记账方法的意义和种类

一、考核知识点

(一) 记账方法的意义

(二) 记账方法的种类

二、考核要求

(一) 记账方法的意义

识记:记账方法的概念

(二) 记账方法的种类

1. 识记:(1) 单式记账法;(2) 复式记账法
2. 理解:单式记账法与复式记账法的区别

第二节 借贷记账法的理论基础

一、考核知识点

(一) 会计平衡公式

(二) 会计平衡公式的理论意义

二、考核要求

(一) 会计平衡公式

1. 识记:(1) 资产的涵义;(2) 权益的涵义;(3) 会计平衡公式
2. 理解:(1) 经济业务的九种类型及其对会计平衡公式的影响

(二) 会计平衡公式的理论意义

理解：会计平衡公式是借贷记账法的理论基础

第三节　借贷记账法的基本内容

一、考核知识点

（一）记账符号

（二）账户设置

（三）记账规律

（四）试算平衡

二、考核要求

（一）记账符号

识记："借"、"贷"记账符号的涵义

（二）账户设置

理解：双重性账户的涵义

（三）记账规律

1. 识记：(1) 会计分录的涵义；(2) 简单会计分录和复合会计分录；(3) 账户的对应关系和对应账户

2. 理解：借贷记账法的记账规律

3. 应用：根据有关经济业务编制会计分录

（四）试算平衡

1. 识记：(1) 试算平衡的概念；(2) 试算平衡的步骤

2. 理解：(1) 发生额平衡公式和余额平衡公式；(2) 试算平衡的结果说明的问题

3. 应用：编制"总分类账户本期发生额及期末余额试算平衡表"

第四章　企业基本经济业务的核算

第一节　资金筹措业务的核算

一、考核知识点

（一）投入资本的核算

（二）借入资金的核算

二、考核要求

（一）投入资本的核算

1. 识记：(1) 注册资本的涵义；(2) 实收资本的涵义

2. 理解：(1) 注册资本与实收资本的联系和区别；(2) "实收资本"账户的结构、核算内容及登记方法

3. 应用：投入资本的账务处理

（二）借入资金的核算

1. 识记：(1) 借入资金的概念；(2) 短期借款的概念；(3) 长期贷款的概念

2. 理解：(1) "短期借款"账户的结构、核算内容及登记方法；(2) "长期借款"账户的结构、核算内容及登记方法；(3) 短期借款和长期借款的利息支出的账务处理有何区别；(4) 与购建固定资产有关的长期借款利息如何处理

3. 应用:(1) 短期借款借入时,计提利息时及归还本息时的账务处理;(2) 长期借款借入时,计提利息时及归还本息时的账务处理

第二节　采购业务的核算

一、考核知识点
(一) 材料采购业务的核算
(二) 固定资产购入业务的核算
二、考核要求
(一) 材料采购业务的核算
1. 识记:材料的涵义
2. 理解:(1)"在途物资"、"原材料"、"低值易耗品"、"应付账款"、"预付账款"等账户的结构、核算内容及登记方法;(2)"在途物资"与"原材料"两个账户核算内容的区别
3. 应用:材料采购业务的账务处理
(二) 固定资产购入业务的核算
1. 识记:(1) 固定资产的概念和标准;(2) 固定资产的特点;(3) 固定资产的计价方法
2. 理解:(1) 原始价值计价、净值计价、重置完全价计价和公允价计价的涵义;(2)"在建工程"账户和"固定资产"账户的结构、核算内容及登记方法
3. 应用:购入固定资产业务的账务处理

第三节　生产业务的核算

一、考核知识点
(一) 要素费用的核算
(二) 待摊费用和预提费用的核算
(三) 制造费用的核算
二、考核要求
(一) 要素费用的核算
1. 识记:(1) 要素费用的涵义;(2) 折旧费用的涵义;(3) 计算固定资产折旧应考虑的因素
2. 理解:"生产成本"、"制造费用"、"累计折旧"、"待摊费用"、"预提费用"、"库存商品"等账户的结构、核算内容及登记方法
3. 应用:(1) 材料费用分配及账务处理;(2) 工资费用的分配及账务处理;(3) 应付福利费的计提及账务处理;(4) 采用使用年限法计提固定资产折旧额的计算;(5) 折旧的账务处理
(二) 待摊费用和预提费用的核算
1. 识记:(1) 待摊费用的涵义;(2) 预提费用的涵义;(3) 低值易耗品的涵义
2. 理解:"待摊费用"和"预提费用"账户的区别
3. 应用:(1) 采用一次摊销法和分期摊销法摊销低值易耗品的账务处理;(2) 利息费用的预提和支付的账务处理
(三) 制造费用的核算
1. 识记:制造费用的涵义
2. 应用:(1) 制造费用的分配方法及"制造费用分配表"的编制;(2) 制造费用分配的账务处理

第四节　销售业务的核算

一、考核知识点

（一）主营业务的核算

（二）其他业务的核算

（三）期间费用的核算

二、考核要求

（一）主营业务的核算

1. 识记：(1) 主营业务收入的涵义；(2) 主营业务成本的涵义；(3) 销售费用的涵义及主要内容；(4) 营业税金及附加的主要内容
2. 理解：(1) 营业收入实现的标志；(2) "主营业务收入"、"应收账款"、"预收账款"、"主营业务成本"、"销售费用"、"营业税金及附加"等账户的结构、核算内容及登记方法
3. 应用：(1) 营业收入实现的账务处理；(2) 营业成本结转的账务处理；(3) 销售费用的账务处理；(4) 营业税金及附加的账务处理

（二）其他业务的核算

1. 识记：其他业务包括的主要内容
2. 理解："其他业务收入"和"其他业务成本"账户的结构、核算内容及登记方法
3. 应用：其他业务收入实现及其他业务成本结转的账务处理

（三）期间费用的核算

1. 识记：(1) 期间费用的涵义；(2) 管理费用核算的内容；(3) 财务费用核算的内容
2. 理解："管理费用"和"财务费用"账户的结构、核算内容及登记方法
3. 应用：发生管理费用和财务费用的账务处理

第五节　对外投资业务的核算

一、考核知识点

（一）对外投资业务的概念和分类

（二）交易性金融资产的核算

二、考核要求

（一）对外投资业务的概念和分类

1. 识记：(1) 对外投资的涵义；(2) 交易性金融资产的涵义；(3) 长期股权投资的涵义
2. 理解："交易性金融资产"、"长期股权投资"和"投资收益"账户的结构、核算内容及登记方法

（二）交易性金融资产的核算

1. 识记：交易性金融资产的计价（包括购入股票和购入债券）
2. 应用：购入股票、购入债券、收到股息及交易性金融资产转让的账务处理

第六节　营业外收支的核算

一、考核知识点

（一）营业外收入的核算

（二）营业外支出的核算

二、考核要求

（一）营业外收入的核算

1. 识记：营业外收入的涵义

2. 理解："营业外收入"账户的结构、核算内容及登记方法

3. 应用：营业外收入实现的账务处理

（二）营业外支出的核算

1. 识记：营业外支出的涵义

2. 理解："营业外支出"账户的结构、核算内容及登记方法

3. 应用：营业外支出的账务处理

第七节　利润及其分配的核算

一、考核知识点

（一）利润的核算

（二）利润分配的核算

二、考核要求

（一）利润的核算

1. 识记：(1) 利润的涵义；(2) 利润形成的计算公式

2. 理解："所得税费用"账户和"本年利润"账户的结构、核算内容和结转方法

3. 应用：(1) 所得税的计算及结转；(2) "本年利润"的结转

（二）利润分配的核算

1. 识记：(1) 利润分配的涵义；(2) 利润分配的顺序和内容

2. 理解：(1) "利润分配"账户所属明细账户的设置及登记方法；(2) "盈余公积"、"应付利润"账户的结构、核算内容及登记方法

3. 应用：利润分配的账务处理

第五章　成本计算

第一节　成本计算的意义和一般程序

一、考核知识点

（一）成本计算的意义

（二）成本计算的一般程序

二、考核要求

（一）成本计算的意义

1. 识记：成本计算的概念

2. 理解：成本计算的意义

（二）成本计算的一般程序

1. 识记：成本计算对象、成本计算期、成本项目的概念

2. 理解：成本计算的一般程序，成本计算对象、成本计算期、成本项目的确定，成本计算表编制的依据，费用界限的划分

第二节　企业的成本计算

一、考核知识点

（一）材料采购成本的计算

（二）生产成本的计算

二、考核要求

（一）材料采购成本的计算

1. 识记：材料采购成本的概念

2. 应用：共同性材料采购成本的分配和材料采购总成本和单位成本的计算

（二）生产成本的计算

1. 识记：生产成本的概念

2. 应用：生产总成本和单位成本的计算

第六章　财产清查

第一节　财产清查的意义和种类

一、考核知识点

（一）财产清查的意义

（二）财产清查的种类

二、考核要求

（一）财产清查的意义

1. 识记：财产清查的概念

2. 理解：财产清查的作用

（二）财产清查的种类

1. 识记：财产清查按不同标志的分类

2. 理解：定期清查和不定期清查、全面清查和局部清查的适用性

第二节　财产清查的方法

一、考核知识点

（一）货币资金的清查

（二）往来款项的清查

（三）实物资产的清查

二、考核要求

（一）货币资金的清查

1. 识记：(1) 现金清查的基本方法；(2) 银行存款清查的基本方法；(3) 未达账项的概念及其形成原因

2. 应用：(1) 现金盘盈、盘亏的核算；(2) 银行存款余额调节表的编制

（二）往来款项的清查

识记：往来款项清查的基本方法

（三）实物资产的清查

1. 识记：(1) 实地盘存制的概念；(2) 永续盘存制的概念

2. 理解：实地盘存制与永续盘存制的优缺点及其适用性

3. 应用：(1) 实地盘存制下本期发出存货和期末结存存货的计价方法；(2) 永续盘存制下本期

发出存货和期末结存存货的计价方法

第三节 财产清查结果的处理

一、考核知识点
（一）财产清查结果的处理程序
（二）财产清查结果的会计处理
二、考核要求
（一）财产清查结果的处理程序
识记：财产清查结果处理的一般程序
（二）财产清查结果的会计处理
1. 识记：(1)"待处理财产损益"账户的结构及核算内容；(2)"坏账准备"账户的结构及核算内容
2. 应用：实物资产盘盈、盘亏的账务处理

第七章 会计凭证

第一节 会计凭证的意义和种类

一、考核知识点
（一）会计凭证的意义
（二）会计凭证的种类
二、考核要求
（一）会计凭证的意义
1. 识记：会计凭证的概念
2. 理解：填制和审核会计凭证的意义
（二）会计凭证的意义和种类
识记：(1)原始凭证的概念；(2)记账凭证的概念

第二节 原始凭证

一、考核知识点
（一）原始凭证的内容和种类
（二）原始凭证的填制和审核
二、考核要求
（一）原始凭证的内容和种类
1. 识记：原始凭证按不同标志的分类
2. 理解：(1)原始凭证的基本内容；(2)自制原始凭证和外来原始凭证的涵义；(3)证明凭证和手续凭证的涵义；(4)一次凭证和累计凭证的涵义；(5)单一凭证和汇总凭证的涵义
（二）原始凭证的填制和审核
1. 理解：(1)原始凭证的填制要求；(2)原始凭证的审核内容
2. 应用：填制"收料单"、"通用发票"和"限额领料单"

第三节　记账凭证

一、考核知识点

（一）记账凭证的内容和种类

（二）记账凭证的填制和审核

二、考核要求

（一）记账凭证的内容和种类

1. 识记：记账凭证按不同标志的分类
2. 理解：(1) 记账凭证的基本内容；(2) 通用记账凭证的格式；(3) 专用记账凭证的格式；(4) 复式凭证和单式凭证的格式

（二）记账凭证的填制和审核

1. 理解：记账凭证的填制规范和审核内容
2. 应用：通用式记账凭证和专用式记账凭证的填制

第四节　会计凭证的传递和保管

一、考核知识点

（一）会计凭证的传递

（二）会计凭证的保管

二、考核要求

（一）会计凭证的传递

1. 识记：会计凭证的传递的涵义
2. 理解：会计凭证的传递应注意的问题

（二）会计凭证的保管

理解：保管会计凭证应遵循的规范

第八章　会计账簿

第一节　会计账簿的意义和种类

一、考核知识点

（一）会计账簿的意义

（二）会计账簿的种类

二、考核要求

（一）会计账簿的意义

1. 识记：会计账簿的涵义
2. 理解：设置和登记会计账簿的意义

（二）会计账簿的种类

1. 识记：会计账簿按不同标志的分类
2. 理解：各种账簿的涵义

第二节　会计账簿的设置和登记

一、考核知识点

(一) 会计账簿的设置原则和基本内容

(二) 会计账簿的格式和登记方法

二、考核要求

(一) 会计账簿的设置原则和基本内容

理解:(1)会计账簿设置的原则;(2)会计账簿的基本内容

(二) 会计账簿的格式和登记方法

1. 识记:总分类账户和所属明细分类账户平行登记的三要点和平行登记的结果
2. 理解:(1)三栏式现金日记账和银行存款日记账的格式;(2)多栏式现金日记账和银行存款日记账的格式;(3)三栏式总分类账的格式;(4)三栏式明细分类账、数量金额式明细分类账、多栏式明细分类账的格式及其适用性
3. 应用:(1)三栏式和多栏式现金日记账(或银行存款日记账)的登记;(2)三栏式总分类账的登记;(3)三栏式明细分类账、数量金额式明细分类账、多栏式明细分类账的登记;(4)总分类账户和所属明细分类账户的平行登记;(5)编制"明细分类账户本期发生额及余额表"

第三节　记账规则与查错

一、考核知识点

(一) 记账规则

(二) 查错

二、考核要求

(一) 记账规则

1. 理解:(1)账簿启用规则;(2)账簿登记规则;(3)划线更正法、红字更正法和补充登记法的适用性
2. 应用:用划线更正法、红字更正法和补充登记法更正错账

(二) 查错

1. 识记:查错的一般步骤
2. 理解:差数法、除2法、除9法

第四节　对账和结账

一、考核知识点

(一) 对账

(二) 结账

二、考核要求

(一) 对账

识记:(1)对账的概念;(2)对账的主要内容

(二) 结账

1. 识记:(1)结账的概念;(2)结账前的准备工作
2. 理解:结账的前提

3. 应用:结账的方法

第九章　会计报表

第一节　会计报表的意义和种类

一、考核知识点
(一)会计报表的意义
(二)会计报表的种类
(三)会计报表的编制要求
二、考核要求
(一)会计报表的意义
1. 识记:会计报表的概念
2. 理解:会计报表的作用
(二)会计报表的种类
识记:会计报表按不同标志的分类
(三)会计报表的编制要求
识记:会计报表编制的基本要求

第二节　资产负债表

一、考核知识点
(一)资产负债表的意义
(二)资产负债表的结构和基本内容
(三)资产负债表的编制方法
二、考核要求
(一)资产负债表的意义
1. 识记:资产负债表的概念
2. 理解:资产负债表的作用
(二)资产负债表的结构和基本内容
识记:(1)资产负债表的组成部分;(2)资产负债表正表部分反映的内容及项目排列顺序
(三)资产负债表的编制方法
1. 识记:资产负债表编制的数据来源
2. 应用:资产负债表的编制方法

第三节　利润表

一、考核知识点
(一)利润表的意义
(二)利润表的结构和基本内容
(三)利润表的编制方法
二、考核要求
(一)利润表的意义

1. 识记:利润表的概念
2. 理解:利润表的作用

(二)利润表的结构和基本内容

识记:(1)利润表的组成部分;(2)多步式利润表中净利润的计算步骤

(三)利润表的编制方法
1. 识记:利润表编制的数据来源
2. 应用:利润表的编制方法

第四节　现金流量表

一、考核知识点
(一)现金流量表的意义
(二)现金流量表的结构和基本内容
二、考核要求
(一)现金流量表的意义
1. 识记:(1)现金流量表的概念;(2)现金流量表中"现金"的概念
2. 理解:现金流量表的作用
(二)现金流量表的结构和基本内容
识记:(1)现金流量表的组成部分;(2)现金流量表中现金流量的分类

第五节　所有者权益变动表

一、考核知识点
(一)所有者权益变动表的意义
(二)所有者权益变动表的基本内容
二、考核要求
(一)所有者权益变动表的意义
1. 识记:所有者权益变动表的概念
2. 理解:所有者权益变动表提供的信息
(二)所有者权益变动表的基本内容
识记:所有者权益变动表基本内容

第十章　会计核算程序

第一节　会计核算程序的意义和种类

一、考核知识点
(一)会计核算程序的意义
(二)企业会计核算的一般步骤
(三)会计核算程序的种类
二、考核要求
(一)会计核算程序的意义
1. 识记:会计核算程序的概念

2. 理解:建立科学合理的会计核算程序的意义
(二)企业会计核算的一般步骤
识记:企业会计核算的一般步骤
(三)会计核算程序的种类
识记:会计核算程序的种类

第二节　记账凭证核算程序

一、考核知识点
(一)记账凭证核算程序的特点
(二)记账凭证核算程序的基本步骤
(三)记账凭证核算程序的基本应用
二、考核要求
(一)记账凭证核算程序的特点
识记:(1)记账凭证核算程序的主要特点;(2)记账凭证核算程序下的凭证组织和账簿组织
(二)记账凭证核算程序的基本步骤
1. 识记:记账凭证核算程序的基本步骤
2. 理解:记账凭证核算程序的优缺点和适用性
(三)记账凭证核算程序的具体应用
应用:记账凭证核算程序应用举例

第三节　科目汇总表核算程序

一、考核知识点
(一)科目汇总表核算程序的特点
(二)科目汇总表核算程序的基本步骤
(三)科目汇总表的编制方法
二、考核要求
(一)科目汇总表核算程序的特点
识记:科目汇总表核算程序的主要特点
(二)科目汇总表核算程序的基本步骤
1. 识记:科目汇总表核算程序的基本步骤
2. 理解:科目汇总表核算程序的优缺点及适用性
(三)科目汇总表的编制方法
应用:科目汇总表的编制

第四节　汇总记账凭证核算程序

一、考核知识点
(一)汇总记账凭证核算程序的特点
(二)汇总记账凭证核算程序的基本步骤
(三)汇总记账凭证的编制方法
二、考核要求

（一）汇总记账凭证核算程序的特点

识记：汇总记账凭证核算程序的主要特点

（二）汇总记账凭证核算程序的基本步骤

1．识记：汇总记账凭证核算程序的基本步骤

2．理解：汇总记账凭证核算程序的优缺点及适用性

（三）汇总记账凭证的编制方法

应用：汇总记账凭证的编制

第五节　多栏式日记账核算程序

一、考核知识点

（一）多栏式日记账核算程序的特点

（二）多栏式日记账核算程序的基本步骤

二、考核要求

（一）多栏式日记账核算程序的特点

识记：多栏式日记账核算程序的主要特点

（二）多栏式日记账核算程序的基本步骤

1．识记：多栏式日记账核算程序的基本步骤

2．理解：多栏式日记账核算程序的优缺点和适用性

第十一章　会计工作组织

第一节　会计工作组织的意义和原则

一、考核知识点

（一）会计工作组织的意义

（二）会计工作组织的原则

二、考核要求

（一）会计工作组织的意义

1．识记：会计工作组织包括的内容

2．理解：科学地组织会计工作的意义

（二）会计工作组织的原则

识记：会计工作组织应遵循的原则

第二节　会计机构

一、考核知识点

（一）会计机构设置

（二）会计核算体制

二、考核要求

（一）会计机构设置

1．识记：(1) 全国会计工作的管理机构；(2) 地方会计工作的管理机构

2．理解：基层企业、行政和事业单位会计机构的设置要求

（二）会计核算体制

识记：(1) 会计核算体制的概念；(2) 独立核算和非独立核算；(3) 集中核算和非集中核算

第三节　会计人员

一、考核知识点

（一）会计人员的职责和权限

（二）会计人员的素质和技术职务

（三）总会计师

二、考核要求

（一）会计人员的职责和权限

识记：会计人员的主要职责和主要权限

（二）会计人员的素质和技术职务

识记：(1) 会计人员的素质要求；(2) 会计专业技术职务的分类

（三）总会计师

识记：(1) 总会计师的主要职责；(2) 总会计师的主要权限

第四节　会计法规

一、考核知识点

（一）会计法规体系

（二）会计法

（三）会计准则

（四）会计制度

二、考核要求

（一）会计法规体系

识记：(1) 会计法规的概念；(2) 我国会计法规体系的组成

（二）会计法

理解：《会计法》的性质

（三）会计准则

识记：我国会计准则的构成

（四）会计制度

识记：会计制度的内容

第十二章　会计档案

第一节　会计档案的意义和种类

一、考核知识点

（一）会计档案的意义

（二）会计档案的种类

二、考核要求

（一）会计档案的意义

1. 识记:会计档案的概念
2. 理解:加强会计档案管理的意义
(二) 会计档案的种类
识记:会计档案按不同标志的分类

第二节　会计档案的整理和保管

一、考核知识点
(一) 会计档案的整理
(二) 会计档案的保管
二、考核要求
(一) 会计档案的整理
识记:会计凭证、会计账簿和会计报表整理的要求
(二) 会计档案的保管
识记:(1) 会计档案的保管要求;(2) 会计档案调阅时的注意事项

第三节　会计档案的鉴定和销毁

一、考核知识点
(一) 会计档案的鉴定
(二) 会计档案的销毁
二、考核要求
(一) 会计档案的鉴定
识记:会计档案鉴定的部门和鉴定的内容
(二) 会计档案的销毁
识记:会计档案销毁的程序

第十三章　会计电算化

一、考核知识点
(一) 会计电算化概述
(二) 电算化会计与手工会计的比较
(三) 计算机系统的构成和会计软件的运用
二、考核要求
(一) 会计电算化概述
1. 识记:(1) 会计电算化的涵义;(2) 会计数据与会计信息的概念;(3) 会计数据处理的基本环节
2. 理解:(1) 会计电算化的意义;(2) 会计数据与会计信息的关系;(3) 电算化会计信息系统的种类
(二) 电算化会计与手工会计的比较
识记:电算化会计与手工会计的相同之处和不同之处
(三) 计算机系统的构成和会计软件的运用
识记:(1) 计算机系统的构成;(2) 会计软件运用的一般步骤

第三部分　关于考试大纲及命题的说明

一、关于考核要求

为了使考试内容具体化、考试命题规范化，使自学者能有目的地进行学习和应考，本大纲提出了识记、理解和应用三个能力层次的考核要求。各能力层次具体含义的解释如下：

1. 识记：识记中提出的概念均是各章节的主要名称概念，要求强化记忆，能正确地用文字表述其涵义。这是低层次能力要求。

2. 理解：各章节提出需要理解的问题，有的在教材中有明确的答案，有的则要求在学习有关基本概念、基本原理和基本方法的基础上，能融会贯通，总结分析，得出正确的答案。这是较高层次的能力要求。

3. 应用：是在识记、理解的基础上，能运用所掌握的基本理论、基本知识和基本方法，具体进行有关经济业务的会计核算，以及会计报表的编制和分析。这是最高层次的要求。

二、关于自学教材

《基础会计学》课程考试全省统一命题，指定使用的教材是《基础会计学》，由吴玉林、王怀明、程晓陵主编，东南大学出版社2012年3月出版。

三、自学方法指导

《基础会计学》是一门理论性和应用性均较强的课程。自学者对于识记能力层次要求掌握的名词、概念和专门术语要强化记忆；对于理解和应用能力层次要求的有关内容要在反复学习教材各章节内容的基础上，深刻领会各部分之间的相互关系。教材各章节的内容虽有相对的独立性，但整个教材是一个有机整体，是按照一定的逻辑顺序来展开的，自学者一定要弄清楚各章节之间的逻辑关系，切忌彼此孤立地去学习。对于实践性较强的一些内容，如记账凭证的填制、账簿登记以及报表编制等，有条件的自学者可以到会计部门去实际看看，亲手去做做，以增强感性认识，这对于正确理解和全面掌握本课程的"三基本"将大有裨益。

四、关于考试命题

1. 本课程的考试命题，应严格按照考试大纲中提出的考核知识点与考核要求来确定考试范围、考试题型及答题要求，不要任意扩大或缩小考试范围，提高或降低考试要求。命题要覆盖到各章节，并适当突出重点章节，体现本课程的基本内容。

2. 本课程的考试命题，要合理安排每份试卷试题的能力层次结构和难易结构。试题的不同能力层次的比例一般为识记占20%，理解占40%，应用占40%。试卷试题的难易程度一般分为易、较易、较难、难四个等级，其结构大致为易占20%，较易占30%，较难占30%，难占20%。在每一能力层次中，均有不同难易程度的试题搭配。

3. 本课程的考试命题，采用的题型有名词解释、填充题、判断题、选择题、简答题和业务题等。

五、题型范例及解答要求

(一)名词解释

1. 复式记账
2. 会计核算程序

(二)填充题(将正确答案填在每道题的横线上)

1. 会计凭证按其填制程序和用途的不同可分为_____和_____。
2. 对账的主要内容包括_____、_____和_____。

(三)判断题(下列说法正确的,在题号后的括弧中打"+";错误的,在括弧中打"-")

1. (　)权责发生制原则要求,凡属本期已实际收到的收入,不论其是否应归属本期,都应作为本期的收入处理。
2. (　)转账凭证是指企业通过银行办理转账结算时所编制的原始凭证。

(四)选择题(从下列备选答案中,选出一个或多个正确答案,将序号填入括弧中,凡比正确答案多选或少选的,该小题不给分)

1. 计提企业管理部门的固定资产折旧,应借记(　　)账户。
   A. 制造费用　　　　B. 财务费用
   C. 销售费用　　　　D. 管理费用
2. 登记总分类账的依据可以是(　　)。
   A. 原始凭证汇总表　　B. 记账凭证
   C. 科目汇总表　　　　D. 汇总记账凭证
3. 下列属于资产项目的有(　　)。
   A. 在产品　　　　B. 待摊费用
   C. 预提费用　　　D. 应收票据

(五)简答题

1. 企业设置会计科目一般应遵循哪些原则?
2. 简述记账凭证核算程序的基本步骤、优缺点及适用性。

(六)业务题

1. 根据下列经济业务,编制会计分录:
   (1) 预提应由本月负担的银行短期借款利息500元。
   (2) 经计算,本月应纳所得税为3 600元。
2. 根据下列资料,计算A、B两种产品的生产成本(制造费用按工时比例分配):

某企业7月份A、B两种产品的各项成本费用如下表:

产品名称	工时	直接材料	直接人工	制造费用
A	4 000	36 000	24 000	
B	6 000	48 000	15 000	
合　计	10 000	84 000	39 000	9 700

3. 根据下列资料,编制资产负债表:

长江公司2010年12月份各账户期末余额如下：

账户名称	借方余额	账户名称	贷方余额
库存现金	200	短期借款	50 000
银行存款	60 000	应付票据	12 500
在途物资	5 000	应付账款	48 000
交易性金融资产	40 000	应付职工薪酬	4 200
应收票据	18 000	应交税费	31 800
预付账款	5 000	应付利润	20 000
其他应收款	2 000	预提费用	2 400
原材料	82 000	长期借款	130 000
库存商品	74 000	实收资本	500 000
生产成本	1 800	资本公积	25 000
待摊费用	4 000	盈余公积	142 000
长期股权投资	100 000	利润分配	95 000
固定资产	660 000	累计折旧	83 100
应收账款	62 000		
无形资产	30 000		
合　计	1 144 000	合　计	1 144 000

资产负债表

编制单位：某企业　　　　　　2010年12月31日　　　　　　单位：元

资　产	期末余额	年初余额	负债和所有者权益(或股东权益)	期末余额	年初余额
流动资产：			流动负债：		
货币资金		3 593 500	短期借款		500 000
交易性金融资产		150 00	交易性金融负债		
应收票据			应付票据		
应收账款		310 000	应付账款		349 530
预付款项		218 630	预收款项		200 000
应收利息			应付职工薪酬		3 400
应收股利			应交税费		385 000
其他应收款		1 200	应付利息		68 900
存货		7 051 610	应付股利		395 000
一年内到期的非流动资产		50 000	其他应付款		80 000
其他流动资产			一年内到期的非流动负债		500 000

接上表

资　产	期末余额	年初余额	负债和所有者权益(或股东权益)	期末余额	年初余额
流动资产合计		11 239 940	其他流动负债		
非流动资产：			流动负债合计		2 481 830
可供出售金融资产			非流动负债：		
持有至到期投资			长期借款		2 500 000
长期应收款			应付债券		
长期股权投资		100 000	长期应付款		
投资性房地产			专项应付款		
固定资产		2 866 720	预计负债		
在建工程		350 000	递延所得税负债		
工程物资		50 000	其他非流动负债		
固定资产清理			非流动负债合计		2 500 000
生产性生物资产			负债合计		4 981 830
油气资产			所有者权益(或股东权益)：		
无形资产		132 000	实收资本(或股本)		6 000 000
开发支出			资本公积		1 000 000
商誉			减：库存股		
长期待摊费用			盈余公积		2 000 000
递延所得税资产			未分配利润		756 830
其他非流动资产			所有者权益(或股东权益)总计		9 756 830
非流动资产合计		3 498 720			
资产总计		14 738 660	负债和所有者权益(或股东权益)总计		14 738 660

单位负责人：　　　　　财务负责人：　　　　　制单人：　　　　　填制日期：

后 记

为了反映企业会计准则及相关财经法规的变化和满足江苏省自学考试经济管理类专业学员自学的需要,我们编写了这本教材。

本教材着重介绍会计的基本原理、基本方法和基本知识,并以现行的《企业会计准则》及其指南和附录为依据,对企业资金筹集、供应、生产、销售、投资、分配等过程的基本经济业务的会计处理进行了比较具体的阐述,以帮助学员理解会计的基本理论,掌握会计的基本技能,提高其对知识的运用能力。

本教材由南京农业大学经济管理学院吴玉林、王怀明、程晓陵任主编,姜涛任副主编。承担编写任务的还有汤颖梅、刘军。全书共 13 章,具体分工如下:

吴玉林:第 1、3、5 章
程晓陵:第 2、4、6 章
王怀明:第 7、11 章
姜　涛:第 8、12 章
汤颖梅:第 9、10 章
刘　军:第 13 章

由于时间仓促,加之编者水平有限,书中难免有不当或错误之处,恳请读者批评指正。

编　者
2012 年 2 月